L. ANNAEUS CORNUTUS
Einführung in die griechische Götterlehre

TEXTE ZUR FORSCHUNG

Band 95

LUCIUS ANNAEUS CORNUTUS
Einführung in die griechische Götterlehre

Herausgegeben, eingeleitet und übersetzt
von
PETER BUSCH
und
JÜRGEN K. ZANGENBERG

Die Deutsche Nationalbibliothek verzeichnet diese Publikation
in der Deutschen Nationalbibliografie;
detaillierte bibliografische Daten sind im Internet über
http://dnb.d-nb.de abrufbar.

Das Werk ist in allen seinen Teilen urheberrechtlich geschützt.
Jede Verwertung ist ohne Zustimmung des Verlags unzulässig.
Das gilt insbesondere für Vervielfältigungen,
Übersetzungen, Mikroverfilmungen und die Einspeicherung in
und Verarbeitung durch elektronische Systeme.

© 2010 by WBG (Wissenschaftliche Buchgesellschaft), Darmstadt
Die Herausgabe des Werkes wurde durch
die Vereinsmitglieder der WBG ermöglicht.
Einbandgestaltung: Neil McBeath, Stuttgart
Gedruckt auf säurefreiem und alterungsbeständigem Papier
Printed in Germany

Besuchen Sie uns im Internet: www.wbg-wissenverbindet.de

ISBN 978-3-534-21228-6

Inhalt

Vorwort 7

Literatur 9

Lucius Annaeus Cornutus 19
    Leben 19
    Werke 29
    Zum Nachwirken der Werke des Cornutus 33

Einleitung in die *Epidrome* 35
    Form und Zielsetzung der *Epidrome* 35
    Die Physik des Cornutus 39
    Die Gliederung der Welt 41
    Die Grundprinzipien der Weltentstehung 43

Die mythologische Tradition bei Cornutus 49
    Die Autoritäten des Cornutus 50
    Mythen und Mythendichter 56

Text und Übersetzung 66
    1. Uranos 67
    2. Zeus 69
    3. Hera 69
    4. Poseidon 71
    5. Hades 71
    6. Rhea 73
    7. Kronos 75
    8. Okeanos 77
    9. Zeus 77
    10. Die Erinnyen 79
    11. Zeus 81
    12. Die Litai 81
    13. Die Moiren 83
    14. Die Musen 85
    15. Die Chariten / Grazien 89
    16. Hermes 91
    17. Die Mythen 97

Inhalt

18. Prometheus 103
19. Hephaistos 105
20. Athene 109
21. Ares und Enyo 113
22. Poseidon 115
23. Nereus 119
24. Aphrodite 119
25. Eros 123
26. Atlas 123
27. Pan 125
28. Demeter und Hestia 129
29. Die Jahreszeiten 135
30. Dionysos 135
31. Herakles 141
32. Apollon und Artemis 143
33. Asklepios 149
34. Artemis und der Mond 151
35. Hades und pädagogischer Schluss 155

Verzeichnis mythischer Gestalten 158

Index locorum 167

Vorwort

Eigentlich ist erstaunlich, dass Cornutus nie ein vielgelesener Autor war. Lag es am spröden Stoff (griechische Mythologie in allegorischer Ausdeutung) oder am komplexen, mit schwebenden Nebensätzen und schwierigen Termini nur so gespickten Griechisch? Das „Kompendium der Überlieferungen zur griechischen Theologie" (*Epidrome*), das unter dem Namen des Cornutus überliefert ist, ist jedenfalls in vielfacher Hinsicht einmalig und jeder Mühe wert.

Lange Zeit war Cornutus allenfalls Experten bekannt. In vielen Darstellungen stoischer Philosophie kommt er überhaupt nicht vor, obwohl die allegorische Methode, die Cornutus bei der Interpretation mythologischer Stoffe anwendet, gerade für die stoische Erschließung der Wirklichkeit so charakteristisch ist. Seit der letzten Ausgabe des griechischen Textes durch Karl LANG im Jahre 1881 haben sich allein eine kleine Anzahl von Spezialisten diesem Werk gewidmet, allen voran Glen Most, dessen breit angelegter Lexikonartikel noch heute grundlegend ist. Die unpubliziert gebliebene Dissertation von Robert Stephen HAYS (1983, University of Texas in Austin), die Thèse von G. ROCCA-SERRA (1988, Université Paris IV) und die Magisterabeit von Florian SCHAFFENRATH (2000, Universität Innsbruck) bieten jeweils einen an LANG angelehnten Text mit Einleitung, Übersetzung und Kommentar. Ein von Glen MOST seit vielen Jahren angekündigter neuer, kritischer Text ist bisher nicht erschienen und bleibt ein dringendes Desiderat, sodass jeder, der sich heute mit der *Epidrome* befasst, noch immer auf den in vielen Punkten problematischen Text Karl LANGs angewiesen bleibt. Auch wir haben den LANG'schen Text übernommen, ihn dabei jedoch stets anhand anderer Bearbeitungen überprüft und weitaus weniger Passagen als spätere Interpolationen angesehen als LANG selbst.

Erst in den letzten Jahren erwacht das Interesse an Cornutus und seiner *Epidrome* wieder. Die neue, ausführlich kommentierte Ausgabe von Ilaria RAMELLI (2003, auch sie lehnt sich an LANGs Text an), sowie RAMELLIS Sammlungen und Studien zur antiken Allegorese, haben – wie auch die Studien von George BOYS–STONES und anderer Forscher – den Weg für eine erneute Beschäftigung mit diesem wichtigen Werk bereitet. Praktisch zeitgleich mit unserer Leseausgabe, aber unabhängig davon, ist eine weitere, viel breiter eingeleitete und kommentierte deutsch–griechische Ausgabe der Reihe SAPERE im Druck sowie eine englische Übersetzung durch David ARMSTRONG und L. Michael WHITE in der Society of Biblical Literature-Serie „Writings from the Greco-Roman World" in Vorbereitung (Erscheinungsdatum noch unbekannt).

Unser kurzer Band ist das Ergebnis einer Anregung unseres Lehrers Klaus BERGER im Heidelberger Oberseminar, die seine beiden jungen, gelehrigen Schüler gern aufgenommen haben: „Mit dem Cornutus müsste sich einmal jemand beschäftigen!". Unser beider Weg hat dann aber andere Richtungen eingeschlagen, und zu einer Dissertation über diesen Autor und sein Werk ist es nicht gekommen. Dass uns „der Cornutus" seither aber nicht mehr losgelassen hat, spricht für den Weitblick Klaus BERGERs und die faszinierende Thematik, die dieses Werk nicht nur für Philosophiehistoriker und Altphilologen, sondern gerade auch für Religionswissenschaftler und Theologen so bedeutsam macht. Wie kann man sich scheinbar obsolet gewordene Tradition sinnvoll zu eigen machen? Wie viel es gerade im Vergleich zwischen Cornutus und dem Neuen Testament noch zu entdecken gibt, mag man sich allein schon daran verdeutlichen, dass unseres Wissens noch bis vor ganz kurzer Zeit allein ein einziger Aufsatz zum Thema erschienen war (Pieter Willem VAN DER HORST, 1981).

Beim vorliegenden Band handelt es sich ausdrücklich um eine Leseausgabe, die das Interesse an der *Epidrome* wecken will, aber sicher nicht gebührend befriedigen kann. Wir sind uns dessen sehr bewusst, dass es sich bei unserer Ausgabe um nicht mehr als einen ersten Versuch handelt, und es ist sehr zu hoffen, dass dieses Bändchen dazu beiträgt, dass weitere Schritte in der Beschäftigung mit der *Epidrome* unternommen werden. Ohne einen brauchbaren Text und eine hoffentlich gefällige wie textgemässe Übersetzung wären diese Schritte freilich nicht möglich. Bei der Übersetzung der *Epidrome* wurden die Zitate und Allusionen von Homer und Hesiod in Anlehnung an verbreitete deutsche Übersetzungen der zweisprachigen Artemis-Ausgaben widergegeben: Die *Ilias* nach der Übersetzung von HANS RUPÉ, die *Odyssee* nach der von ANTON WEIHER, die *Theogonie* nach ALBERT VON SCHIRNDINGs Übertragung.

Sehr zu danken haben wir Herrn Studiendirektor Dr. Ansgar LENZ (Speyer), der sich der Mühe unterzogen hat, unseren Arbeitstext einer rigorosen Qualitätskontrolle zu unterziehen. Ohne seinen kritischen Blick und seine Verbesserungsvorschläge hätte das Buch nie erscheinen können. Stephan STUBENRAUCH (Schwegenheim) hat die Liste mythischer Gestalten am Ende des Bandes erstellt, Maaike LANGERAK (Leiden) hat verschiedene Recherchearbeiten durchgeführt und an der Erstellung der Druckvorlage mitgearbeitet.

Wir widmen „unseren Cornutus" dankbar unserem Lehrer Klaus BERGER, auf dessen Anregung dieses Buch zurückgeht.

Im Mai 2009
Peter BUSCH (Landau/Pfalz) und Jürgen ZANGENBERG (Leiden/Niederlande)

Literatur

Textausgaben

K. LANG (Hrsg.), *Cornuti Theologiae Graecae Compendium*, Leipzig 1881.

R. S. HAYS (Hrsg.), Lucius Annaeus Cornutus' *Epidrome*. Introduction to the Traditions of Greek Theology, Ph.D. Dissertation University of Texas, Austin 1983.

G. ROCCA-SERRA (Hrsg.), Cornutus, Abrégé des traditions relatives à la théologie grecque, Thèse Université de Paris IV 1988.

F. SCHAFFENRATH (Hrsg.), Lucius Annaeus Cornutus, *De natura deorum*, MPhil. Diplomarbeit Innsbruck 2000.

I. RAMELLI (Hrsg.), Lucius Annaeus Cornutus. Compendio di Teologia Graeca, Mailand 2003.

Weitere Werke des Cornutus, Cornutiana und Pseudo-Cornutiana

W. H. BUCKLER / W. M. CALDER / W. K. C. GUTHRIE (Hrsg.), Monumenta Asiae Minoris Antiqua. Vol. IV: Monuments and Documents from Eastern Asia and Western Galatia, Manchester 1933.

W. V. CLAUSSEN / J. E. G. ZETZEL (Hrsg.), Lucius Annaeus Cornutus. *Commentum Cornuti in Persium*, München / Leipzig 2004.

H. COCKLE, The Oxyrhynchus-Papyri 52 (1984), 12–13.

J. GRAEVEN (Hrsg.), Cornuti Artis Rhetoricae Epitome, Berlin 1981 (orig. Dublin 1973).

W. HÖHLER (Hrsg.), Die Cornutus-Scholien zum ersten Buche der Satiren Juvenals, Leipzig 1896.

K. HÜLSER, Die Fragmente zur Dialektik der Stoiker. Neue Sammlung der Texte mit deutscher Übersetzung und Kommentaren, Band 1–4, Stuttgart-Bad Cannstatt 1987.

H. LIEBL (Hrsg.), Die *Disticha Cornuti*, auch Cornutus oder *Distigium* des Johannes von Garlandia genannt und der Scholiast Cornutus, Straubing 1888.

J. Mansfeld (Hrsg.), Die Vorsokratiker II. Zenon, Empedokles, Anaxagoras, Leukipp, Demokrit, Stuttgart 1986.

R. Merkelbach / J. Stauber, Steinepigramme aus dem griechischen Osten. Band 2: Die Nordküste Kleinasiens (Marmarameer und Pontus), Leipzig 2001.

S. A. Pomeroy (Hrsg.), Arius Didymus. Epitome of Stoic Ethics, Atlanta 1999 (SBL.TT 44).

O. Seel (Hrsg.), Die Satiren des Persius lateinisch und deutsch, München[2] 1974.

L. Spengel / C. Hammer (Hrsg.), *Rhetores Graeci*. Band 1, Leipzig 1894.

L. Takács, The Story of a Fragment of L. Annaeus Cornutus, AAntHung 44 (2004), 35–46.

J. E. G. Zetzel, Marginal Scholarship and Textual Deviance. The *Commentum Cornuti* and the Early *Scholia* on Persius, London 2005 (Bulletin of the Institute of Classical Studies. Supplement 84).

Auswahl für die *Epidrome* relevanter antiker Texte

I. Bruns, *Alexandri Aphrodisiensis praeter commentaria minora. Quaestiones, De fato, De mixtione*, Berlin 1961 (Orig. 1885).

B. Cardauns (Hrsg.), M. Terentius Varro, *Antiquitates rerum divinarum*, Wiesbaden 1976.

L. Edelstein / I.G. Kidd (Hrsg.), Posidonius I: The Fragments, Cambridge 1972.

R. D. Hicks, Diogenes Laertius. Lives of Eminent Philosophers. 2 Bände, Cambridge, MA 1972 (LCL 184 und 185).

M. Hillgruber, Die pseudoplutarchische Schrift *De Homero*, 2 Bände, Stuttgart 1994–1999 (BzA 57–58).

R. Hirsch-Luipold / R. Feldmeier / B. Hirsch / L. Koch / H.-G. Nesselrath (Hrsg.), Die Bildtafel des Kebes. Allegorie des Lebens, Darmstadt 2005 (SAPERE 8).

C. R. Holladay (Hrsg.), Fragments from Hellenistic Jewish Authors. Band 3: Aristobulus, Atlanta 1995.

P. W. VAN DER HORST (Hrsg.), Chaeremon, Epyptian Priest and Stoic Philosopher. The Fragments Collected and Translated with Explanatory Notes, Leiden² 1987.

O. JAHN / F. BÜCHLER (Hrsg.), A. Persii Flacci, D. Iunii Iuvenalis, Sulpiciae Saturae, Berlin 1910.

S. KAPETANAKI / R.W. SHARPLES (Hrsg.), Pseudo-Aristoteles (Pseudo-Alexander), Supplementa Problematorum. A New Edition of the Greek Text with Introduction and Anotated Translation, Berlin / New York 2006 (Peripatoi 20).

J. J. KEANEY / R. LAMBERTON (Hrsg.), [Plutarch,] Essay on the Life and Poetry of Homer, Atlanta 1996 (American Classical Studies 40).

H. KEIL, Grammatici latini. 8 Bände, Hildesheim 1961 (Orig. 1855–80).

T. KOUREMENOS / G.M. PARASSOGLOU / K. TSANTSANOGLOU (Hrsg.), The Derveni Papyrus, Florenz 2006 (Studi e Testi 13).

A. NAUCK (Hrsg.), Tragicorum Graecorum Fragmenta, Hildesheim 1983 (orig. ²1889).

R. NICKEL (Hrsg.), Stoa und Stoiker. 2 Bände, Düsseldorf 2008.

I. RAMELLI / R. RADICE (Hrsg.), Allegoristi dell'età classica. Opere e frammenti, Mailand 2007.

K. REICH / O. APELT / G. ZEKL, Diogenes Laertius. Leben und Meinungen berühmter Philosophen, Hamburg 2008.

D. A. RUSSELL / D. KONSTAN (Hrsg.), Heraclitus. Homeric Problems, Atlanta 2005 (SBL.Writings from the Graeco-Roman World 14).

H. STROHM, Aristoteles. Werke in deutscher Übersetzung. Band 12: *Meteorologie. Über die Welt*, Darmstadt 1970.

K. WACHSMUTH / O. HENSE (Hrsg.), Ioannis Stobaei *Anthologium*. Band 1–5, Zürich² 1999 (orig. 1884–1912).

C. W. WOOTEN, Hermogenes. On Types of Style, Chapel Hill 1987.

Sekundärliteratur

J. G. J. ABBENES / S.R. SLINGS / I. SLUITER (Hrsg.), Greek Literary Theory after Aristotle. A Collection of Papers in Honor of D. M. Schenkeveld, Amsterdam 1995.

F. M. AHL, Lucan. An Introduction, Ithaca / London 1976.

H. VON ARNIM, Art. L. Annaeus Cornutus, PRE II (1894), 2225–2226.

R. BARNEY, Names and Nature in Plato's Cratylus, New York / London 2001.

M. BEISSINGER / J. TYLUS / S. WOFFORD (Hrsg.), Epic Traditions in the Contemporary World. The Poetics of Community, Berkeley 1999.

C. BLÖNNIGEN, Der griechische Ursprung der jüdisch-hellenistischen Allegorese und ihre Rezeption in der alexandrinischen Patristik, Frankfurt u.a. 1992 (EHS 15/59).

L. BLOOS, Probleme der stoischen Physik, Hamburg 1973.

W. BOUSSET, Jüdisch-christlicher Schulbetrieb in Alexandria und Rom. Literarische Untersuchungen zu Philo und Clemens von Alexandria, Justin und Irenäus, Göttingen 1915.

G. R. BOYS-STONES, Post-Hellenistic Philosophy. A Study of its Development from the Stoics to Origen, Oxford 2001.

G. R. BOYS-STONES, Metaphor, Allegory and the Classical Tradition. Ancient Thought and Modern Revisions, Oxford 2003.

G. L. BRUNS, The Hermeneutics of Allegory and the History of Interpretation, Comparative Literature 40 (1988), 384–395.

D. J. CALIFF, Metrodorus of Lampsacus and the Problem of Allegory. An Extreme Case?, Arethusa 36 (2003), 21–36.

A. CAMERON, Greek Mythography in the Roman World, New York / Oxford 2004.

M. L. COLISH, The Stoic Tradition from Antiquity to the Early Middle Ages. Band 1: Stoicism in Classic Latin Literature, Leiden^2 1990.

D. DAWSON, Allegorical Readers and Cultural Revision in Ancient Alexandria, Berkeley u.a. 1992.

P. DELACY, Stoic Views on Poetry, American Journal of Philology 69 (1948), 241–271.

D. DELBELLO, Forgotten Paths. Etymology and the Allegorical Mindset, Washington 2007.

E. DICKEY, Ancient Greek Scholarship. A Guide to Finding, Reading and Understanding Scholia, Commentaries, Lexica and Grammatical Treatises from their Beginnings to the Byzantine Period, Oxford 2007.

P.-L. DONINI, Le scuole, l'anima, l'impero. La filosofia antica da Antioco a Plotino, Torino 1982.

H. DÖRRIE, Zur Methodik antiker Exegese, ZNW 65 (1974), 121–138.

T. ENGBERG-PEDERSEN, The Relationship with Others. Similarities and Differences between Paul and Stoicism, ZNW 96 (2005), 35–60.

J. FAIRWEATHER, Seneca the Elder, Cambridge 1981.

A. FORD, Performing Interpretation. Early Allegorical Exegesis of Homer, in: BEISSINGER / TYLUS / WOFFORD, Traditions, 33–53.

H. FUNKE, Homer und seine Leser in der Antike, Mannheim 1977 (Mannheimer Kulturamt; Forschungen an der Universität Mannheim, Vortrag Winter 1976/77).

H. GÄRTNER, Art. Etymologie, KP 2 (1979), 391–392.

C. GILL, The School in the Roman Imperial Period, in: INWOOD, Companion, 33–58.

P. P. F. GONZALES, Art. Cornutus, in: R. GOULET, Dictionnaire des Philosophes Antiques, Paris 1994, 460–473.

A. GRAESER, The Stoic Theory of Meaning, in: RIST, Stoics, 77–99.

F. GRAF, Griechische Mythologie. Eine Einführung, Düsseldorf / Zürich 1999.

J. G. GRIFFITHS, Allegory in Greece and Egypt, Journal of Egyptian Archaeology 53 (1967), 79–102.

L. L. GRABBE, Etymology in Early Jewish Interpretation. The Hebrew Names in Philo, Atlanta 1988 (Brown Judaic Studies 115).

I. GUARLANDI / G. MAZZOLI (Hrsg.), Gli Annaei. Una famiglia nella storia e nella cultura di Roma imperiale. Convegno internazionale di Milano-Pavia 2–6 Maggio 2000, Como 2003.

A. HENRICHS, Die Kritik der stoischen Theologie im P.Herc. 1428, Cronache Ercolanesi 4 (1974), 5–32.

O. HÖFFE, Aristoteles, München^3 2006.

P. W. VAN DER HORST, Cornutus and the New Testament. A Contribution to the Corpus Hellenisticum, NovT 23 (1981), 165–172.

B. INWOOD (Hrsg.), The Cambridge Companion to the Stoics, Cambridge 2003.

H.-J. KLAUCK, Allegorie und Allegorese in synoptischen Gleichnistexten, Münster² 1986 (NTA 13).

M. KLINGHARDT, *Unum Corpus*. Die *genera corporum* in der stoischen Physik und ihre Rezeption bis zum Neuplatonismus, in: A. V. DOBBELER / K.

ERLEMANN / R. HEILIGENTHAL (Hrsg.), Religionsgeschichte des Neuen Testaments (Festschrift K. BERGER), Tübingen / Basel 2000, 191–216.

P. KRAFFT, Die handschriftliche Überlieferung von Cornutus' *Theologia Graeca*, Heidelberg 1975.

R. LAMBERTON, Homer the Theologian. Neoplatonist Allegorical Reading and the Growth of the Epic Tradition, Berkeley / Los Angeles / London 1986.

R. LAMBERTON / J. J. KEANEY (Hrsg.), Homer's Ancient Readers. The Hermeneutics of Greek Epic's Earliest Exegetes, Princeton 1992.

A. A. LONG, Hellenistic Philosophy. Stoics, Epicureans, Sceptics, London² 1986.

A. A. LONG / D. N. SEDLEY (Hrsg.), Die hellenistischen Philosophen. Texte und Kommentare, Stuttgart / Weimar 2000.

A. LUDWICH, Plutarch über Homer, RhM 72 (1917/18), 537–593.

C. E. LUTZ, Musonius Rufus. „The Roman Socrates", New Haven 1947.

G. J. DE MARTINI, *De L. Annaeo Cornuto philosopho Stoico*, Leiden 1825.

P. MORAUX, Der Aristotelismus bei den Griechen von Andronikos bis Alexander von Aphrodisias. Band 2: Der Aristotelismus im I. und II. Jh. n. Chr., Berlin 1984 (Peripatoi 6).

G. W. MOST, Cornutus and Stoic Allegoresis. A Preliminary Report, ANRW II 36.6 (1989), 2014–2065.

A. D. NOCK, Art. Kornutos, RE.Supp 5 (1931), 995–1005.

D. OBBINK, Allegory and Exegesis in the Derveni Papyrus. The Origin of Greek Scholarship, in: BOYS-STONES, Metaphor, 177–188.

V. E. PAGÁN, Conspiracy Narratives in Roman History, Austin 2005.

M. POHLENZ, Die Stoa. Geschichte einer geistigen Bewegung. 2 Bände, Göttingen 1985–1986 (orig. 1959).

I. RAMELLI / G. LUCHETTA (Hrsg.), Allegoria. Band 1: L'età classica, Milano 2004.

C. REITZ, Die Literatur im Zeitalter Neros, Darmstadt 2006.

R. REITZENSTEIN, Gechichte der griechischen Etymologie, Leipzig 1897.

R. REPPE, *De L. Annaeo Cornuto*, Leipzig 1906.

F. REX, Chrysipps Mischungslehre und die an ihr geübte Kritik in Alexander von Aphrodisias' *De mixtione* mit einer vollständigen Übersetzung von

Alexanders Schrift „Über die Mischung und das Wachstum", Frankfurt 1966.

A. ROEMER / E. BELZNER, Die Homerexegese Aristarchs in ihren Grundzügen, Paderborn 1924.

C. RONNING, Der Konflikt zwischen Kaiser Nero und P. Clodius Thrasea Paetus. Rituelle Strategien in der frühen römischen Kaiserzeit, Chiron 36 (2006), 329–355.

N. J. RICHARDSON, Aristotle's Reading of Homer and Its Background, in: LAMBERTON / KEANEY, Readers, 30–40.

J. M. RIST (Hrsg.), The Stoics, Berkeley 1978.

D. RUNIA, Naming and Knowing. Themes in Philonic Theology with Special Reference to *De mutatione nominum*, in: VAN DEN BROEK / BAARDA / MANSFELD, Knowledge, 69–91.

S. SAMBURSKY, Das physikalische Weltbild der Antike, Zürich / Stuttgart 1965.

S. SAMBURSKY, Physics of the Stoics, Westport 1973 (orig. 1959).

S. SAMBURSKY (Hrsg.), Der Weg der Physik. 2500 Jahre physikalischen Denkens. Texte von Anaximander bis Pauli, Zürich / München 1975.

B. H. SCHMIDT, *De Cornuti Theologiae Graecae compendio capita duo*, Halle 1912.

T. SCHMIT-NEUERBURG, Vergils Aeneis und die antike Homerexegese. Untersuchungen zum Einfluss ethischer und kritischer Homerrezeption auf *imitatio* und *aemulatio* Vergils, Berlin / New York 1999.

H. SCHRADER, Telephos der Pergamener *Peri tes kath' Homeron Rhetorikes*, Hermes 37 (1902), 530–581.

A. VON SCHIRNDING (Hrsg.), Hesiod. Theogonie, Werke und Tage, Düsseldorf[4] 2007.

D. SEDLEY, The School from Zeno to Arius Didymus, in: Inwood, Companion, 7–32.

F. SIEGERT, Homerinterpretation – Tora-Unterweisung – Bibelauslegung. Vom Ursprung der patristischen Hermeneutik, Studia Patristica 25 (1993), 159–171.

F. SIEGERT, Drei hellenistisch-jüdische Predigten II: Ps.-Philon, "Über Jona", "Über Jona" (Fragment) und "Über Simson", Tübingen 1992 (WUNT I/16).

A. SILVERMAN, Plato's Cratylus. The Nature of Naming and the Naming of Nature, Oxford 1992.

P. STEINMETZ, Allegorische Deutung und allegorische Dichtung in der Alten Stoa, RhM 129 (1986), 18–30.

S. K. STRANGE / J. ZUPKO (Hrsg.), Stoicism. Traditions and Transformations, Cambridge 2004.

P. T. STRUCK, Allegory, Aenigma and Anti-Mimesis. A Struggle Against Aristotelian Rhetorical Literary Theory, in: Abbenes / Slings / Sluiter, Theory, 215–234.

P. T. STRUCK, Birth of the Symbol. Ancient Readers at the Limits of their Texts, Princeton / Oxford 2004.

J. P. SULLIVAN, Literature and Politics in the Age of Nero, Ithaca / London 1985.

J. P. SULLIVAN, Asses' Ears and Attises. Persius and Nero, AJP 99 (1978), 159–170.

J. TATE, On the Beginnings of Greek Allegory, Classical Review 41 (1927), 214–215.

J. TATE, Cornutus and the Poets, Classical Quarterly 23 (1939), 41–45.

J. TATE, Plato and Allegorical Interpretation, Classical Quarterly 23 (1929), 142–154; 24 (1930) 1–10.

J. TATE, On the History of Allegorism, Classical Quarterly 28 (1934), 105–114.

C. L. THOMPSON, Stoic Allegory of Homer. A Critical Analysis of Heraclitus' Homeric Allegories, Diss. Yale University 1973.

W. THÜNE, Aristoteles und die Meteorologie, Ludwigshafen 2008 (Schriftenreihe des Förderkreises Lebendige Antike 15).

R. B. TODD, Alexander of Aphrodisias on Stoic Physics. A Study of *De Mixtione* with Preliminary Essays, Text, Translation and Commentary, Leiden 1976.

R. B. TODD, The Stoics and their Cosmology in the First and Second Centuries A.D., ANRW II 36.3 (1989), 1365–1378.

R. VAN DEN BROEK / T. BAARDA / J. MANSFELD (Hrsg.), Knowledge of God in the Greco-Roman World, Leiden 1988 (EPRO 112).

P. VEYNE, Glauben die Griechen an ihre Mythen? Ein Versuch über die konstitutive Einbildungskraft, Frankfurt/M. 1987.

N. WALTER, Der Thoraausleger Aristobulos. Untersuchungen zu seinen Fragmenten und zu pseudepigrafischen Resten der jüdisch-hellenistischen Literatur, Berlin 1964 (TU 86).

F. WEHRLI, Zur Geschichte der allegorischen Deutung Homers im Altertum, Borna / Leipzig 1928.

M. L. WEST, Tryphon *De Tropis*, Classical Quarterly 15 (1965), 230–248.

C. W. A. WHITTAKER, Aristotle's *De interpretatione*, New York 1996.

J. WHITMAN, Allegory. The Dynamics of an Ancient and Medieval Technique, Cambridge 1987.

Reinen Klanges ich sag', und ganz mein Wort offenbare,
Was im Geheimnis der Brust an Unsagbarem geborgen.[1]

Lucius Annaeus Cornutus

Ein Versuch über Leben und Werk eines stoischen Philosophen zur Zeit Neros

Leben

Antike Quellen über Cornutus, den Autor der *Epidrome* (*epidr.*), sind spärlich und erlauben uns nur eine vage Annäherung an Leben und Werk der mit diesem Namen bezeichneten Person[2]. Die meisten antiken Zeugen überliefern nur das *cognomen* Cornutus (so Porphyrios, Simplikios, Macrobius, Nikolaos oder der stark beschädigte P.Oxy. LII 3649 aus dem 2./3. Jh. n. Chr.). Der Beiname Cornutus ist zwar selten, aber nicht völlig singulär. Einige Angehörige einer Familie mit dem Beinamen Cornutus / Cornuta sind auf Inschriftenfragmenten der Zeit Vespasians aus dem galatischen Apollonia belegt. Aus derselben Familie stammt eine gewisse Servenia Cornuta, die auf einer Inschrift aus Ancyra ihre Herkunft gar auf das Königshaus der Attaliden zurückführt[3]. Eine Verbindung all dieser Cornuti / Cornutae mit unserem Träger dieses Namens ist freilich nicht zu erweisen. Ein weiterer Cornutus ohne Bei- und Familiennamen taucht auf einer Grabinschrift aus Prusa ad Olympum (Bursa) auf, die die Bearbeiter aufgrund der Paläographie ins 3. oder 4. Jahrhundert n. Chr. datieren. Träfe dies zu, dann hat diese Inschrift allein aufgrund der Chronologie nichts mit unserem Autor zu tun. Interessant ist immerhin, dass dieser Cornutus als „Heger der Musen und Schmücker der Reden" bezeichnet wird, was auf eine Person mit dichterisch-rhetorischer Ausbildung schließen lässt[4]. Folgt man

---

[1] Persius, *sat.* V 28–29 (Übersetzung SEEL).
[2] Zum Leben und Werk des Cornutus siehe z. B. NOCK, Kornutos; MORAUX, Aristotelismus II, 592f; HAYES, Epidrome, 30-33; RAMELLI, Compendio, 7–30.
[3] MAMA IV, 46–47 (Nr. 139), dort Belege und weitere Literatur.
[4] MERKELBACH / STAUBER, Steinepigramme 2, 149.

Gellius und Cassiodorus, dann darf man als *nomen gentile* Annaeus ergänzen, was unseren Cornutus dann in die Nähe von Philosophen, Politikern und Literaten aus der Familie der Annaei rücken würde. Das *praenomen* Lucius unseres Autors ist nur beim Grammatiker Flavius Sosipater Charisius erwähnt (162,9; 4. Jh. n. Chr.), wird aber meist als authentisch akzeptiert[5].

Über die Abstammung und Herkunft des Cornutus wissen wir nichts Sicheres. War er „Römer", war er „Grieche"? Cornutus' einzig vollständig erhaltenes Werk ist auf Griechisch verfasst, zudem tief in griechischer Philosophie und Mythologie verwurzelt. Andere Werke waren offensichtlich in griechischer oder lateinischer Sprache geschrieben[6]. Sein Name ist jedenfalls in beiden sicheren Bestandteilen lateinisch, doch bedeutet das nicht viel in Bezug auf die „Ethnizität", wie das Beispiel der ebenfalls lateinischen Namen der oben erwähnten Cornuti zeigt, deren Inschriften jedoch auf Griechisch verfasst sind. Ob das *gentilicium* Annaeus dahingehend zu verstehen ist, dass Cornutus ein Freigelassener entweder des älteren Seneca[7] oder des Annaeus Mela, des Bruders des jüngeren Seneca und Vaters des Lucanus, gewesen ist, wie es Robert Stephen HAYES mit Verweis auf Arthur Darby NOCK und Frederick M. AHL vermutet, mag dahingestellt bleiben[8]. Cornutus könnte genausogut originäres Mitglied der Familie der Annaei gewesen sein, wenn auch dies wiederum nicht zu beweisen ist.

Undeutlich bleiben auch Geburtsort und -zeit unseres Autors. Die Suda notiert unter dem Stichwort *Kornoutos* das nordafrikanische Leptis (d.h. Leptis Magna in der Provinz Africa) als Geburtsort, Stephanus aber berichtet in seinem geographischen Lexikon, Cornutus stamme aus *Thestis* bzw. *Tergis* (d.h. Thestis oder Tergis in Libya) (*Ethnica* 312/10; 617). Ein Ausgleich der widersprüchlichen Nachrichten findet nicht statt. Meist folgt man Stephanus und akzeptiert Leptis. Nordafrika war stark lateinisch geprägt, selbst wenn man dort im 1. Jh. nicht unbedingt schon eine ähnlich hohe Blüte lateinischer Literatur voraussetzen kann, wie sie durch Marcus Cornelius Fronto (ca. 100 – 170), Lucius Apuleius (ca. 123/5 – 180) oder Quintus Septimius Florens Tertullianus (ca. 155 – 230) für das 2. Jh. greifbar wird. HAYES betrachtet beide Notizen wohl zu Recht mit einer gewissen Zurückhaltung; auf welchen Quellen

---

[5] HAYS, Epidrome, 30.

[6] MORAUX, Aristotelismus II, 592 behauptet, Cornutus habe „(n)eben seiner punischen Muttersprache" auch Latein und Griechisch beherrscht und sich dieser Sprachen auch in seinem Werk bedient.

[7] Zu Leben und Werk von Lucius Annaeus Seneca Maior (ca. 50 v. Chr. - ca. 38 n. Chr.) s. FAIRWEATHER, Seneca, bes. 1–26.

[8] HAYS, Epidrome, 30; MORAUX, Aristotelismus II, 592; vgl. dazu TOKÁCS, Story, 37 und die Bemerkung bei AHL, Lucan, 36.

sie beruhen, ist ohnehin unbekannt[9]. So muss der Geburtsort des Cornutus im Dunklen bleiben.

Letztlich ist die Frage, wo Cornutus zur Welt kam und ob er tatsächlich als freigeborenes Mitglied den Annaei angehörte, auch sekundär für die Beurteilung der geistigen Voraussetzungen seines Denkens und literarischen Schaffens. Der selbstverständliche Umgang, den Cornutus unseren Quellen zufolge mit Angehörigen der stadtrömischen Aristokratie pflegte, und seine tiefe Vertrautheit mit philosophischen Inhalten und Darstellungsmitteln sind vielmehr ein deutliches Indiz dafür, wie tief römische Intellektuelle insgesamt in der Mitte des 1. Jh. n. Chr. bereits von griechischem Denken und durch von griechischer Philosophie inspirierter Lebensweise beeinflusst waren. Dass unter philosophisch geprägten Intellektuellen die Trennungslinie zwischen römischen Freigeborenen und geistesverwandten, gebildeten Peregrinen zumindest in praktischer Hinsicht keine große Rolle mehr spielte, ist wesentliches Merkmal desjenigen intellektuellen Milieus, in dem wir Cornutus ganz abgesehen von seiner tatsächlichen Abstammung zu verankern haben. Auch wann genau Cornutus geboren ist, ist nur zu erschließen. Seine Werke geben dazu keinen direkten Hinweis.

Zahlreicher sind die Nachrichten über Cornutus' Wirken als Erwachsener. Am ausführlichsten werden wir in der *Vita* über den den Satiriker Aules Persius Flaccus (34 – 62 n. Chr.) unterrichtet, also in einem Werk, das sich primär nicht mit Cornutus selbst, sondern einem anderen Literaten befasst[10]. Aus diesem Text, überliefert im Kommentar des Probus Valerius, lassen sich einige chronologische Daten gewinnen, die durch andere Quellen aufgefüllt werden können, sofern diese vorhanden sind. Persius, so erzählt die *Vita*, habe bis zu seinem zwölften Lebensjahr in seiner Heimatstadt Volterra studiert, sei dann nach Rom gegangen, um beim *grammaticus* Quintus Remmius Palaemon und dem berühmten *rhetor* Verginius Flavus (im Jahr 65 zusammen mit Musonius Rufus von Nero verbannt, s. Tacitus, *ann.* XV 71,4) sich weiter ausbilden zu lassen. Dort habe Persius als Sechzehnjähriger (also im Jahr 50 n. Chr.) eine tiefe Freundschaft zu Annaeus Cornutus begonnen (*amicitia coepit*), der ihn auch in die Philosophie eingeführt hat (*inductus aliquatenus in philosophiam est*). Persius sei nicht mehr von Cornutus' Seite gewichen (*nusquam ab eo discederit*).

Nimmt man nun an, dass der in der Vita erwähnte Cornutus mit dem Autor unserer *Epidrome* identisch ist (woran eigentlich kein Zweifel bestehen kann), dann musste dieser bereits seit einiger Zeit vor 50 n. Chr. als etablierter Lehrer in Rom gewirkt und sich des Zugangs zu den besten Kreisen der Stadt erfreut

---

[9] HAYS, Epidrome, 31.
[10] Greifbar in SEEL, Persius, 74–79.

haben. Damit war Cornutus keine Ausnahme. Bereits seit Mitte des 1. Jh. v. Chr., also gut drei Generationen vor der Wirksamkeit des Cornutus, galt die Stadt als anerkanntes Zentrum stoischer Philosophie[11]. Zahlreiche römische Aristokraten, allen voran Marcus Cato d. J., ließen sich durch diese Richtung prägen, und Augustus hatte in Person von Athenodoros von Tarsus (ca. 80 – 3 v. Chr.) und Arius Didymus (1. Jh. v. / n. Chr.) zwei prominente peregrine Stoiker als Berater (vgl. Strabo XIV 5,13 / XIV 673–675). Zwar prägten während des Übergangs von der späten Republik zur frühen Kaiserzeit noch Griechen das Bild der stadtrömischen Stoa, doch befanden sich Angehörige der römischen Oberschicht im Lauf der Zeit immer weniger allein auf der empfangenden Seite. Viele römische Gelehrte trieben selbst aktiv philosophische Arbeit, die keinesfalls nur Fragen der Politik oder praktischen Ethik betraf, sondern im Verbund mit diesen Zentralthemen in alle Bereiche stoischer Theoriebildung vordrang (Cicero, Varro, später Seneca). Zur Zeit der julisch-claudischen Kaiser bis in die frühen Jahre Neros hinein (um 62 n. Chr.) war das geistige Klima für stoische Philosophie in Rom besonders günstig, und zahlreiche römische Aristokraten ließen sich bei stoischen Lehrern professionell ausbilden. Persius etwa stammte aus einer alten, angesehenen etruskischen Familie und war römischer Ritter.

Freilich existierte stoische Philosophie nicht einer einzigen, institutionalisierten oder gar obrigkeitlich akkreditierten „Schule", sondern konstituierte sich in zahlreichen, voneinander unabhängigen, aber miteinander in Kontakt stehenden Zirkeln, die sich zumeist um den Unterrichtsbetrieb eines prominenten Lehrers scharten[12]. Andere Zirkel, etwa der an der Philosophie Epikurs orientierte Kreis um Caius Calpurnius Piso, zogen ebenfalls Schüler an. In solchen Kreisen, die man sich nicht als geschlossene Konventikel vorstellen sollte, konnten junge Intellektuelle ihre ersten literarischen und philosophischen Versuche einem Kreis gleichgesinnter vortragen, mit angesehenen Lehrern und Förderern in Kontakt treten und sich deren politischen, künstlerischen und philosophischen Ansichten öffnen.

Offensichtlich hatte auch Cornutus zumindest zeitweise einen solchen Kreis um sich geschart, zu dem neben Persius andere zukünftige Literaten wie Marcus Annaeus Lucanus, der Neffe des älteren Seneca und Verfasser des Epos *Pharsalia* (39 – 65 n. Chr.)[13], der hoch gebildete und angesehene spartanische Arzt und Dichter Claudius Agathurnus (der Name deutet auf Verbindungen zum julisch-claudischen Hof hin, eventuell ein kaiserlicher Freigelassener?) und Petronius Aristokrates aus Magnesia gehörten. Agathurnus und Aristokrates lebten, wie auch die jüngeren Mitglieder Persius und Lucanus, bei Cornutus.

---

[11] SEDLEY, School, 30: „By the mid to late first century B.C., Rome had acquired what is probably as strong a claim as any city's to being a hub of Stoic activity".
[12] GILL, School, 36–38.
[13] Zu Lucanus vgl. REITZ, Literatur, 82–96; AHL, Lucan, zu Cornutus hier bes. 36.

Offensichtlich stand Cornutus also auch eine standesgemäße Bleibe zur Verfügung, in der zumindest ein Teil des Zirkels lebte. Unbekannt bleibt, wer seine Hand über Cornutus hielt und ihn materiell unterstützte (sofern er nicht römischer Bürger war), falls er nicht als Freier über eigenes Vermögen verfügte. Alle Mitglieder, so schreibt die *Vita*, widmeten sich intensiv (*acriter*) der Philosophie. Bedeutsam ist ferner ihre Nachricht, dass Claudius Agathurnus und Petronius Aristokrates gleichaltrig mit Cornutus waren, während Persius und der *aequaevus* Lucanus jünger waren als er. Vielleicht wurde Cornutus daher zwischen 10 und 20 n. Chr. geboren.

Nach dem Zeugnis der Persius-*Vita* pflegte Cornutus mit seinen Schülern ein enges Verhältnis, das ganz nach Weise philosophischer Zirkel Elemente einer intensiven Lebensgemeinschaft (*convictus*, συμβίωσις) beinhaltete[14]. Da wir nichts von öffentlichen Vorträgen des Cornutus hören, scheint sein Lehrbetrieb im Wesentlichen auf (s)ein Haus und den Schülerkreis beschränkt gewesen zu sein. Auch der Charakter und die Themen der Schriften des Cornutus weisen – etwa im Vergleich zu den populär aufbereiteten Diskursen des Musonius Rufus (30 – 100 n. Chr.) oder des Epiktet (ca. 50 – 130 n. Chr.) – mit all der nötigen Vorsicht, die unsere beschränkte Kenntnis seines Oevres fordert, eher in diese Richtung: Die *Epitome* selbst ist ein höchst technisches und kaum für den werbenden oder beratenden „Außengebrauch" geeignetes Lehrbuch, die anderen Cornutus zugeschriebenen Schriften befassen sich ebenfalls eher mit Spezialthemen (dazu s.u. 36–39). Dass in solchen Zirkeln natürlich intensiv geistig gearbeitet wurde, versteht sich von selbst, war doch das Bemühen um rechte Erkenntnis Grundlage und Sinn des gemeinsamen Lebens.

Nach allem was wir über den stoischen Lehrbetrieb wissen, standen auch bei Cornutus das sorgfältige Studium der „kanonischen" Grundschriften der Schulgründer Zeno und Chrysippus ebenso auf dem Programm wie Vorträge und Diskussionen zu den drei Kerndisziplinen Logik, Ethik und Physik. Sicher ging Cornutus dabei auch intensiv auf Grammatik und Rhetorik ein. Wie sehr beide Elemente für Lehrer und Schüler zu einer umfassenden Lebensorientierung gehörten, zeigt Persius selbst in seiner 5. Satire über das Thema der inneren Freiheit, in der er dem verehrten Lehrer ein ebenso formvollendetes wie von respektvoller Zuneigung getragenes Denkmal gesetzt hat (*sat.* V 19–67)[15]. Persius dankt darin Cornutus, ihm nicht nur die Scheidung des „guten gediegenen Klangs von der Tünche buntschillernder Rede" kundig gelehrt (*sat.* V 25), sondern ihn auch in der anfechtungsreichen Jugendzeit „unter die Fittiche des Sokrates" genommen und „verbogene Sitten" mit dem Richtscheit

---

[14] Insofern untertreibt HAYS, Epidrome, 30 wenn er schreibt, man habe sich an Cornutus wegen seiner „technical expertise" erinnert. Zu Cornutus als Lehrer des Persius in stoischer Philosophie im Zirkel des Thrasea Paetus s. COLISH, Stoic Tradition, 194–203.

[15] Zu Persius vgl. REITZ, Literatur, 97–107; vgl. auch RAMELLI, Cornuto, 15–17.

der „kleanthischen Saat" zurecht gerückt zu haben (*sat.* V 37f und 63f). Persius bezeugt damit nicht nur aus erster Hand, dass Rhetorik bzw. Stilkunde und Philosophie als Quelle der Erkenntnis des Guten und Schönen bei Cornutus zusammengehörten, sondern spricht auch klar die geistige Grundlage dieser Verbindung an: eben die stoische Philosophie[16]. Jeglicher Versuch, die unterschiedlichen Teile der literarischen Tätigkeit des Cornutus auf zwei Personen zu verteilen, wie zuweilen in der älteren Foschung postuliert wurde, geht daher an der Sache vorbei[17]. Persius' freimütiges Bekenntnis, dass er sich Cornutus ganz unterworfen (*me tibi supposui*) und dieser seinen Charakter wie ein Töpfer „mit dem Daumen" zu einem kunstreichen Bildnis geformt habe (*sat.* V 40), bestätigt nochmals die bereits in der *Vita* angeklungene innige Gemeinschaft innerhalb des Zirkels, in dem die Jüngeren die Älteren mit Bewunderung nachzuahmen versuchten (*mirari et aemulari*)[18]. Für Persius bedeutete die Gemeinschaft mit Cornutus nach seinen eigenen Worten nicht weniger als göttlich-schicksalhafte Fügung und das Tor zur Freiheit. Nicht umsonst schließt sich an das Lob des Lehrers eine poetische Darstellung der stoischen Freiheitslehre an (*sat.* V 68–191). Dabei ging es nicht nur um poetische Spiegelfechterei oder philosophische Idylle. Zum philosophischen und poetischen Diskurs in derartigen Zirkeln gehörten zweifellos auch politisch höchst brisante Themen, und in manchem als „Übung im privaten Kreis" zum Besten gegebenen Gedicht konnte persönliche Angriffslust auf alle möglichen Gegner oder der Überdruss an Persönlichkeiten der Politik – bis hin zum Kaiser selbst – mehr oder minder unverhüllt zum Ausdruck kommen. Immerhin waren Freiheit und die Suche nach dem idealen Staat urphilosophische Themen, für die die reiche Tradition der eigenen stoischen Schule genauso viel Diskussionsstoff lieferte wie die Größen der römisch-republikanischen Geschichte (man erinnere sich nur an die geradezu mythische Vorbildfunktion eines Cato!)[19]. Es ist daher durchaus zu vermuten, dass Persius' spezifischer, uns zuweilen als „dunkel" erscheinender Umgang mit mythischen Stoffen, die er durchweg stoisch einfärbt, zu einem großen Teil auf den Einfluss des Cornutus zurückgeht.

Zehn Jahre pflegte Persius neben Cornutus ein ebenso enges Schülerverhältnis zu Publius Clodius Thrasea Paetus (? – 66 n. Chr.) (*summe dilectus*)

---

[16] Der Verweis auf Sokrates widerspricht dem gerade nicht, stand dieser bei den Stoikern doch in so hohem Ansehen, dass sich Stoiker auch gern „Sokratiker" nennen ließen (Philodemos, *De Stoicis* XIII 3, nach SEDLEY, School, 11).

[17] Vgl. HAYS, Epidrome, 50 Anm. 106.

[18] Otto SEEL schreibt: „Die ganzen persönlichen Verflechtungen zeigen, daß Persius in Rom gleich in einem geschlossenen Stoiker-Zirkel Aufnahme fand, in dem die Fäden von Einem zum Anderen liefen, der aber dafür auch als zahlenmäßig klein und als ziemlich exklusiv zu denken ist und keinesfalls als repräsentativ für eine auch nur beträchtlichere Minderheit römischer Bevölkerung gelten kann" (SEEL, Satiren, 109).

[19] SULLIVAN, Literature, 46–48.

und lernte dabei auch den jüngeren Seneca (1 v. – 65 n. Chr.) kennen, mit dem er aber offensichtlich wenig hat anfangen können. Thrasea Paetus scheint somit zeitgleich mit Cornutus einen weiteren, stoisch orientierten Zirkel unterhalten zu haben, der vor allem wegen seiner Gegnerschaft zu Nero bekannt ist[20]. Welche Rolle Cornutus bei Persius' Bekanntschaft mit Seneca und der Lehrzeit bei Thrasea Paetus gespielt hat, wird in der Vita nicht berichtet. Senecas deutliche Kritik an der allegorischen Deutung von Mythen (*benef.* I 3,8; 4,6) könnte freilich andeuten, dass sich auch Cornutus trotz der gemeinsamen stoischen Grundorientierung mit Seneca nicht verstand. Ferner wirkte Cornutus erfolgreich in Rom, als dies Seneca aufgrund seines Exils in Corsica unmöglich war, woraus eine Atmosphäre unguter Konkurrenz entstanden sein könnte.

Möglicherweise beeinflusste Cornutus auch das Denken des mit Persius etwa gleichaltrigen Dichters und Politikers Tiberius Catius Asconius Silius Italicus (ca. 25 – 101 n. Chr.), wenn wir einer Notiz bei Charisius glauben wollen, wonach Cornutus mit Italicus bekannt war. In seinem Kommentar zu Vergils Aeneis redet Cornutus Italicus jedenfalls respektvoll als *poeta* und *princeps civitatum* an und scheint das Werk ihm, wohl aufgrund dessen großer Bewunderung für Vergil, auch gewidmet zu haben[21]. TOKÁCS vermutet wohl zu Recht, dass nicht nur Cornutus' Auffassung über Epik die Dichtung des Lucanus und Italicus beeinflusst hat, sondern dass auch Lucanus' stoische Überzeugung zu einem beträchtlichen Teil auch auf Cornutus und nicht allein auf Lucanus' Onkel Seneca zurückgeführt werden sollte[22].

Von besonderer Bedeutung für den Literatenkreis um Cornutus war sicher das Verhältnis zu Nero, der seit seiner Jugend an Literatur interessiert war und sich während der späten 50er und frühen 60er Jahre zunehmend selbst der Poesie aktiv verschrieben und einige junge Künstler, darunter auch den Cornutus-Schüler Lucanus, in seine Nähe gezogen hatte[23]. Folgt man der obigen Notiz aus

---

[20] SULLIVAN, Literature, 46 sieht Persius wie auch Cornutus sich im Kreis des Thrasea Paetus bewegen, doch deuten die Quellen zumindest für Cornutus nichts derartiges an. Andererseits darf man sich die einzelnen „Zirkel" bzw. „Kreise" keinesfalls als abgeschlossene Gemeinschaften vorstellen, im Gegenteil. Der geistige Austausch war rege und in vielen Formen möglich, Gäste und Teilnehmer wechselten hin und her. Man kann sich nur schwer vorstellen, dass Cornutus keinen Kontakt zu Thrasea Paetus hatte, der in Rom über stoische Kreise hinaus einen vorzüglichen Ruf genoss. Zur literarischen Stilisierung des „politischen Strategen" Thrasea Paetus s. RONNING, Konflikt.

[21] KEIL, *Grammatici Latini* 125,17; HAYS, Epidrome, 31 (Textauszug in Übersetzung ibid., 188); RAMELLI, Cornuto, 12.

[22] TOKÁCS, Story, 43. Er schreibt: „No matter how posterity forgot Cornutus and how his critics offended him even in the second half of the first century, he probably played a more significant part in the contemporary literary life than it was assumed either in the Antiquity or in the modern times".

[23] REITZ, Literatur, bes. 18–25; SULLIVAN, Literature, 33-34.

Cornutus' Vergilkommentar, hatte Italicus zur Zeit der Abfassung dieses Werkes bereits politische Ämter inne, was ohne die Zustimmung und Förderung Neros nicht denkbar gewesen wäre. Auch Cornutus profitierte damals wohl von der Gunst Neros, nicht nur durch persönlichen Zugang, sondern vielleicht auch in materieller Form. In das Bild des grundgelehrten und charakterstarken Stoikers Cornutus will die Nachricht der Suda überhaupt nicht passen, die ihn als verschwenderischen Lebemann darstellt[24]. Freilich gab es solche Männer im Umkreis Neros auch, man denke nur an Titus Petronius, den *arbiter elegantiae* am Hof Neros (ca. 26 – 66 n. Chr.; cf. Tacitus, *ann.* XVI 17–20), sodass diese vermeintlich unpassenden Mosaiksteinchen nicht unbedingt dem Rest des ohnehin äußerst fragmentarischen Charakterbilds widersprechen müssen. Auch Seneca war nicht arm und hatte sicher genügend Gegner, die (gerade wegen seiner großen Nähe zum jungen Nero) nichts Gutes über ihn zu berichten wussten. Müssen wir mit ähnlichen Stimmen ebenso im Falle des Cornutus rechnen? Auch das kann nicht ausgeschlossen werden.

Beim Tod des Persius im Jahre 62 kam Cornutus testamentarisch in den Genuss einer großen Summe Geldes und der Bibliothek des Persius. Die Dankbarkeit des Schülers für seinen Lehrer dauerte also über den Tod hinaus an. Cornutus nahm – darin ganz vorbildlicher Philosoph – allein die Bücher und überließ das meiste Geld Persius' hinterbliebenen Schwestern. Besonders wichtig ist jedoch ein Zweites: Der unerwartet frühe Tod hatte es verhindert, dass Persius selbst seine Satiren vollenden und für die Publikation editorisch vorbereiten konnte. Cornutus ordnete Persius' literarischen Nachlass und vertraute dessen Edition Caesius Bassus an (*Caesio Basso petenti, ut ipse ederet, tradidit edendum*). Bassus war selbst ein hochgeachteter Dichter (Quintilian, *inst.* X 1,96) sowie ein Freund und Bewunderer des Persius (Persius, *sat.* V; *Vita: amicos habuit a prima adolescentia Caesium Bassum et Calpurnium Staturam*).

Doch als die Herausgabe der Persius-Satiren im Jahre 63 im Gang war, hatte sich die Situation grundlegend geändert. Bereits im Vorfeld der Edition, noch bevor Bassus ans Werk ging oder vielleicht auch in Koordination mit ihm, hatte Cornutus dafür gesorgt, dass einige potentiell gefährliche Jugendwerke aus dem Nachlass des Persius vernichtet und nicht publik gemacht werden (*omnia ea auctor fuit Cornutus matri eius ut aboleret*). Dazu gehörten u. a. Lobverse auf Persius' Mutter Arria, die Schwiegermutter des Thrasea, der von Nero später gar hingerichtet werden sollte (im Jahre 66) und dessen ebenfalls Arria genannte Mutter sich bereits vor dem durch Claudius im Jahre 42 erzwungenen Selbstmord ihres Gatten das Leben nahm[25]. Gut denkbar ist, dass der Bruch Neros mit dem ehemaligen Freund Lucanus über Fragen der Dichtkunst

---

[24] Übersetzung bei HAYS, Epidrome, 177–178.
[25] SULLIVAN, Literature, 39 bescheinigt Cornutus zu Recht „political awareness" bei der Herausgabe der Werke des Persius.

(Tacitus, *ann.* XV 49)[26] den Ausschlag dafür gab, dass auch dessen Lehrer vorsichtiger agieren musste. Persius scheint jedenfalls schon weit früher als Lucanus dem Kaiser kritisch gegenüber gestanden zu haben, sicher auch aufgrund der gerade erwähnten familiären Bindungen zu Thrasea Paetus, vor allem aber aus tief empfundener Abneigung gegen dessen Dichtkunst (*Vita* 56: *etiam Neronem illius temporis principem inculpaverit*)[27]. Sollte es daher inmitten der aufgeheizten Atmosphäre und der Kränkung Neros ruchbar geworden sein, dass noch ein weiterer seiner Schüler neben Lucanus Neros Kunst gering achtete, konnte es für Cornutus in der Tat gefährlich werden. Die in der Persius-Vita und den anonymen Scholien überlieferte Bemerkung, dass Cornutus darüber hinaus eine verfängliche Formulierung in *sat.* I 121 geändert habe, damit sich Nero nicht getroffen fühlte, passt sehr gut in dieses Bild und ist keinesfalls „als eine aus einer Glosse herausgesponnene Fabel" anzusehen[28].

Diese Nachrichten erhalten durch Cassius Dio (LXII 29,2f) zusätzliche Brisanz. Dio berichtet, dass Cornutus direkten Zugang zu Nero hatte und ihn in Fragen von Dichtung und Literatur beriet. Erst als Cornutus ihm mit deutlichen Worten davon abriet, ein über alle Maßen langes Epos über das römische Volk zu schreiben, und auch dagegen protestierte, dass sich Nero mit dem von Cornutus so bewunderten Chrysippos verglich, um die exorbitante Länge des geplanten Werks zu rechtfertigen, schickte ihn Nero ins Exil, töten aber ließ er ihn nicht. Leider erfahren wir nicht, wie lange sich Cornutus vor seiner Verbannung bereits am Hof Neros aufgehalten hatte. Doch ist denkbar, dass sich der Kaiser nicht mit Cornutus' Schüler Lucanus angefreundet hätte, ohne seinen Lehrer wahrzunehmen. So kann der Kontakt bereits seit den 50er Jahren bestanden und sich bis zur Wende 62/63 stets vertieft haben. Bis dahin scheint es (mit Ausnahme der latenten Opposition des Persius) jedenfalls keine Spannungen zwischen den Mitgliedern des Zirkels um Cornutus und Nero gegeben zu haben. Von einem fest geschlossenen Widerstandskreis gegen Nero kann keine Rede sein, was an den unterschiedlichen Schicksalen der Männer um Cornutus deutlich wird. Selbst der oben erwähnte Herausgeber der Persius-Satiren, Caesius Bassus, war treuer Gefolgsmann Neros und überlebte gar den folgenden Terror[29], nicht zu reden von Silius Italicus. Auch Seneca bat Nero erst nach dem Tod seines Gönners, des Prätorianerpräfekten Burrus, um Entlassung vom Hof und geriet dann in den Strudel der Ereignisse nach der pisonischen Verschwörung.

Erst gegen Ende der Regierung Neros war die Lage zahlreicher Intellektueller unerträglich geworden. Besonders schlimm wurde es nach der Aufdeckung der pisonischen Verschwörung im Jahre 65 (Tacitus, *ann.* XV 48–

---

[26] Dazu AHL, Lucan, 37–47; SULLIVAN, Literature, 115–152.
[27] Dazu SULLIVAN, Literature, 99–106.
[28] SEEL, Persius, 95 (Kommentar zu *sat.* I 119–121); SULLIVAN, Attises.
[29] TAKÁCS, Story, 42.

74), während der damit verbundenen Säuberungen sich der jüngere Seneca und Lucanus, der direkte Schüler des Cornutus, die Pulsadern öffnen mussten, obwohl ihre Verwicklung in die Putschvorbereitungen des Caius Calpurnius Piso und seiner Anhänger letztlich nicht geklärt war[30]. Petronius erging es nicht anders (Tacitus, *ann.* XVI 20)[31]. Plinius nennt die Zeit zwischen 65 und 68, dem Ende Neros, demgemäß auch schlicht *servitus* (*epist.* III 5,5).

Das Schicksal des Cornutus kann von all den Ereignissen nicht unbeeinflusst geblieben sein, wenn es auch aufgrund fehlender Quellen schwer fällt, exakte Aussagen zu treffen. Wenn nicht schon ein paar Jahre früher, wie von Cassius Dio insinuiert, dann doch spätestens im Jahre 65/66 schickte Nero Cornutus in die Verbannung, im letzteren Falle zur gleichen Zeit wie Musonius Rufus (30 – 100 n. Chr.), das wenig jüngere Haupt eines weiteren stadtrömischen stoischen Zirkels, Ritter wie Persius und Lehrer des Epiktet[32]. In der Suda (s. v. *Kornoutos*) finden wir die nicht ganz leicht zu interpretierende Nachricht, dass Cornutus unter Nero „der ihn hinwegnahm mit Musonius" (ἀναιρεθεὶς σὺν Μουσονίου). Zwar wissen wir aus unabhängigen Quellen, dass Musonius in der Tat im Jahre 65 verbannt wurde, die Bemerkung der Suda bleibt aber rätselhaft. Zum einen bedeutet ἀναιρεθείς in der Suda nirgends sonst „verbannen", andererseits wissen wir von Musonius, dass er bis zum Ende des 1. Jh. gelebt hat[33]. Kann man die Nachrichten von der Verbannung und der Hinrichtung des Cornutus verbinden? Hat Nero ihn etwa im Exil umbringen lassen?

Welches das korrekte Datum für die mögliche Verbannung des Cornutus ist, lässt sich ebenso schwer entscheiden, deutlicher sind freilich die Motive. Cornutus' oben erwähntes umsichtiges Handeln angesichts des potentiell brisanten Inhalts mancher Persiusschriften legt immerhin nahe, dass die Verbannung politisch motiviert war und mit Neros Misstrauen gegen stoisch beeinflusste Aristokraten, vor allem aus dem Haus der Annaei, zusammenhing. Cornutus' Kritik an Neros geplantem Epos war da sicher nur der Anlass[34]. Neros Zorn traf freilich nicht alle, die zu Cornutus' Bekanntenkreis zählten. Silius Italicus wurde noch im turbulenten letzten Jahr Neros von diesem gar zum Konsul ernannt und beteiligte sich eifrig an den Verfolgungen gegen Neros Feinde (Plinius, *epist.* III 7).

---

[30] Stoische Philosophie war nicht generell gegen das Kaisertum, vgl. GILL, School, 34–35.
[31] Zur literarischen Gestaltung der pisonischen Verschwörung bei Tacitus vgl. PAGÁN, Conspiracy Narratives, 68–90.
[32] Nach TOKÁCS, Story, 38. Hieronymus, *Chronicon ad annum 68* nennt fälschlicherweise das Jahr 68.
[33] Zum Leben des Musonius vgl. z. B. LUTZ, Musonius, 14–18.
[34] SULLIVAN, Literature, 106.

In der Verbannung verliert sich Cornutus' Spur, sein Todesdatum kennen wir nicht. Ob er wie Seneca oder Lucanus zu den direkten „Märtyrern" des neronischen Terrors gehört hatte oder – aus seinem Wirkungsfeld Rom verbannt und ohne Schülerkreis – noch länger am Leben blieb, ist unklar. Bei Tacitus, dem Kronzeugen der „pisonischen Märtyrer", wird er jedenfalls nicht erwähnt[35]. Im Jahr 66 scheinen Teile des Werkes des Cornutus bereits publiziert gewesen zu sein. Geschah dies vor Cornutus' Verbannung, konnte er zurückkehren oder war er da gar schon tot? Wir wissen es nicht. Jedenfalls zitiert der ältere Plinius in seinem sprachwissenschaftlichen Werk *De dubio sermone* (erhalten durch ein Zitat des Charisius) eine Passage aus dem bereits oben erwähnten Kommentar zur *Aeneis* Vergils. Plinius arbeitete im Jahre 66, also kurz nach der Aufdeckung der pisonischen Verschwörung, an *De dubio sermone* und hatte die Abhandlung im Jahr des Todes Neros 68 vollendet[36]. Eine Abschrift von Cornutus' Vergil-Kommentar musste ihm dazu vorgelegen haben. Sollte Cornutus als Autor der unter dem Namen Senecas überlieferten Tragödie *Octavia Praetexta* infrage kommen, – eine Annahme, die so genial ist wie unbeweisbar[37] – dann hätte er wirklich den Sturz Neros überlebt und unter Galba die Möglichkeit wahrgenommen, die zurückliegenden Ereignisse literarisch zu verarbeiten. Wie dem auch sei, die Zeiten hatten sich ohnehin geändert. Cornutus' Schüler Lucanus und Persius waren ebenso tot wie zahlreiche Angehörige der Kreise, in denen er verkehrte. Mit dem Untergang Neros war auch ein Teil desjenigen Rom vergangen, mit dem Cornutus so tief verwurzelt war.

Werke

Neben der *Epidrome* ist auch eine Reihe anderer Schriften in der Überlieferung mit dem Namen des Cornutus verbunden, die jedoch allesamt allein in Zitaten späterer Autoren greifbar oder gar bis auf den Titel ganz verloren gegangen sind. Charakteristisch ist, dass diese Werke sowohl den Bereichen Rhetorik und Philologie als auch der Philosophie im engeren Sinne entstammen. Insofern bestätigt also die in den Cornutus zugeschriebenen Buchtiteln und Fragmenten erkennbare literarische Wirksamkeit die oben anhand sekundärer Zeugnisse diskutierten Charakterzüge des Autors.

Dem eigentlich philosophischen Bereich gehört mindestens eine Schrift des Cornutus an, in der er sich kritisch mit der Kategorienlehre des Aristoteles[38] auseinandersetzte und die zugleich auch gegen seinen Stoikerkollegen

---

[35] Vgl. PAGÁN, Conspiracy Narratives, 73.
[36] Plinius, *epist.* III 5; TOKÁCS, Story, 37.
[37] Z. B. vorgeschlagen von SULLIVAN, Literature, 72–73.
[38] Zur Kategorienlehre vgl. etwa knapp HÖFFE, Aristoteles, 166–170.

Athenodoros von Tarsus[39] in verschiedenen Punkten Stellung bezog. Wir kennen mehrere Auszüge späterer Autoren aus dem Werk, allen voran von Simplikios (*kat.* 62,27–28) und Porphyrios (*kat.* 59,10–11) in ihren eigenen Kommentaren zur Kategorienlehre des Stagiriten. Der vermutliche Titel dieser Schrift Πρὸς ᾿Αθηνοδόρον καὶ ᾿Αριστοτέλην ἀντιγραφή (unterschiedlich überliefert bei Simplikios, *kat.* 62,27 und Porphyrios, *kat.* 86,24) gibt durchaus genügend Raum dafür, dass Cornutus sich mit Athenodorus und Aristoteles differenziert auseinandersetzte und die unterschiedlichen Positionen keinesfalls über einen Kamm schor. Mit Athenodorus war Cornutus sich darin einig, in den aristotelischen „Kategorien" vor allem eine „Untersuchung der Wörter als solche" zu sehen[40]. Cornutus protestierte aber gegen die Tendenz des Athenodoros, sich *allein* auf der Ebene der Sprache zu bewegen, wenn es darum ging, das Verhältnis der Korrelate zu bestimmen. Für Cornutus sind die Relationalaussagen und Quantitätsbestimmungen der Dinge nicht bloß „syntaktischer Natur", sondern ihnen haftet etwas *Reales* an[41]. Er begnügt sich damit nicht allein mit der Kritik an Aristoteles und seinen Nachfolgern oder der Klärung und Neugewichtung von Details (so der Deutung der Kategorie des Ortes), sondern versucht etwas durchaus Konstruktives, Eigenes gegen die kritisierte Position zu setzen, das über Aristoteles hinausgeht und stoischem Erbe entspringt. Das Werk vermittelt damit einen deutlichen Eindruck von der Technizität damaliger Debatten (und der Tatsache, wie gut Cornutus mit ihren verzweigten Positionen vertraut ist), der zentralen Rolle der Auseinandersetzung kaiserzeitlicher Philosophenschulen mit Aristoteles und der für Cornutus engen Zusammengehörigkeit von Sprachuntersuchung, Sprachphilosophie und Weltdeutung. Dass sich Cornutus als stoischer Lehrer mit dieser Thematik intensiv befasste, demonstriert nicht nur den inneren Zusammenhang der für uns scheinbar so großen Diversität seines Oevres, sondern erweist auch die Methodik, die er in der *Epidrome* verfolgt, als in seinem Sinne sachgemäß. Begriffe sind eben nicht nur aus Konventionen resultierende Wörter, sondern sie korrespondieren mit der Realität selbst, die – stoisch verstanden – ja göttlicher Natur ist. Umgekehrt eröffnet das genaue Studium der Sprache einen methodisch kontrollierten Zugang (etwa einer modifizierten Kategorienlehre) zur realen Ordnung der Welt. Wie grundlegend

---

[39] Es gab drei Personen, die diesen Namen trugen, aus Tarsus stammten und als Autor einer stoisch geprägten Schrift gegen Aristoteles' Kategorienlehre infrage kommen (vermutlich der Sohn des Sandon, dazu MORAUX, Aristotelismus II, 585–587), einer davon der bereits erwähnte Lehrer des Augustus. Diese Frage muss hier nicht entschieden werden.

[40] MORAUX, Aristotelismus II, 588, zur Lehre des Athenodoros ibid., 587–591. Die Fragmentarität der Textbasis erschwert natürlich jede zusammenfassende Darstellung.

[41] MORAUX, Aristotelismus II, 594, zur Aussage der Kategorienschrift des Cornutus ibid., 593–601.

die aristotelische Kategorienlehre – und damit die Reflexion des Verhältnisses von Sprache und Realität – für Cornutus war, zeigt sich daran, dass er sich sowohl in seiner Kategorienschrift wie auch der Rhetorik damit befasste[42].

Des Weiteren hören wir in der Überlieferung von Werken eher philologisch-rhetorischen Inhalts. So werden Bücher über Redewendungen (*De figuris sententiarum* bei Gellius IX 10,5), über rhetorische Kunstgriffe (Ῥητορικαὶ Τέχναι bei Porphyrios, *kat*. LXXXVI 23f), über rechte Aussprache und Rechtschreibung (*De enuntiatione vel orthographia*, bei Cassiodorus, *orth*. VII 147.24–154.11) in der späteren Literatur unter dem Namen des Cornutus erwähnt und zitiert.

Der Titel einer weiteren, bisher unbekannten Schrift ΚΟΡΝΟΥΤΟΥ ΠΕΡΙ ΕΚΤΩΝ hat sich in P.Oxy. LII 3649 (2./3. Jh.) erhalten, in der es dem Titel („Über die Eigenschaften") zufolge um stoische Physik und Ontologie ging[43]. Leider ist nur das letzte Blatt des zweiten Buches, aber keine einzige Zeile des Textes selbst erhalten.

Cornutus' Kommentar zu Vergils *Aeneis* (erwähnt beim älteren Plinius und Charisius)[44] zählt zu den ältesten Beispielen dieser vor allem in der Spätantike immer häufiger werdenden Gattung. Leider sind die Fragmente zu gering, als dass wir über die Tendenz der Kommentierung und ihren inhaltlichen Schwerpunkt verlässliche Aussagen machen könnten. Der Kommentar wird wohl ebenso wie die *Epidrome* an darin enthaltenen reichen mythologischen Stoffen interessiert gewesen sein, mag darüber hinaus aber auch Fragen von Stil und Dichtkunst erörtert haben. Vergils *Aeneis* war ja sowohl inhaltlich als auch der Form nach schon längst auf dem Weg zum unumstrittenen Klassiker lateinischer Poesie, sodass sich Cornutus seiner dementsprechend im Lehrbetrieb bedient haben wird. Wir erinnern uns, dass Persius den Unterricht bei Cornutus gerade wegen seiner Gründlichkeit in stilistischen Fragen so sehr geschätzt hat. Nun wäre es durchaus reizvoll zu erfahren, inwiefern Cornutus seine stoische Weltsicht im Zuge der Kommentierung im Werk Vergils wiedergefunden, beziehungsweise in es hinein gelesen hat. Obwohl uns dafür direkte Hinweise aus den wenigen Fragmenten des Kommentars fehlen, mag die Beobachtung, dass Lucanus' Epos deutlich stoische Züge trägt (vgl. etwa die Rolle des Schicksals) darauf hindeuten, dass eine *lectio stoica* poetisch-dichterischer Stoffe in Cornutus' Zirkel durchaus gepflegt wurde. Es wäre daher

---

[42] REPPE, Annaeo Cornuto, 18–25; MORAUX, Aristotelismus II, 593–601.

[43] COCKLE, Oxyrhynchus, 12–13, vgl. Simplikios, *kat*. 214,24–37 (LONG / SEDLEY, Philosophen, 198).

[44] Dazu vgl. TAKÁCS, Story. TAKÁCS behauptet freilich, dass Cornutus' philosophische Werke auf Griechisch, seine grammatischen und rhetorischen Studien auf Lateinisch geschrieben wurden (ibid., 36). Diese Trennung trifft nicht nicht ganz zu (vgl. (Ῥητορικαὶ Τέχηναι) und sollte keinesfalls als sachlich motiviert missverstanden werden: für Cornutus gehörten beide Bereiche aus philosophischen Gründen zusammen.

sehr überraschend, wenn sich dies nicht auch in der Behandlung Vergils niedergeschlagen hätte.

Der anonym überlieferte Traktat Τέχνης Ῥητορικῆς Ἐπιτομή wird von Johannes GRAEVEN einem weiteren Träger des Namens Cornutus zugeschrieben, der wohl zwischen 200 und 250 wirkte[45]. Andere, unter Cornutus' Namen überlieferte oder ihm in der älteren Forschung zugeschriebene Werke wie z. B. die Scholien zu Persius und Iuvenal bzw. das *Commentum* zu Persius, eine weitere anonyme rhetorische Schrift[46], sowie das sog. *Distichon Cornuti* gehören späteren Epochen an und können hier vernachlässigt werden[47].

Der Weg von den in Cornutus' literarischem Oevre erkennbaren rhetorisch-philologischen sowie philosophischen Themen und Interessen hin zur *Epidrome* ist nicht weit. Als „one of the few complete surviving Stoic treatises from any period" stellt die *Epidrome* freilich in vielfacher Hinsicht ein besonderes Stück Literatur dar, dessen exakte Einordnung mangels Vergleichsmaterial nicht leicht fällt (dazu siehe unten S. 35).

Deutlich spricht Cornutus jedoch das Ziel der *Epidrome* aus: die Erlangung wahrer Frömmigkeit (35,15). Inhaltlich deckt sich dies exakt mit dem, was Persius in seiner fünften Satire als Mittelweg zwischen Atheismus und Aberglaube beschrieben hatte. Da für Persius (und Cornutus) wahre Frömmigkeit aus dem Gehorsam gegenüber dem Logos entspringt, der ja nicht nur das All geordnet hat, sondern es durch Sprache, die in die tiefere Bedeutung der Dinge einführt, begreifbar macht, wird in der *Epidrome* ein Stück des theoretischen Hintergrunds und zudem auch ein wenig von dem Ernst und der harten philosophischen Arbeit spürbar, der sich Persius und seine Mitschüler bei Cornutus auf ihrem Weg zur Freiheit des Geistes und des Lebens ausgesetzt haben. Gerade deshalb ist die *Epidrome* trotz ihrer spröden Distanziertheit ein einzigartiges geistesgeschichtliches Zeugnis, das auch ganz abgesehen von ihrem Inhalt eine aufgeschlossene Lektüre lohnt.

---

[45] Zuerst unter dem Titel Τέχνη τοῦ Πολιτικοῦ Λόγου herausgegeben von SÉGUIER DE ST. BRISSON (*Anonymus Seguerianus*); neu herausgegeben von Johannes GRAEVEN als *Cornuti Artis Rhetorike Epitome*; MORAUX, Aristotelismus II, 592.

[46] Bei SPENGEL-HAMMER, Rhetorici Graeci 1, 352–398 (nach NP).

[47] Das *Commentum Cornuti* ist Mitte des 9. Jh. von einem unbekannten *aliquis non indoctus* verfasst worden (CLAUSSEN / ZETZEL, *Commentum Cornuti in Persium*, iii; vgl. ZETZEL, Scholarship). Wie es zur Zuschreibung der Persius-Scholien an Cornutus kam, ist unbekannt, doch wird wohl die enge Verbindung zwischen den beiden Literaten, wie sie in der *Vita* dargestellt wird, nicht unschuldig daran gewesen sein (vgl. LIEBL, Disticha, 44 und 46–48).

Zum Nachwirken der Werke des Cornutus

Im Unterschied zur offensichtlich beträchtlichen Wirkung des Lehrers Cornutus auf Literaten der neronischen Epoche und seinen Leistungen als Philosoph war seinen Werken keine besonders breite Rezeption beschieden[48]. Immerhin demonstriert P.Oxy. LII 3649, dass Werke des Cornutus im 2./3. Jh. weiterhin abgeschrieben und gelesen wurden. Darüber hinaus begegnet Cornutus' Name auch in einer Liste stoischer Philosophen (Parisinus gr. 1759, 13. Jh.), die möglicherweise auf das verlorene VII. Buch der „Philosophenleben" des Diogenes Laertios zurückgeht[49].

Sollte László TAKÁCS Recht haben, dass bereits der Grammatiker Charisius im späten 4. Jh. seine Zitate aus dem Vergil-Kommentar des Cornutus nicht mehr aus originalen Abschriften entnommen hat, sondern aus Zwischenquellen (etwa Plinius d. Ä.), dann scheint Cornutus' Werk bereits im 4. Jh. n. Chr. in weiten Teilen vergessen oder gar verloren gewesen zu sein. Auch P. MORAUX erwägt im Falle des Athenodoros, ob Porphyrios und Simplikios nicht ebenso bereits aus Zwischenquellen (wie etwa Nikostratos) geschöpft hatten, statt aus den originalen Werken[50]. Für Cornutus mag dann Analoges gelten, wenn man auch – wie die zahlreichen Zitate aus seiner Kategorienschrift zeigen – die teilweise Eigenständigkeit seiner Position auch durchaus weiterhin wahrgenommen hat. Dies muss aber nicht bedeuten, dass man mit den Originalwerken arbeitete, sondern man konnte ebenso gut die einschlägigen Zitate immer wieder aus der älteren Literatur übernommen haben. So scheint den Schriften des Cornutus dasselbe Schicksal beschieden gewesen zu sein wie unzähligen anderen philosophischen Werken der hellenistischen Epoche und der frühen Kaiserzeit.

Selbst die *Epidrome*, die ja als einzige Schrift des Cornutus noch vollständig erhalten ist, wird von späteren Autoren nicht direkt zitiert[51]. Immerhin aber berichtet Porphyrios in seiner Kritik der allegorischen Bibelinterpretation des Origenes, dieser habe seine Kunst von zahlreichen philosophischen Theoretikern, darunter Platonikern und Pythagoreern, aber auch den Stoikern Chairemon und Cornutus, erlernt (*Kata Christianon* Fr. 39,30–35 VAN DER HORST)[52].

---

[48] Der Einschätzung von BOYS-STONES, Post-Hellenistic Philosophy, 49 ist zuzustimmen: „Lucius Annaeus Cornutus was (…) a much more important figure all round than the extent of his remains, or of modern interest in him, tends to suggest".

[49] POMEROY, Arius Didymus, 2.

[50] MORAUX, Aristotelismus II, 591.

[51] TOKÁCS, Story of a Fragment, 36.

[52] VAN DER HORST, Chaeremon, 4–5 (Testimonia 9).

Dass die *Epidrome* abgeschrieben wurde und erhalten geblieben ist, ist eigentlich fast ein Wunder. Vielleicht war es aber gerade ihr schmuckloser Kompendiencharakter, der das Interesse der Späteren am Leben gehalten hat, selbst als die Kopisten Christen geworden waren und man sich für die Götter der Alten nur noch aus antiquarischen Gründen interessierte.

> The ancient allegorizers (…) remind us
> that meaning and words are not identical
> and that, while a poet's words are indeed representative,
> what they represent is always dissimilar, always other,
> never coalescing into a stable identity[53].

Einleitung in die *Epidrome*

Form und Zielsetzung der *Epidrome*

Die *Epidrome* des Cornutus, wie sie uns nach dem Handschriftenbefund erscheint, ist in ihrer Stimmigkeit keineswegs unumstritten. Zunächst sind es textkritische Entscheidungen der noch stets maßgeblichen Edition von Karl LANG aus dem Jahr 1881, die immer wieder Bedenken hinsichtlich der Integrität des Textes genährt hatten[54]. Zweitens führte das literarische Profil des erhaltenen Textes gerade in der älteren Forschung zu kontroversen Einschätzungen: Ist der vorliegende Text lediglich eine spätere Verkürzung (ἐπιτομή) eines ursprünglich längeren Werkes? Oder, im Gegenteil, eben eine durch zahlreiche Glossen „aufgebesserte" Ausgabe, wie es der Herausgeber LANG sehen wollte und darum zahllose durch eckige Klammern dokumentierte Konjekturen vorgeschlagen hatte[55]?

---

[53] CALIFF, Metrodorus, 35.

[54] LANGs Edition ist jedoch bis heute noch nicht durch eine bessere Textgrundlage ersetzt worden, vgl. hierzu NOCK, Kornoutos, 998, der eine Neuedition als „dringendes Bedürfnis" bezeichnet hatte; dies war für MOST, Cornutus, 2014–2016 Anlass zu einem kurzen Exkurs der Editionsgeschichte, wobei die dort Anm. 17 angekündigte Neuedition bei Teubner unter Berücksichtigung der textkritischen Studien von KRAFFT, Überlieferung, sich noch nicht realisieren lassen konnte. Auch die neueren Übersetzungen von HAYS, Epidrome; SCHAFFENRATH, Cornutus; RAMELLI, Compendio, wurden nach LANGs Edition erstellt.

[55] Überblick über literarkritische Ansätze bei MOST, Cornutus, 2015. Während O. JAHN (und nach diesem andere, vgl. SCHMIDT, *De compendio*, 4) in der Einleitung seiner Persius-Ausgabe die These vertreten hatte, dass die *Epidrome* in ihrer vorliegenden Form lediglich einen Auszug, eine Epitome eines ursprünglichen Werkes darstellte, vertrat der Herausgeber des Textes, Karl LANG, die konträre These, dass das eigentliche Werk des

Wie die meisten neuen Editionen verzichtet auch die hier vorliegende Ausgabe bewusst auf derartige literarkritische Vorentscheidungen (jedoch nicht auf textkritische Befunde) und geht vom durch die Handschriften dokumentierten Text als literarischer Einheit aus[56]. Der knappe, „auf das Wesentliche zugeschnittene" (ἐπιτετμημένως, epidr. 35,14) Charakter der *Epidrome* ist von Cornutus gewollt und kann nicht durch die Annahme einer späteren Kürzung erklärt werden. Der gedrängte Stil hängt direkt mit Charakter und Zielsetzung des Werkes zusammen.

Maßgeblich ist zunächst die pädagogische Absicht des Werkes. Besonders deutlich wird dies an exponierter Stelle, nämlich ganz am Ende (*epidr.* 35,13):

> Οὕτω δ' ἂν ἤδη καὶ τἆλλα τῶν μυθικῶς παραδεδόσθαι περὶ θεῶν δοκούντων ἀναγαγεῖν ἐπὶ τὰ παραδεδειγμένα στοιχεῖα, ὦ παῖ, δύναιο, πεισθεὶς ὅτι οὐχ οἱ τυχόντες ἐγένοντο οἱ παλαιοί, ἀλλὰ καὶ συνιέναι τὴν τοῦ κόσμου φύσιν ἱκανοὶ καὶ πρὸς τὸ διὰ συμβόλων καὶ αἰνιγμάτων φιλοσοφῆσαι περὶ αὐτῆς εὐεπίφοροι.

> In dieser Weise, mein junger Schüler, solltest du nun schon auch das übrige, was über die Götter in mythischer Form überliefert zu sein scheint, nach dem hier dargebotenen Vorbild auf die aufgezeigten Grundelemente beziehen können; sei dabei überzeugt, dass die Früheren nicht die ersten besten waren, sondern dass sie fähig waren, die Natur des Kosmos zu verstehen, allerdings dazu neigten, sich über sie in Symbolen (*symbola*) und Rätseln (*ainigmata*) philosophisch zu äußern.

Der Leser, von Cornutus mehrfach in pädagogisch-philosophischer Manier als „mein junger Schüler" (ὦ παῖ) angesprochen, soll durch die Lektüre der *Epidrome* Grundkompetenzen zur eigenständigen philosophischen Tätigkeit erwerben. Für Cornutus besteht diese Kompetenz darin, überlieferte Mythen einerseits und die στοιχεῖαι, die physikalischen Grundelemente der Welt andererseits, miteinander in Beziehung zu setzen. Dieses Thema wird in mehreren Schritten entfaltet.

Cornutus in späterer Zeit durch zahlreiche Interpolationen angereichert worden war und setzte diese in eckige Klammern (vgl. hierzu die intensive und kritische Prüfung der LANG'schen „Interpolationen" bei SCHMIDT, *De compendio*, 4–20, der diese auf eine kurze Aufstellung möglicher späterer Einfügungen a.a.O., 20–21 drastisch verkleinerte).

[56] Vgl. die intensive Auseinandersetzung von SCHMIDT, *De compendio*, 21–30 mit den Thesen von K. REINHARDT, der die Meinung vertreten hatte, ein ursprüngliches Werk des Cornutus sei zunächst als Epitome gekürzt und dann durch eine fortlaufende theogonische Erzählung erweitert worden. Schmidt kommt zum Schluss: „*Cornutiani libelli partes ab uno eodemque profectas esse auctore statuamus*" (Schmidt, *De compendio*, 30).

In den ersten neun Kapiteln dominiert zunächst die physikalische Erklärung der Welt. Dabei ist auffällig, dass eine ausführliche Darstellung der Hintergründe vermieden wird – das Werk wirkt auf uns Heutige wie bereits bemerkt schmucklos, knapp und trocken. Die *Epidrome* referiert lediglich unterschiedliche Meinungen zumeist auch noch ohne Angabe der Quellen und ohne Präferenzen und begründet ihre Position weder inhaltlich noch durch eine argumentativ ausgewiesene Methode. Auch fragt man sich an vielen Stellen, warum der Stoff so angeordnet ist, wie wir ihn vorfinden. In alledem gleicht die *Epidrome* eher einem „Zettelkasten" als einer systematischen Darstellung und hat trotz des gemeinsamen stoischen Hintergrunds kaum etwas zu tun mit den kunstvoll bearbeiteten Nachschriften von Vorlesungen, wie etwa Epiktets Dissertationes, oder den meisterhaften, philosophisch-literarischen Essays eines Seneca. HAYS' Vermutung, in der *Epidrome* läge „a more advanced version of lectures on theology" vor[57], ist daher eher unwahrscheinlich, zu kunstlos ist die Darstellung und zu viel vom Thema bleibt ungesagt oder wird nur angerissen. Liest man dann noch Persius' begeistertes Lob seines Lehrers in *sat.* V, dann könnte der Unterschied zwischen dem von Persius gepriesenen Charisma des Cornutus und der Schmucklosigkeit der *Epidrome* nicht größer sein. Der Verzicht auf jegliche rhetorische Gestaltung und die unsystematische Anordnung legen nahe, dass die *Epidrome* weder an Außenstehende gerichtet ist, noch Vorlesungsmanuskripte oder eine Einleitung für Anfänger bietet. Stoff und Methode sind den Adressaten bekannt und müssen nicht mehr eingeführt werden. Die *Epidrome* hat eher als Lehrbuch zu gelten, das Material, im lebendigen Unterricht bereits mittels der akzeptierten Methode philosophischer Analyse Stück für Stück aufbereitet, ist nun in Form eines Handbuchs zusammenstellt[58]. Cornutus greift dabei stets auf Vorstellungen der älteren Stoa zurück, ohne sie freilich explizit zu nennen. Der Autor selbst setzt kein Signal, durch das der Leser zu einer kritischen Auseinandersetzung mit einem bestimmten früheren Autor angeregt werden sollte. Die Suche der älteren Forschung nach den von Cornutus verarbeiteten Quellen blieb darum weitgehend erfolglos[59].

Zweitens ist zu vermerken, dass geraffte Traktate von der Art der *Epidrome* gerade in stoischer Tradition üblich waren und zuweilen sogar als Problem empfunden wurden. So kontrastiert etwa Cicero die ausführliche Darstellung der physikalischen Gesetzmäßigkeiten der Welt des Stoikers Balbus mit derjenigen Zenons, die „zu verkürzt und zu knapp" (*brevius angustiusque*) gewesen sei, so dass sie böswilligen Kritikern – wohl aus dem akademischen Lager – willkommene Angriffsflächen geboten hätte (*nat. deor.* II 20). Die

---

[57] HAYS, Epidrome, 39–40.
[58] Zur Epidrome als Schulbuch vgl. MOST, Cornutus, 2029–2031.
[59] Davon legt der einschlägige und die frühere Forschung zusammenfassende Artikel von NOCK, Kornutos eindrucksvoll Zeugnis ab, vgl. auch MOST, Cornutus, 2015–2016.

Knappheit der Darstellung erregte also offensichtlich dann Kritik, wenn sie den stoischen Diskussionszirkel mit seinen Verstehensvoraussetzungen verlässt und in die kontroverse Auseinandersetzung mit Schulfremden gerät. Innerhalb des Zirkels war aber Knappheit gewünscht, folgte sie doch dem Vorbild Zenons. Die Tatsache, dass Cornutus eine knappe Darstellungsform gewählt hat (ἐπιτετμημένως in *epidr.* 35,14), spricht somit durchaus für den internen Gebrauch der *Epidrome* innerhalb eines stoischen Kreises.

Cornutus' Gebrauch des Begriffs φιλοσοφία, der abgesehen von *epidr.* 35,14 noch an wenigen weiteren Stellen des Werks vorkommt, setzt dessen ungeachtet das zeitgenössische philosophische Umfeld mit unterschiedlichen Schulen selbstverständlich voraus. Deutlich geht dies z. B. aus *epidr.* 14,10 hervor, wo der Name der Göttin Erato aus dem Wort ἔρως hergeleitet wird: Die Liebe ist die Grundhaltung jeglicher Suche nach Weisheit, ganz unabhängig davon, in wie vielen Spielarten sie existiert. Wird hier zwar die Möglichkeit unterschiedlicher philosophischer Ströhmungen impliziert, reduziert Cornutus die Philosophie dennoch auf deren stoische Form: So nennt er mehrfach die drei Abteilungen der Philosophie (in *epidr.* 14,4 im Zusammenhang mit den Musen und in *epidr.* 20,12 anlässlich der Überlegungen zu Athenes Beiname „Tritogeneia") und weist damit auf Zenons überlieferte Einteilung der Philosophie in Physik, Ethik und Logik zurück (nach Diogenes Laertios VII 39). Die speziell stoische Note dieser Dreiteilung ist bei Herakleitos, *probl.* 34 deutlich herausgehoben, wo die drei Köpfe des Kerberos nach stoischer Manier mit den drei philosophischen Disziplinen gleichgesetzt werden.

Auffällig ist nun, dass von den erwähnten drei Abteilungen der Philosophie die Ethik und die Logik in der *Epidrome* keine tragende Rolle spielen – allein die Physik wird, wenn auch in geraffter Form und mit deutlichen Anspielungen auf ausführlicheres Vorwissen der Leserschaft, intensiv thematisiert. Man hat versucht, von diesem Befund auf die Stellung der *Epidrome* im Lehrbetrieb des Cornutus zurückzuschließen und, etwa im Gefolge des Panaitios oder des Poseidonios, in ihr eine Abhandlung für den Anfangsunterricht gesehen[60]. In der Tat finden sich in der *Epidrome* Hinweise auf weitere Lehrstücke, die Cornutus seinem „jungen Schüler" noch zumuten wird (vgl. *epidr.* 17,20). Dennoch sind Zweifel angebracht, ob dieser Rückschluss vom behandelten Gegenstand auf die Einbettung in das Curriculum des Schulbetriebes angemessen ist, denn zur Zeit des Cornutus kursierten physikalische Abhandlungen stoischer Prägung schon längst als eigenständige Werke. Die Physik war bereits vor Cornutus zu einer eigenständigen Disziplin geworden, die auch monographisch behandelt werden konnte – hier sei nur auf die Abhandlungen *De caelo* sowie *De meteorologia* des Aristoteles, die Schrift *De mundo* des Ps.-Aristoteles oder, schon in

---

[60] So MOST, Cornutus, 2030–2031; vgl. zur Stellung der stoischen Physik im philosophischen System BLOOS, Probleme, 17–32.

stoischer Prägung, auf das Buch Περὶ τοῦ ὅλου, des Zenon („Vom All", erwähnt in Diogenes Laertios VII 4) sowie die Φυσικά des Poseidonios verwiesen (erwähnt in Diogenes Laertios VII 134). Die Frage, welche Position der Physik im Rahmen des stoischen Schulbetriebes zukommt, wurde von verschiedenen Vertretern unterschiedlich beantwortet – in Diogenes Laertios VII 41 wird ausdrücklich erwähnt, dass Panaitios und Poseidonios ihren Unterricht mit der Physik begannen (vgl. auch Diogenes Laertios VII 39). Chrysipp hingegen scheint die Physik erst an dritter Stelle behandelt zu haben, falls wir einem Zitat aus seinem Werk Περὶ βίων folgen wollen, das Plutarch bewahrt hat (*Stoic. repugn.* 1035a).

Eine Abhandlung allein physikalisch-theologischen Inhalts ohne Rekurs auf Logik und Ethik war demnach den Lesern des Cornutus keineswegs fremd. Kenntnisse der dort diskutierten Zusammenhänge dürften ihnen sicherlich schon an anderer Stelle vermittelt worden sein. Nur das Nötigste wird in stark geraffter Form, quasi als Rekapitulation, dargeboten. Der durchgängige Bezug zu „älteren Autoritäten" hat ebenfalls Vorbilder, besonders zu nennen ist Apollodoros von Athen, der nach Diogenes Laertios VII 125 ein Werk mit dem Titel Φυσικὴ κατὰ τὴν ἀρχαίαν, also eine „Physik nach dem Muster der Alten", geschrieben hat. Bevor wir uns aber den „Autoritäten" der *Epidrome* zuwenden, ist noch ein Blick auf die Physik des Cornutus angebracht.

Die Physik des Cornutus

Klare Grundlage der *Epidrome* ist die stoische Physik. Eine allzu scharfe Unterteilung der gebotenen Themenvielfalt in „Physik" im Sinne der Naturerklärung und „Theologie" als Reflexion über das Wesen der Götter ist freilich nicht sachgemäß. Bereits Chrysipp hatte im ersten Buch seiner Abhandlung „Über das Wesen der Götter" den sachlichen Zusammenhang zwischen den physikalischen Prinzipien und den Göttern beschrieben, das dann im zweiten Buch durch eine ausführliche Diskussion der Dichter fortgesetzt wird, die nach Chrysipps Meinung diese Beziehung bestätigen (vgl. das Referat des Velleius in Cicero, *nat. deor.* I 39–42). Konkret geht es Cornutus darum, die physikalische Welterklärung der Stoa mit den homerischen und hesiodischen Mythen so in Beziehung zu setzen, dass die erzählenden Traditionen im Rahmen der stoischen Physik plausibel gemacht werden können und umgekehrt (35,13–15)[61]. Dazu wendet er die Methode der Allegorese an, die seinerseits eine breite Vorgeschichte in der Stoa hatte (dazu unten S. 59–61).

---

[61] Vgl. hierzu die Kurzcharakteristik bei V. ARNIM, Cornutus, 2225: Die Epidrome „ist eine trockene, schulmässige Darstellung der stoischen Mythendeutung, welche die Göttersagen als allegorische Einkleidung der stoischen Physik betrachtet".

Das eigene Profil der *Epidrome* verdeutlicht sich zusätzlich, wenn wir diese mit parallelen zeitgenössischen Entwürfen vergleichen, die sich derselben Methode bedient hatten, einmal die Plutarch zugewiesene Schrift Περὶ τοῦ βίου καὶ τῆς ποιήσεως τοῦ Ὁμήρου („Über das Leben und die Dichtung Homers"; Ps.-Plutarch, *Hom.*)[62] und die Ὁμηρικὰ προβλήματα des Herakleitos („Homerische Probleme"; Herakleitos, *probl.*)[63].

Während Ps.-Plutarch vor allem philologische und sachliche Erklärungen zum homerischen Doppelwerk bietet und der physikalischen Deutung nur einen sehr begegrenzten Raum zugesteht (*Hom.* 92–122), zeigt Herakleitos nähere Berührungspunkte zu Cornutus, möglicherweise weil er aus den gleichen Quellen wie Cornutus schöpft[64]. Wie Cornutus geht auch Herakleitos von der stoischen Dreigliederung der Welt aus, zieht gleiche Homerstellen als Belege für seine Deutungen heran (etwa *Il.* I 399–400 in *probl.* 21,3 und *epidr.* 17,4; *Il.* XII 27–28 in *probl.* 38,4 und *epidr.* 22,6) und benutzt ähnliche Muster, um Kosmologie mit Mythologie in Beziehung zu setzen, so etwa die Identifikation von Apollon als Sonne (vgl. *probl.* 6 mit *epidr.* 32,1) und von Hera als Luft (vgl. *probl.* 57 mit *epidr.* 3,1). Weiterhin sind, trotz deutlicher Unterschiede, auch gleiche Etymologien erkennbar wie z. B. der Name Poseidons aus πόσις („Trank" in *probl.* 7,15; *epidr.* 4,2), Hades von ἀΐδης („unsichtbar" in *probl.* 23; *epidr.* 5,3; dies freilich mit langer Tradition, vgl. Platon, *Gorg.* 493b; Ps.-Plutarch, *Hom.* 122) oder Okeanos von ὠκέως und ναόμενος („schnell schwimmend" in *probl.* 22,7 und *epidr.* 8,2).

Trotz dieser Ähnlichkeiten ist der Stellenwert der Physik bei Herakleitos ein ganz anderer als im Werk des Cornutus. Herakleitos stellt in seiner Disposition nicht die Physik voran, sondern folgt nach einer Einleitung (*probl.* 1–5) dem Aufriss des homerischen Doppelwerkes, lässt sich also thematisch von der Mythologie leiten. Cornutus dagegen hat in seiner Darstellung die homerische Disposition längst verlassen und sein Werk in den ersten neun Kapiteln analog der Viereelementenlehre geordnet. Erde, Wasser, Luft und Feuer sind die Grundstoffe der Welt und besitzen die ihnen eigentümlichen Orte im Aufbau des Kosmos. Die Physik ist bei Cornutus das Grundlegende, auf das die mythische Tradition zu beziehen ist. Auch der apologetische Anspruch des Herakleitos tritt bei Cornutus eher in den Hintergrund. Herakleitos geht es

---

[62] KEANEY / LAMBERTON, Essay.
[63] RUSSELL / KONSTAN, Heraclitus.
[64] Die Frage nach den literarischen Vorlagen des Cornutus hat die ältere Cornutusforschung sehr beschäftigt, vgl. hierzu SCHMIDT, *De compendio*; der Wert dieser Diskussion wurde von MOST, Kornutos, 2015–2017 eher hinterfragt. Insbesondere das Werk „Über die Götter" des Apollodor von Athen wurde als gemeinsame Quelle für Heraklitus und Cornutus erwogen, eine These, die aufgrund des erhaltenen Textbestandes von Apollodors Werk lediglich als „möglich" attribuiert werden kann, wenngleich sie durchaus ab und an den Status einer gesicherten Theorie genießt, vgl. etwa RUSSELL / KONSTAN, Heraclitus, 13, Anm. 4.

darum, die Wahrhaftigkeit Homers in allegorischer Manier darzulegen, es geht ihm um eine Apologie des Dichters gegen Diskreditierungen, insbesondere von platonischer Seite. Cornutus dagegen wendet sich gelegentlich gegen „falsche" Allegorese, verteidigt aber nicht grundsätzlich die allegorische Auslegung gegen kritische Stimmen.

Die Gliederung der Welt

Wie wird nun die Physik entfaltet, die der *Epidrome* zugrunde liegt? Beachten wir zunächst die Disposition des Werkes. Geht man vom Überblick über den φυσικὸς λόγος, die stoische Lehre der Physik, aus, wie sie bei Diogenes Laertios referiert wird (VII 132–143), so gewinnt man nicht den Eindruck, dass die Reihenfolge der Themen im Unterricht über Physik festgeschrieben war. Diogenes Laertios unterscheidet zwischen einer speziellen und einer allgemeinen Einteilung und versucht, die wohl recht divergierenden Ansätze der jeweiligen Abhandlungen zusammenzuführen. Wertvoll ist der dargebotene Überblickskatalog allerdings hinsichtlich der behandelten Themen: Neben Untersuchungen zu Kosmos und Weltentstehung werden auch Weltseele und Naturerscheinungen sowie die Elemente der Welt angesprochen. All dies kommt auch bei Cornutus zur Sprache, allerdings in unterschiedlicher Ausprägung: die Elementenlehre ist sehr breit vertreten, dagegen sucht man bei Cornutus nähere Ausführungen zur Pneumalehre, die in der neueren Diskussion um die stoische Physik seit SAMBURSKY als ein wesentliches Thema identifiziert wurde, vergeblich[65]. Cornutus folgt einer Disposition innerhalb der Physik, die dem Aufbau des Kosmos entspricht. Man vergegenwärtige sich dazu die Zusammenfassung des stoischen Weltbildes bei Diogenes Laertios VII 155–160: In der Mitte befindet sich die Erde, umgeben vom Wasser, dann eine Lufthülle, der sich der feurige Äther anschließt.

Diese Viergliederung der Welt war zur Zeit des Cornutus sicher Allgemeingut, das allerdings je nach Kontext modifiziert und ergänzt werden konnte: So postuliert etwa Ps.-Plutarch, *Hom.* 93–94 zunächst die klassische Vierteilung als ἡ μάλιστα ἀληθὴς δόγμα, die am ehesten der Wahrheit entsprechende Lehre, nimmt aber noch, wohl in der Tradition von Ps.-Aristoteles, *mund.* 400a, den Olymp als Teil der Luft und den Äther als Teil des Feuers hinzu (*Hom.* 98). Während bei Ps.-Plutarch die Erwähnung des Olymps eher als aristotelisch geprägter Sonderweg erscheint, ist die Diskussion um den Äther für die Stoa breit belegbar. Auch bei Cornutus wird dieser in die Elemente eingegliedert, indem er mit dem für die Stoa vornehmsten Element identifiziert wird, nämlich dem Feuer. Dies dürfte die durchgängige stoische

---

[65] Vgl. SAMBURSKY, Physics; BLOOS, Probleme, 52–56.

Auffassung gewesen sein (vgl. auch Balbus bei Cicero, *nat. deor.* II 92.117–118; Ps.-Plutarch, *Hom.* 96, Herakleitos, *probl.* 23,5). Im Rahmen der zeitgenössischen Diskussion erweist sich dies jedoch gerade als stoischer Sonderweg. Die Identifizierung von Äther und Feuer reicht zwar in die Zeit der Vorsokratiker zurück – schon Anaxagoras hatte diese Gleichung aufgestellt. Doch wird dieser Position aus peripatetischer Richtung vehement widersprochen. Aristoteles weist in *cael.* 270b wie auch in *meteor.* 339b explizit diese „alte" Anschauung des Anaxagoras zurück und konstatiert, der Äther als ewiger und göttlicher „erster Körper" habe seinen eigenen Bereich jenseits des Himmels und sei von den Elementen substantiell völlig getrennt. Dies wird später bei Ps.-Aristoteles, *mund.* 392a aufgenommen:

Οὐρανοῦ δὲ καὶ ἄστρων οὐσίαν μὲν αἰθέρα καλοῦμεν, οὐχ, ὥς τινες, διὰ τὸ πυρώδη οὖσαν αἴθεσθαι, πλημμελοῦντες περὶ τὴν πλεῖστον πυρὸς ἀπηλλαγμένην δύναμιν, ἀλλὰ διὰ τὸ ἀεὶ θεῖν κυκλοφορουμένην, στοιχεῖον οὖσαν ἕτερον τῶν τεττάρων, ἀκήρατόν τε καὶ θεῖον.

Die Substanz des Himmels und der Sterne nun nennen wir Äther, nicht nach *aithesthai*, seinem feurigen Wesen, wie es einige tun, die seine dem Feuer völlig fernstehende Kraft falsch einschätzen, sondern von sich im Kreise bewegend „ewig Gehen"; er ist ein Element, das anders als die vier ist, nämlich unvergänglich und göttlich.

Der aufmerksame Leser erkennt in diesem Zitat die beiden Etymologien wieder, die auch Cornutus in *epidr.* 1,5 zum Äther angeführt hat, αἴθεσθαι und ἀεὶ θεῖν; doch was in obigem Zitat in der peripatetischen Tradition als gegensätzliche, sich einander ausschließende Deutungsmöglichkeiten angeführt ist, wird bei Cornutus harmonisiert. Zum stoischen Pantheismus passt gut, dass der traditionell mit dem Hauch des Göttlichen beschriebene Äther in die Welt eingegliedert und den Elementen – zuvorderst dem Feuer – damit auch Anteil am Göttlichen gegeben wird.

In engem Zusammenhang mit dem Äther werden die Gestirne und die Sonne erwähnt. Die Diskussionen um die feurige Natur der Sterne, ihre notwendige Zugehörigkeit zum Äther und auch ihre Beseeltheit werden beim Leser vorausgesetzt. Das Hintergrundwissen der Adressaten lässt sich aus dem Vortrag des Balbus bei Cicero, *nat. deor.* II 39–41 erahnen; in einem längeren Kleanthesreferat wird – teilweise in kontroverser Auseinandersetzung mit peripatetischen Traditionen – die feurige Natur der Sterne, ihre Intelligenz und Göttlichkeit sowie ihre notwendige Verortung im Äther erläutert. Auch die Verbindung der Elemente mit den ihnen entsprechenden Gottheiten dürfte beim Leser bereits Allgemeingut sein. Nach Varro etwa ist Gott die *anima mundi*, und der *mundus* ist gegliedert in *caelum* (Himmel) und *terra* (Erde), ersterer zerfällt wiederum in Äther und *aer* und beinhaltet die unsterblichen Seelen, letztere in *aqua* und *humus*[66]. Die Verbindung dieser Einheiten mit den Göttern bestimmt Varro wie folgt[67]:

> *Iovem in aethere accipimus, in aere Iunonem, et haec duo elementa coniuncta sunt, alterum superius, alterum inferius.*
> Wir glauben, dass Juppiter im Äther wohnt, Juno in der Luft, und diese beiden Elemente sind verbunden, das eine ist höher, das andere tiefer.

Auch in stoischer Lehre wird die Verbindung Junos als Schwester und Gattin Iuppiters in ähnlicher Weise als Verbindung von Äther und Luft beschrieben und damit begründet, *quod ei et similitudo est aetheris et cum eo summa coniunctio* („weil sie dem Äther ähnlich ist und mit ihm in der innigsten Verbindung steht", Cicero, *nat. deor.* II 66; vgl. Ps.-Plutarch, *Hom.* 95).

Cornutus legt seine eigene Disposition dergestalt an, dass er sich von „außen nach innen" vorarbeitet: *Epidr.* 1 beginnt mit dem Himmel als Grenzlinie und skizziert dann den – von der Erde aus gesehen – jenseits liegenden Bereich des feurigen Äthers. Dem folgt in *epidr.* 3 die Besprechung der Luft und in *epidr.* 4 die des Wassers. Die Erde (*Ge* oder *Gaia*) ist zwar erst am Ende von Kap. 6 expliziter Gegenstand der Erörterung, für den Leser jedoch schon ab Kap. 3 als fortlaufendes Thema erkennbar: Cornutus spielt hier auf die bei Hesiod, *theog.* nachzulesenden Genealogien der Göttinnen und Götter an, vornehmlich auf Kronos und Rhea, die ja nach Hesiod alle Abkömmlinge der Gaia sind. Das Thema „Erde" ist damit in seiner mythischer Ausführung durchaus seit langem und recht schillernd präsent.

Die Grundprinzipien der Weltentstehung

Wie sind die vier Elemente Feuer (Äther), Luft, Wasser und Erde überhaupt entstanden? Der stoische Lösungsansatz geht davon aus, dass diese aus einem dynamischen Prozess am Anfang der Welt hervorgegangen sind und auch an deren Ende wieder dorthin zurückkehren werden. So ist von Poseidonios beispielsweise ein Fragment überliefert, in dem dieser die Dynamik des kosmischen Werdens und Vergehens wie folgt einteilt:

Ποσειδώνιος δὲ φθορὰς καὶ γενέσεις τέτταρας εἶναί φησιν ἐκ τῶν ὄντων εἰς τὰ ὄντα γιγνομένας. τὴν μὲν γὰρ ἐκ τῶν οὐκ ὄντων καὶ

---

[66] CARDAUNS, *Antiquitates*, Nr. 226 aus Augustinus, *civ.* VII 6.
[67] CARDAUNS, *Antiquitates*, Nr. 28 aus Augustinus, *civ.* IV 10.

τὴν εἰς τὰ οὐκ ὄντα, καθάπερ εἴπομεν πρόσθεν, ἀπέγνω ὡς ἂν ἀνύπαρκτον οὖσαν. τῶν δ' εἰς τὰ ὄντα γινομένων μεταβολῶν τὴν μὲν εἶναι κατὰ διαίρεσιν, τὴν δὲ κατ' ἀλλοίωσιν, τὴν δὲ κατὰ σύγχυσιν, τὴν δ' ἐξ ὅλων, λεγομένην· δὲ κατ' ἀνάλυσιν.

Poseidonios sagt, es gebe vier Sorten von Vergehen und Werden, die sich alle von Seiendem zu Seiendem vollziehen. Denn sie erkannten, wie wir an früherer Stelle bereits gesagt haben, daß es kein Entstehen aus und kein Vergehen zu Nichtseiendem gibt. Von den Umwandlungen andererseits, die sich zu Seiendem vollziehen, sagt er, ist eine die durch Trennung, eine andere die durch Veränderung, eine dritte die durch Vermischung und die letzte die Totalumwandlung, welche sie als die Umwandlung durch Auflösung bezeichnen[68].

Zwei Punkte sind bemerkenswert bezüglich der *Epidrome*:

1. Alles Sein geht aus Seiendem hervor. Für eine *creatio ex nihilo* ist hier kein Platz; alles, und damit auch die Grundelemente des Seins, ist aus einem anderen Stoff hervorgegangen. Dieser Ansatz ist auch bei Cornutus deutlich erkennbar, seine Naturvorstellung ist beherrscht durch die Bewegung und Veränderung der Ursubstanz. Die Annahme eines ersten, göttlichen Bewegers alles Seienden kann als stoisches Gemeingut vorausgesetzt werden (unter Aufnahme aristotelischer Gedanken), wie dies etwa in einem Referat über die stoische Lehre bei Sextus Empiricus, *adv. math.* IX 76 pointiert formuliert ist[69]:

ἀίδιος τοίνυν ἐστὶν ἡ κινοῦσα τὴν ὕλην δύναμις καὶ τεταγμένως αὐτὴν εἰς γενέσεις καὶ μεταβολὰς ἄγουσα. ὥστε θεὸς ἂν εἴη αὕτη.

Die Kraft, die die Materie bewegt und sie in gehöriger Ordnung in Entstehungs- und Veränderungsprozesse führt, ist also ewig. Somit dürfte sie göttlich sein.

2. Es gibt mehrere Prozesse der Veränderung. So spricht Poseidonios im oben angegebenen Zitat von Trennung, Veränderung, Vermischung und Auflösung. Diese Dynamik findet sich auch bei Cornutus, wo bereits in *epidr.* 1,5–6 das Prinzip der Bewegung als Leitmotiv für die traditionelle Verbindung von Äther, den Sternen und Göttern dient: Äther leitet sich ab von „ewig gehen" (ἀεὶ θεῖν), die Sterne sind „rastlos" (ἄστατα) und die Götter sind benannt nach „bewegen" (θεύσις). Mit dieser Terminologie beschreibt Cornutus den Grundprozess der Entstehung allen Seins als Wandlung, durch die aus einer Ursubstanz alle

---

[68] Text nach Stobaeus I 177,21–179,17 (EDELSTEIN / KIDD, Posidonius I, Frg. 96), Übersetzung nach LONG / SEDLEY, Philosophen, 195.

[69] Text SVF 2.31, Übersetzung LONG / SEDLEY, Philosophen, 320.

Die Grundprinzipien der Weltentstehung   45

Elemente entstanden sind. Dies soll nun in vier kurzen Exkursen zu *epidr*. 3 weiter entfaltet werden.

a) Zunächst sei auf ein Referat über die stoische Physik bei Diogenes Laertios VII 135–136 verwiesen. Dort werden Exzerpte aus Zenons „Über das All", Chrysipps „Über die Physik" und Archedemos' „Über die Elemente" zu folgendem Bild zusammengefügt: Die Stoiker setzen ein einziges und zentrales Seinsprinzip voraus, Gott, Vernunft, Schicksal und Zeus sind eins (ἕν τ' εἶναι θεὸν καὶ νοῦν καὶ εἱμαρμένην καὶ Δία). Dieses Seinsprinzip, das viele Namen hat, ruht anfänglich in sich selbst. Dann wandelt es sich von Luft zu Wasser und erzeugt die vier Elemente (στοιχεῖαι), Erde, Wasser, Feuer und Luft. Cornutus bezeichnet die Wandlung in 3,2 als Fließbewegung (ῥύσις): das Sein verfloss, verdünnte sich und bildete Feuer und Luft. In 4,1 bezeichnet er diesen Prozess als μεταβολή („Veränderung"). Dies weist auf eine gewisse terminologische Unschärfe hin; nicht alle beschriebenen Naturvorgänge waren zur Zeit des Cornutus offensichtlich terminologisch festgelegt; zwar haben sich an manchen Stellen exakte Namensgebungen eingebürgert – der Oberbegriff für die „Elemente" Erde, Wasser, Feuer, Luft lautet durchweg στοιχεῖαι –, doch findet sich für den Mechanismus der Veränderung selbst keine Einheitlichkeit, man konnte hier offensichtlich terminologisch variieren.

b) Das Feuer nimmt bei Cornutus eine besondere Stellung ein (vgl. etwa *epidr*. 1,5). Denn wenn das oberste, göttliche Seinsprinzip, die οὐσία, selbst göttlich ist und feurige Natur hat, so ist das Feuer sowohl eines der vier Elemente als auch eine Eigenschaft des übergeordneten Seinsprinzips. Diese mehrfache Bedeutung des Feuers ist schon bei den frühen Stoikern belegt, was aus einem Chrysippreferat bei Johannes Stobaeus hervorgeht (I 129.3–130.13)[70]:

(1) Chrysipp. Über die aus der Substanz gestalteten Elemente (ἐκ τῆς οὐσίας στοιχείων) vertritt er die folgenden Ansichten und folgt dabei Zenon, dem Führer der Schule. (2) Er sagt, daß es vier Elemente gibt (τέτταρα λέγων εἶναι στοιχεῖα) – Feuer, Luft, Wasser, Erde (πῦρ, ἀέρα, ὕδωρ, γῆν) –, aus denen alles zusammengesetzt ist (Tiere, Pflanzen, die ganze Weltordnung und ihr Inhalt) und in die sich alles auflöst. (3) Das Element par excellence (κατ' ἐξοχὴν στοιχεῖον) wird deshalb so genannt, weil aus ihm als erstem alles andere durch Veränderung (κατὰ μεταβολὴν) zusammengesetzt ist und weil letztlich in dieses alles zerstreut und aufgelöst wird, während es seinerseits keine Zerstreuung oder Auflösung in etwas anderes zuläßt. ... (4) Auf der Grundlage dieses Gedankengangs wird das Feuer ein Element sui generis genannt; denn es ist nicht mit einem anderen [Element]; nach der früheren

---

[70] Übersetzung LONG / SEDLEY, Philosophen, 334–335, Text nach WACHSMUTH / HENSE, *Anthologium*.

Darstellung ist es aber mit anderen konstitutiv, weil die erste Veränderung, die stattfindet, diejenige durch Kondensation von Feuer zu Luft ist, die zweite dann die von Luft zu Wasser und die dritte nach demselben Prinzip mit Wasser, das noch mehr komprimiert ist, zu Erde. Umgekehrt erfolgt von der Auflösung und Zerstreuung der Erde aus die erste Zerstreuung in Wasser, die zweite von Wasser in Luft und die dritte und letzte in Feuer. (5) Alles, was eine feurige Form hat, wird Feuer genannt, was eine Luftform hat, Luft, und entsprechend in den übrigen Fällen. (6) Von einem Element spricht man nach Chrysipp also in dreierlei Sinn. (7) Erstens im Sinn von Feuer, weil aus dem Feuer heraus durch Veränderung die übrigen Elemente gebildet werden und weil auch ihre Auflösung ins Feuer hinein erfolgt. (8) Zweitens meint man mit [Element] die vier Elemente, Feuer, Luft, Wasser und Erde. Denn alle deren Dinge bestehen aus einem oder mehreren dieser Elemente oder aus ihnen allen, und zwar aus allen vieren etwa die Lebewesen und alle irdischen Zusammensetzungen; was die Dinge angeht, die aus zwei Elementen bestehen, so besteht z.B. der Mond aus Feuer und Luft; und aus einem Element besteht beispielsweise die Sonne, nämlich allein aus Feuer; denn die Sonne ist reines Feuer. (9) In einem dritten Sinn sagt man, ein Element sei das, was ursprünglich so zusammengesetzt ist, daß es von sich selbst aus auf methodische Weise Entstehung bis zu einem Zielpunkt verursacht und von diesem nach dem gleichen Verfahren die Auflösung in sich selbst empfängt.

Danach geht Chrysipp auf das Feuer ein: Es ist einerseits in die vier στοιχεῖαι einzuordnen, andererseits hat es doch eine grundlegendere Bedeutung, weil aus ihm die anderen Elemente hervorgehen und sich wieder darin auflösen. Die besondere Bedeutung des Feuers findet sich in ähnlicher Form in der sich als typisch stoisch verstehenden Darstellung des Balbus in Cicero, *nat. deor.* II 34–41: Der „Urstoff", der den Kosmos durchzieht und schützt, *ratio* und *sensus* besitzt, ist ein *igneum*, ein feuriger Stoff.

c) Wie kommt es auf dem Hintergrund der stoischen Physik zur Identifikation der Elemente mit den Göttern? Ein Blick auf die zeitgenössische Auslegung von *Il.* XV 187–193 in Herakleitos, *probl.* 41 ist aufschlussreich. Zunächst Homer:

Τρεῖς γάρ τ' ἐκ Κρόνου εἰμὲν ἀδελφεοὶ οὓς τέκετο ῾Ρέα
Ζεὺς καὶ ἐγώ, τρίτατος δ' ᾿Αΐδης ἐνέροισιν ἀνάσσων.
τριχθὰ δὲ πάντα δέδασται, ἕκαστος δ' ἔμμορε τιμῆς·
ἤτοι ἐγὼν ἔλαχον πολιὴν ἅλα ναιέμεν αἰεὶ
παλλομένων, ᾿Αΐδης δ' ἔλαχε ζόφον ἠερόεντα,
Ζεὺς δ' ἔλαχ' οὐρανὸν εὐρὺν ἐν αἰθέρι καὶ νεφέλῃσι·
γαῖα δ' ἔτι ξυνὴ πάντων καὶ μακρὸς ῎Ολυμπος.
Drei der Brüder doch sind wir, die Kronos erzeugte mit Rheia:
Zeus, ich selbst und der Herrscher der Unterirdischen, Hades.

Dreifach geteilt war alles, und jeder gewann seine Herrschaft:
Ich erlangte, für immer das schäumende Meer zu bewohnen,
Da wir losten, und Hades die düstere Schattenbehausung,
Zeus erhielt den geräumigen Himmel in Äther und Wolken.
Aber die Erde ist allen gemein und der hohe Olympos.

Dazu schreibt Herakleitos (*probl.* 41):

Πᾶς γὰρ ὁ μῦθος ἠλληγόρηται περὶ τῶν ἐπ' ἀρχαῖς τεττάρων στοιχείων. Κρόνον μὲν γὰρ ὀνομάζει τὸν χρόνον κατὰ μετάληψιν ἑνὸς στοιχείου· πατὴρ δὲ τῶν ὅλων ὁ χρόνος, καὶ τελέως ἀμήχανόν τι γενέσθαι τῶν ὄντων δίχα χρόνου· διὸ δὴ ῥίζα τῶν τεττάρων στοιχείων οὗτός ἐστι. Μητέρα δ' αὐτοῖς ἔνειμεν εἶναι ῾Ρέαν, ἐπειδὴ ῥύσει τινὶ καὶ ἀεννάῳ κινήσει τὸ πᾶν οἰκονομεῖται. Χρόνου δὴ καὶ ῥύσεως τέκνα γῆν τε καὶ ὕδωρ, αἰθέρα τε καὶ ἀέρα σὺν αὐτῷ ὑπεστήσατο.

Der ganze Mythos ist eine Allegorie auf die urspünglichen vier Elemente. Kronos heißt „die Zeit" (*chronos*), wobei ja nur ein Buchstabe wechselt (*k* zu *ch*): Die Zeit ist also aller Dinge Vater, und letztlich ist es unmöglich für alles, was entsteht, dass dies ohne zeitliche Ausdehnung geschieht. Deshalb ist Kronos auch die Wurzel der vier Elemente. Als Mutter hat Homer uns Rhea zugeteilt, weil das All sich in einer Fließbewegung (*rhysis*) und stetig fließenden Bewegung selbst erhält. Homer stellte Erde und Wasser als Kinder von Zeit und Fließbewegung dar, Äther und Luft ordnete er hinzu.

Auch Herakleitos schildert die Entstehung der vier Elemente durch eine Fließbewegung in der Zeit. Vergleicht man dies mit *epidr.* 3–5, so wird man gewichtige Übereinstimmungen entdecken. Sowohl Zeus und Hera (als Äther / Feuer und Luft, s. *epidr.* 3) als auch Poseidon (Wasser, s. *epidr.* 4) oder Hades (erdnächste Luft, s. *epidr.* 5) werden aus der ῥύσις hergeleitet. Es ist durchaus möglich, dass Cornutus hier in einer älteren, auch von Herakleitos, *probl.* 41 aufgenommenen Auslegungstradition von *Il.* I 187–193 steht, selbst wenn diese Stelle in der *Epidrome* selbst nicht explizit genannt wird. Sicher ist dies allerdings nicht, zumal diese Homerstelle im Rahmen stoisch-physikalischer Auslegung auch bei Ps.-Plutarch, *Hom.* 97–98, jedoch mit anderen Akzenten, herangezogen wird.

d) Wie aber ist es zur Entstehung von Pflanzen, Tieren und überhaupt der gesamten belebten und nichtbelebten Materie gekommen? Als pointiert formulierte Antwort mag ein Kurzreferat aus Diogenes Laertios VII 142 dienen:

Γίνεσθαι δὲ τὸν κόσμον ὅταν ἐκ πυρὸς ἡ οὐσία τραπῇ δι' ἀέρος εἰς ὑγρότητα, εἶτα τὸ παχυμερὲς αὐτοῦ συστὰν ἀποτελεσθῇ γῆ, τὸ δὲ λεπτομερὲς ἐξαραιωθῇ, καὶ τοῦτ' ἐπὶ πλέον λεπτυνθὲν πῦρ ἀπογεννήσῃ. εἶτα κατὰ μίξιν ἐκ τούτων φυτά τε καὶ ζῷα καὶ τὰ ἄλλα γένη. περὶ δὴ οὖν τῆς γενέσεως καὶ φθορᾶς τοῦ κόσμου φησὶ Ζήνων μὲν ἐν τῷ Περὶ ὅλου, Χρύσιππος δ' ἐν τῷ πρώτῳ τῶν Φυσικῶν καὶ Ποσειδώνιος ἐν πρώτῳ Περὶ κόσμου καὶ Κλεάνθης καὶ Ἀντίπατρος ἐν τῷ δεκάτῳ Περὶ κόσμου. Παναίτιος δ' ἄφθαρτον ἀπεφήνατο τὸν κόσμον.

Es entstehe aber die Welt, wenn sich die Substanz aus dem Feuer vermittelst der Luft in Feuchtigkeit verwandle und dann die verdichtete Masse zu Erde werde, der weniger fest gegliederte Teil sich in die Luft hinaufziehe und so noch mehr verfeinert das Feuer erzeuge; dann entstünden durch Mischung aus diesen Pflanzen, Tiere und die anderen Arten von Dingen. Über Entstehen und Vergehen der Welt spricht Zenon in dem Buch über das Weltganze, Chrysipp in dem ersten Buch der Physik, Poseidonios im ersten Buch über die Welt, Kleanthes und Antipater im zehnten Buch über die Welt. Panaitios aber behauptet die Unvergänglichkeit der Welt[71].

In diesem Zitat sind Vorstellungen wiedergegeben, die uns in ähnlicher Form auch in *epidr.* 3 unter dem Stichwort „Hera" begegnen: Die Ursubstanz, die οὐσία, wandelt sich in die Elemente, indem ein Prozess der Verdünnung oder Verfeinerung angenommen wird. Sind die vier Elemente vorgegeben, bildet sich alles Weitere durch deren Vermischung. Der Struktur nach reicht diese Idee in vorsokratische Zeit zurück und besagt, dass die Materie durch Vermischung (μῖξις) bestehender Grundstoffe entstanden sei[72]. Chrysipps Neuformulierung bevorzugt den Terminus κρᾶσις und versteht die Vermischung als eine Art Durchdringung eines Grundelementes durch ein anderes. In severischer Zeit, gut ein Jahrhundert nach Cornutus, wird Alexander von Aphrodisias eine Monographie mit dem Titel *De mixtione* vorlegen und detailliert mit Chrysipps *Krasis*-Lehre zugunsten der aristotelischen μῖξις brechen[73]. Diese Schrift wirft Licht auf die Umstrittenheit von Chrysipps Ansatz, der bei Alexander als der typisch stoische referiert und kritisiert wird.

Cornutus reißt den Gedanken der „Mischung" in *epidr.* 3 kurz an, indem er einen Ansatz referiert, nach dem die Elemente durch σύνκρισις der Materie entstanden seien, und danach explizit in *epidr.* 8,3: Dort wird ein „anderer Bericht" erwähnt, nach dem das Seiende durch σύγκρασις ἢ μῖξις von sich veränderndem λόγος und dem Verweilen der Eigenschaften entstanden ist. Der

---

[71] Text nach HICKS, Diogenes Laertius, Übers. nach REICH, Diogenes Laertius.
[72] Vgl. zur Mischungstheorie der Stoiker BLOOS, Probleme, 106–113, dort allerdings überlagert von Überlegungen zur übergeordneten Pneumalehre der Stoiker.
[73] Text bei BRUNS, *Alexandri scripta* vgl. REX, Mischungslehre; TODD, Alexander.

Grund, warum diese Ausprägung der Mischungslehre als „anderer Bericht" bezeichnet wird, könnte deutlich werden, wenn wir eine entsprechende Passage aus Ps.-Plutarch, *Hom.* 99 zum Vergleich heranziehen:

> τῆς δὲ τῶν στοιχείων φύσεως ὑπὸ δὲ τῆς πρὸς ἄλληλα ἀναλογίας καὶ κράσεως ἐναπεργαζομένης τὸ πᾶν καὶ μεταβολὰς μὲν μερικὰς ὑπομενούσης τοῦ δὲ παντὸς λύσιν μὴ ἐπιδεχομένης.

Die Natur der Elemente erzeugt nun durch gegenseitige Entsprechung und Durchmischung das All und lässt wohl teilweise Veränderung zu, billigt aber nicht die Auflösung des Ganzen.

Hier wird grundsätzlich von der Vermischung der Elementeigenschaften (trocken, nass, heiß, kalt) als konstituierendem Vorgang der Natur ausgegangen, und nicht, wie bei *epidr.* 8, von einer Mischung der Grundoppositionen Veränderung – Verweilen. Möglicherweise setzt Cornutus die Kenntnis dieser bei Ps.-Plutarch dargestellten Zusammenhänge als bekannt voraus und erwähnt dann noch einen „anderen Bericht", also eine andere Theorie, die er herangezogen hat.

Die mythologische Tradition bei Cornutus

Wie auch die Physik, so ist auch die Theologie des Cornutus schon in der Tradition vorbereitet. Nach stoischer Auffassung durchzieht die göttliche Grundsubstanz den gesamten Kosmos – man hat darum immer wieder von einem „monistischen Pantheismus" der Stoiker gesprochen: „monistisch", weil man sich das Göttliche als eine einzige, besondere, alles durchziehende Grundsubstanz denkt, und „Pantheismus", weil diese eben in jeder ontischen Verbindung der Welt vorhanden ist. Im Rahmen dieser Theologie ist die Tendenz bemerkbar, die göttliche Grundsubstanz materialiter zu identifizieren, sei es im Äther oder im Feuer oder in einer davon getrennten, eigenen Seinsart. Dies hat in der Wahrnehmung der nichtstoischen Außenwelt für Verwirrung gesorgt und mitunter auch heftigen Spott evoziert. Als Beispiel kann die Gestalt des Caius Velleius herangezogen werden, die in Ciceros *nat. deor.* den Epikureismus vertritt (I 36–37). Velleius kritisiert zunächst Zenon: Dieser habe einerseits die *lex naturalis*, andererseits den Äther als Gott bezeichnet, die althergebrachten Götter aus Hesiods Theogonie aber hinwegallegorisiert. Dann nimmt er sich Kleanthes direkt vor, der den *mundus*, dann *mens et anima naturae*, dann wiederum den feurigen Äther „Gott" nennt und an weiteren Stellen den Sternen und der Vernunft Göttlichkeit zuschreibt. Wie bei Cornutus am Ende der *Epidrome* (35,14), so ist auch nach Cicero die Verehrung der Götter als Ziel der stoischen Gleichsetzung von Elementen und Göttern angegeben (*nat. deor.* II 5). Wie aber begündet Cornutus diese Sicht?

Die Autoritäten des Cornutus

Schon ein flüchtiger Blick in die *Epidrome* zeigt, dass Cornutus durchweg Werke älterer Autoren benutzt, einschlägige Lehrmeinungen heranzieht oder gar hier und da wörtlich zitiert. Einige dieser älteren Autoren nennt er namentlich, wie etwa Hesiod, „den Dichter" Homer, Kleanthes (*epidr.* 31,10), Empedokles' Werk, „Über die Natur" (*epidr.* 17,18) oder Euripides' Ausführungen über den Äther (*epidr.* 20,2). Doch im Allgemeinen bezieht er sich auf die Weisheit der „Früheren", denen er verschiedene Namen gibt, vor allem *archaioi* oder *palaioi* oder *palai*. Folgende Auflistung verdeutlicht, wie Cornutus sich auf die älteren Traditionen beruft:

Die archaioi

Epidr. 1,7: Die *archaioi* meinten, dass die Dinge, die sie in ununterbrochener Bewegung sahen, Götter seien.

Epidr. 4,1: Die *archaioi* sagten, dass auch Poseidon ein Sohn des Kronos und der Rhea sei.

Epidr. 16,17: Die *archaioi* machten die älteren Hermen mit erigiertem Glied, die jüngeren mit herabhängendem.

Epidr. 17,20: Hesiod hat einige Partien seiner Genealogie von *archaioteroi* übernommen, die eher mythischen Teile dann selbst hinzugefügt.

Epidr. 20,2: Einige der *archaioi* meinten, wie auch andere nach diesen, der anleitende Teil der Seele befinde sich im Kopf.

Epidr. 27,9: Was die *archaioi* über die Natur der Welt dachten, das brachten sie voller Furcht vor dem Geisterreich und schwülstig vor.

Die palaioi

Epidr. 14,10: Die *palaoi* führten Tänze für die Götter auf.

Epidr. 14,11: Die *palaioi* nannten den gesamten Kosmos „Himmel".

Epidr. 16,7: Die *palaioi* nannten „hell" auch „strahlend".

Epidr. 17,1: Von den alten (*palaioi*) Griechen sind zahlreiche Mythen über die Götter hervorgegangen.

Epidr. 17,18: Die *palaioi* nannten die Entstehung der Geräusche Iapetos.

Epidr. 20,5: Die *palaioi* nannten Athene „Atheneia".

Epidr. 28,2: Die *palaioi* nannten Hestia nach „durch alles stehen" (ἑστάναι διὰ παντός).

Epidr. 31,2: Die *palaioi* nannten körperlich und charakterlich besonders ausgereifte Menschen Heroen.

Epidr. 32,3: Die *palai* unterstellten Apoll und Artemis die plötzlichen Todesfälle, dies wird vom „Dichter" (Homer) in *Il.* I 64 unterstützt.

Epidr. 35,9: Die *palaioi* nannten Finsternis wie auch Nebel „Luft".

Epidr. 35,13: Die palaioi hatten grundlegende Einsichten in die Natur des Kosmos, formulierten diese allerdings enigmatisch.

Die terminologische Differenzierung dieser Autoritäten in *archaioi* und *palaioi* hat keine gestaltende Funktion innerhalb der Epidrome und muss auch keine unterschiedlichen Trägerkreise bezeichnen. Dass es sich hierbei um die Vertreter der älteren Stoa, also um die Väter von Cornutus' eigenem intellektuellen Umfeld, handelt, erweist sich schon bei kurzem Überfliegen obiger Aufstellungen als eher unwahrscheinlich; die Aussagen etwa in *epidr.* 16,17 zur Herstellung der Hermen durch die *archaioi* oder in *epidr.* 14,10 zu den *palaioi* lassen mitnichten automatisch auf stoische Philosophen schließen. Eher anzunehmen ist, dass Cornutus an diesen Stellen auf Vertreter einer nicht genau bestimmten griechischen Frühzeit hinweist, die ihre Ansichten nicht schriftlich artikuliert haben und lediglich durch Notizen bei Dichtern und durch Spuren in Ritus und Kultus erkennbar geblieben sind. Diese „Früheren" hatten Cornutus zufolge fundamentale Einsichten in die Natur und die Welt der Götter (*epidr.* 35,13). Man hat diese Auffassung immer wieder mit den Vorstellungen eines „goldenen Zeitalters" des älteren Stoikers Poseidonios in Verbindung gebracht (Seneca, *epist.* 90,5–7)[74]. Ihm zufolge herrschten in einer mythischen Frühzeit „Weise", in einer natürlichen Philosophie Beschlagene, die den Menschen grundlegende Kenntnisse schenkten, welche im Lauf der Zeit allerdings durch deren Lasterhaftigkeit verderbt worden sei. Eine Notiz bei Pausanias geht in eine ähnliche Richtung:

> In den alten Tagen sprachen die Griechen, die man als weise ansah (νομιζομένους σοφούς), ihre Geschichten nicht deutlich aus (εὐθέος λέγειν τοὺς λόγους), sondern in Rätseln (δι' αἰνιγμάτων), und daher nahm ich an, dass die Legenden über Kronos eine Art Weisheit der Griechen (σοφίαν εἶναί τινα Ἑλλήνων) gewesen ist[75].

---

[74] Vgl. NOCK, Kornoutos, 1000; BOYS-STONES, Philosophy, 52–55.
[75] Pausanias VIII 8,3 über Arkadien, das entlegene zentrale Hochland der Peloponnes.

Die Mythendichter bei Cornutus

Betrachtet man die betreffenden Passagen, in denen Cornutus jedoch auf den Mythos bezug nimmt, dann zeigt sich, dass die mythische Vorzeit gleichsam anonym dargestellt ist. So wenig „die Alten" mit Namen genannt werden, so wenig hat der Mythos einen Autor. Stattdessen sind „die Griechen" Träger des Mythos, wie auch andere Völker ihre eigenen Mythen haben.

Epidr. 3,3: Daher sagte man auch im Mythos (ἐμύθευσαν), dass Rhea Heras Mutter sei, der Vater aber Kronos.

Epidr. 6,7: Die Kastration des Ouranos wurde auch bei den Griechen in Mythen erzählt (μεμύθευται).

Epidr. 6,10: Der Mythos (ὁ μῦθος) vom Verschlucktwerden des Zeus ist mit Blick auf die Erschaffung der Welt zusammengestellt worden.

Epidr. 8,1: Es ist nicht nur eine mythische Erzählung (μυθολογία) über Okeanos auf uns gekommen.

Epidr. 16,8: Die Mythen behaupten (ἐμύθευσαν), dass Hermes Seelengeleiter (ψυχοπόμπος) sei.

Epidr. 17,1: Es sind von den alten Griechen zahlreiche und vielfältige Mythen (μυθοποιίας) über die Götter hervorgegangen, wie auch andere bei den Magiern entstanden sind, andere bei den Phrygiern oder bei den Ägyptern, den Kelten, den Libyern und bei weiteren Völkern.

Epidr. 17,2: Der Dichter scheint *Il.* XV 18–19 als Fragment eines alten Mythos vorzutragen, in dem von Zeus in mythischer Weise berichtet wird (ἐμυθεύετο), er hätte Hera mit goldenen Banden aus dem Äther herab hängen lassen.

Epidr. 17,3: Homer erwähnt auch den Mythos (ὁ μῦθος) von Thetis.

Epidr. 17,6: Die Mythen sollten nicht miteinander vermischt, auch sollten die Bezeichnungen von einem zum anderen Mythos nicht übertragen werden; es sollte auch nicht so geschehen wie bei den unsinnigen Darlegungen, bei denen von Personen, die nicht begreifen, was die Mythen rätselhaft verbergen und diese damit wie etwas Gekünsteltes benutzen, etwas zu den überlieferten Genealogien nach ihren Vorstellungen hinzugefügt wurde.

Epidr. 17,7: Noch einmal: man sagt nun in den Mythen (ἐμύθευσαν), Chaos sei zuerst entstanden, wie es auch Hesiod berichtet (*theog.* 116).

Epidr. 17,20: Einige Dinge seiner Genealogie hat Hesiod von den Vorfahren übernommen, die eher mythischen Teile jedoch von sich aus hinzugefügt (τὰ δὲ μυθικώτερον ἀφ' αὐτοῦ προσθέντος). Auf diese Weise wurde das meiste der alten Theologie verfälscht.

Epidr. 18,4: Die Mythen erzählen (ἐμύθευσαν), dass das Feuer vom Himmel herab gebracht worden war

Epidr. 19,6: Im Mythos sagen sie (μυθεύεται), Hephaistos habe Ares gebunden, als dieser Ehebruch mit seiner Frau getrieben habe, dieser Mythos (ὁ μῦθος) steht bei dem Dichter selbst (*sc.*: Homer), ist also sehr alt.

Epidr. 20,14: Pallas heißt sie wegen der in den Mythen über sie dargestellten Jugend (διὰ τὴν μεμυθευμένην νεότητα).

Epidr. 21,3: Von Harmonia erzählt man in den Mythen (ἐμύθευσαν), dass sie von Ares abstamme.

Epidr. 22,2: Schon zuvor wurde gesagt, dass er derselbe ist wie die Kraft, die dem Feuchten zugeordnet ist; nun aber soll dieses durch die Mythen ausgeführt werden (παραμυθητέον τοῦτο).

Epidr. 22,15: Man erzählt in den Mythen (ἐμύθευσαν), dass all die Gewalttätigen und die, die gewalttätig und besonders hinterlistig sind, etwa der Zyklop, die Lästrygonen und die Aloeiden, Poseidons Abkömmlinge seien.

Epidr. 28,7: In den Mythen heißt es (μυθεύεται), dass Hestia die erste und die letzte sei.

Epidr. 28,11: In den Mythen wird erzählt (μυθεύεται), dass Triptolemos aus Eleusis Demeter über den ganzen Erdkreis ausgestreut hätte.

Epidr. 28,14: Wegen der zeitweisen Unsichtbarkeit des sich unter der Erde befindlichen Samens heißt es in den Mythen (ἐμυθεύθη), Hades habe die Tochter der Demeter geraubt.

Epidr. 30,3: Des Dionysos Hitze und das Feurige sowohl der Körper als auch der Seelen hebt der Mythos hervor (ὁ μῦθος).

Epidr. 30,26: In den Mythen heißt es (μυθολογεῖται), Dionysos sei von den Titanen zerrissen, von Rhea aber wieder zusammengesetzt worden. Dadurch deuten diejenigen, die den Mythos überliefern (ὁ μῦθος), an, dass die Bauern, die ja Zöglinge der Erde sind, die Trauben zusammengeschüttet haben und die Teile des Dionysos, der in ihnen war, voneinander trennten.

Epidr. 30,27: Der Mythos des Dichters (ὁ μῦθος), gemäß dem der Gott dereinst der Nachstellung Lykurgs entwichen sei, in das Meer eintauchte und dann Thetis ihn rettete.

Epidr. 33,6: Der Name „Epione" ist nicht ohne Grund in den betreffenden Mythos (ὁ μῦθος) eingedrungen.

Epidr. 35,11: Von daher werden die Toten vermutlich auch in den Mythen „die Lebenssaft-Losen" (ἀλίβαντες) genannt (μεμυθεῦσθαι).

Epidr. 35,13: In dieser Weise, mein junger Schüler, solltest du nun schon auch anderes, was an Gedanken über die Götter in mythischer Form überliefert ist (μυθικῶς παραδεδόσθαι), nach dem hier dargebotenen Vorbild auf die aufgezeigten Grundelemente beziehen können.

Um die Sicherung und Auslegung des in *epidr.* 35,13 genannten prägenden mythologischen „Grundwissens" der Griechen geht es Cornutus also.

Cornutus' Umgang mit dem Mythos zeigt noch einen weiteren Aspekt. Die Vorstellungen der „Früheren" sind Cornutus zufolge von den Mythendichtern aufgenommen und uminterpretiert worden. Cornutus rechnet also mit einem traditionsgeschichtlichen Wachstum der ursprünglichen, mythischen Überlieferung der „Früheren" und einem lebendigen Umgang damit (freilich nicht immer zum Besten des Mythos). Werden die Dichter erwähnt, dann als Tradenten und Erzähler des Mythos, nicht als dessen eigentliche Urheber. Dies kommt etwa in *epidr.* 17,1–2 zum Ausdruck[76], wonach zum Beispiel Homer in *Il.* XV 18–19 einen älteren Mythos aufgenommen, der dann später in unangemessener Weise ergänzt worden sei (17,6):

> Es sind von den alten Griechen zahleiche und vielfältige Mythen über die Götter hervorgegangen, wie auch andere bei den Magiern entstanden sind, andere bei den Phrygiern oder bei den Ägyptern, den Kelten, den Libyern und bei weiteren Völkern; als Zeugnis hierfür könnte man nehmen, was auch bei Homer von Zeus zu Hera auf diese Weise gesagt ist: *„Denkst du nimmer daran, wie du hingest herab von der Höhe, beide Füße beschwert mit Gewichten"* (*Il.* XV 18–19).

Ähnliches wird in *epidr.* 17,20 deutlich. Dieser Passage zufolge habe Hesiod alte genealogische Überlieferungen aufgegriffen und die mythischen Partien selbst hinzugefügt – dies kann Cornutus durchaus kritisch sehen, weil hier seiner Meinung nach der ursprüngliche Sinn des Mythos verfälscht worden ist. Eine Übersicht über Cornutus' Aussagen zu den ποιηταί kann das zusätzlich verdeutlichen:

> *Epidr.* 1,4: einige *poietai* sagen, Ouranos sei Sohn des Akmon.
>
> *Epidr.* 12,1: der *poietes* (Homer) nennt die Litai die „Töchter des Zeus".
>
> *Epidr.* 14,15: Die *poietai*, beispielsweise Epicharmus, nannten die „Nacht" „die Wohlgesonnene".
>
> *Epidr.* 17,1: Der *poietes* (Homer) benutzt anscheinend in *Il.* XV 18–19 ein Fragment eines alten Mythos.
>
> *Epidr.* 17,11: Der schon erwähnte *poietes* Hesiod nennt in *theog.* 119 den Tartaros „Erdinnerstes".
>
> *Epidr.* 19,6: Der Mythos von Ares' Fesselung durch Hephaistos ist schon beim *poietes* (Homer) erwähnt und darum sehr alt.

---

[76] Vgl. TATE, Plato.

Die Autoritäten des Cornutus

Epidr. 20,16: Die *poietai* nennen Athene „Stadtschützerin" und „Heervolk Führende".

Epidr. 22,4: Der *poietes* (Homer) sagte vom Skamander, dieser „brüllte wie ein Stier".

Epidr. 30,3: Der Wein hat, den *poietai* gemäß, eine feuergleiche Kraft.

Epidr. 30,27: Der *poietes* (Homer) und sein sinnbehafteter Mythos über Dionysos.

Epidr. 32,3: Der *poietes* (Homer) stützt mit *Il.* I 64 die These der palai, dass Apoll und Artemis die plötzlichen Todesfälle verursachten.

Epidr. 35,5: Der *poietes* (Homer) bezeichnet Hades als „Wächter der Tore".

Der Beitrag dieser Gruppe war die Deutung der Mythen, die Erklärung dunkler Worte oder Aussagen. Für Cornutus haben die ποιηταί deutlich sekundären Charakter im Vergleich zum Mythos. Der Mythos wird von „den Griechen" erzählt, doch auch hier existieren unterschiedliche μυθολογίαι, deren Sinn erklärt werden muss. Die Dichter haben also per se nichts Falsches getan, Cornutus ordnet sich auch bewusst in die Reihe der Mythendeuter und Ausleger ein. Was er bietet, ist freilich „besser", weil dem Mythos angemessener. Im Gegensatz zu denen, die Mythen miteinander und mit ihren eigenen Deutungen vermischen (*epidr.* 17,6), will Cornutus ihren Sinn ausleuchten, indem er sie auf die Grundelemente (στοιχεῖαι) stoischer Physik bezieht (*epidr.* 35,13), die allein mit den Dingen selbst und dem Ganzen der Welt im Einklang steht. Stoische Philosophie ist für Cornutus der Schlüssel zum Mythos, der „Theologie der Alten", die so erst wirklich verstanden werden kann. Der Mythos, der uneigentliche, aber nicht minder „wahre" Aussagen über Gott und die Welt trifft, wird zum Zeugnis stoischer Lehre, die dies logisch und direkt aussagt, und diese Lehre letztendlich zur „Essenz des Mythos". Es scheint, als ob die Unterscheidung zwischen Mythos, den „Alten" und den Dichtern nicht Cornutus' eigene Erfindung ist, sondern auf Differenzierungen zurückgeht, die in ähnlicher Weise bereits Aristarchos von Samothrake vorgenommen hat[77]. Dieser Spur werden wir im Folgenden noch nachgehen.

Das, was die „Früheren" sagten, besitzt für Cornutus also große Autorität und ist Anlass genug, nach dessen Bedeutung zu fragen. Cornutus stellt dabei den postulierten „alten" und daher für ihn prägend-authentischen Mythos den späteren Verschriftlichungen und Bearbeitungen kritisch gegenüber. Wie aber kommt Cornutus überhaupt zu einer solchen Annahme?

---

[77] Die Lehre des Aristarchos ist aufgrund der prekären Quellenlage kaum noch zu rekonstruieren, die wenigen Daten sind späteren Exzerpten und Zitaten entnommen, vgl. ROEMER / BELZNER, Homerexegese.

Mythen und Mythendichter

Cornutus' *Epidrome* ordnet sich in eine breite Tradition antiker Mythendeutung ein, zum einen durch ihren Stoff (nämlich die traditionelle griechische Mythologie wie sie vor allem von Homer und Hesiod überliefert wurden), zum anderen aber vor allem durch die Methoden, mit denen das Werk dieses mythologische Erbe auszulegen sucht. Die Leistung der *Epidrome* besteht dabei weniger darin, diese Methoden selbst transparent zu machen, die Grundsätze ihrer Anwendung zu erklären oder sie fortzuentwickeln, sondern darin, dass sie diese anwendet und durchweg diesen Methoden entsprechende Deutungen der gängigsten Figuren griechischer Mythologie bietet. In der inhaltlichen Ausgestaltung dieser Deutungen, also in deren thematischem Gehalt, folgt Cornutus wie zuvor dargelegt stoischer Tradition, der methodische Zugang zur Tradition selbst ist aber weit älter und eigentlich auch nicht allein auf Mythenexegese beschränkt. Eine Skizze dieser Vorgeschichte ist daher unerlässlich zum Verständnis der *Epidrome*.

Mythen waren in der Antike nicht allein kulturelles Bildungsgut, das z. B. in Schule, Theater und Literatur in unterschiedlichster Weise als „Tradition" rezipiert wurde, sondern darüber hinaus in Kunst, Kult, Ritual und Brauchtum stets sichtbar und präsent[78]. Mythen erfüllten eine zentrale Funktion als Legitimation gängiger Praktiken oder bei der Konstruktion sozialer Identitäten („Volk", Stadt, Dynastie etc.) und legten ein oft erstaunliches Beharrungsvermögen an den Tag, ganz unabhängig von der eher modernen Frage, ob man denn diese Mythen nun „glauben" könne oder nicht. Trotz ihrer Beständigkeit waren Mythen genausowenig wie die Gruppen, die sie tradierten, abgeschlossen oder starr, sondern blieben stets offen für Kombination und Aktualisierung. Die mythische Weltdeutung entfaltet sich narrativ, indem Geschichten von Göttern und Menschen erzählt werden, aus denen die Ordnung der Welt (Kosmologie) und des Lebens (Moral, Zusammenleben) transparent werden. Sie entfaltet sich aber auch in der Konstruktion von „Genealogien" von Göttern oder Menschengeschlechtern oder oft genug von beiden mit- und ineinander. Genealogien machen die hinter den Dingen liegenden Verbindungen deutlich, sie ordnen die Welt und ihre Bewohner, indem sie diese nach ihren jeweiligen mythischen Ursprüngen und Zusammenhängen gruppieren. Aus gemeinsamer Abstammung werden soziale Beziehungen und Besitz an Land abgeleitet. Oft genug sind Götter wie Menschen gemeinsam einer Schicksalsmacht unterworfen, die ihr Dasein lenkt[79]. Mythen sind stets transparent auf die Wirklichkeit hin, die sie abbilden, und in gewisser Weise ist

---

[78] Als Einführung eignen sich etwa GRAF, Mythologie; VEYNE, Griechen.
[79] KLAUCK, Allegorie, 34.

spätere rationale Mythenkritik daher im Mythos selbst bereits angelegt: Das Handeln der Götter ist als Spiegelbild des menschlichen Handelns begreifbar, und hinter bestimmten Göttern verbergen sich entsprechende Kräfte und Zustände in Welt und Natur.

Angesichts der Bedeutung von Mythen verwundert es nicht, dass man Mythendichtern göttliche Inspiration unterstellte. Dies war schon Demokrit klar (Fr. B 18), und da Dichter an der göttlichen Kraft partizipierten, waren sie rechte „Hermeneuten der Gottheit" (Platon, *Ion* 533d.534e) und konnten für allerlei Auskünfte über Götter, Welt und Mensch in Anspruch genommen werden (Xenophanes Fr. B 10; Heraklit Fr. B 56). Freilich scheinen bereits die Dichter selbst ihre Kräfte oftmals als Rätsel erfahren zu haben. Homer wird bereits leise Distanzierung von seinen „Götter- und Menschengeschichten" unterstellt[80], und bei Hesiod finden wir gar am Beginn seiner Theogonie die Musen als solche angerufen, die „täuschend echte Lügen" und „Wahres jedoch, wenn wir wollen", zu sagen imstande sind (*theog.* 26–28). Die Kraft dichterischer Worte ist also zugleich ihr Nachteil: sie sind dunkel, rätselhaft und mit der erfahrenen Wirklichkeit oft nicht direkt in Einklang zu bringen. In übertragener Weise verhält es sich, um ein Wort des Vorsokratikers Heraklit zu zitieren, mit den Dichtern daher wie mit dem Orakel des Apollo: „es erklärt nicht, verbirgt nicht, sondern deutet an" (οὔτε λέγει οὔτε κρύπτει ἀλλὰ σημαίνει bei Plutarch, *Pyth. or.* 404 d-e, Fr. DK 22 B 93).

Der rechte Gebrauch von Dichtung, und hier besonders von Homer, bleibt daher stets umstritten. Schön illustrieren lässt sich dies durch eine Passage am Beginn der *Geographia* Strabos. Der Autor kommentiert hier ein anekdotisches Gespräch zwischen dem Geographen Eratosthenes von Kyrene und dem Astronomen Hipparchos von Nikaia über den Sinn von Dichtung (I 2,3). Während es für Eratosthenes das Ziel jedes Poeten sei „zu unterhalten, nicht zu belehren" (ψυχαγωγίας, οὐ διδασκαλίας), hätten die Alten demgegenüber behauptet, dass Dichtung eine Art „elementarer Philosophie" (φιλοσοφία πρώτη) sei, die uns von frühester Kindheit an in das Leben (εἰς τὸν βίον) einführt und uns mit Vergnügen (μεθ' ἡδονῆς) in Charakter, Gefühlen und im Handeln unterrichtet (ἔθη καὶ πάθη καὶ πράξεις). Strabo schließt sich dieser Sicht ausdrücklich an, fügt aber in Kritik an Eratosthenes hinzu, dass Dichtung zum Teil auch Unterhaltung sei, indem Homer oder auch andere Dichter „das, was außerhalb der Wahrnehmung liegt (...) mit mythischer Wunderrede angefüllt hätten" (μυθικῆς τερατολογίας). Homer hätte zwar, so Strabo, über profunde Kenntnisse verfügt, die er in seine Epen eingearbeitet und den Nachkommen zur Verfügung gestellt hat, doch sei es absurd, Homer die Gesamtheit allen Wissens und jeder Kunst zuzuschreiben. Das sei ganz so, sagt

---

[80] KLAUCK, Allegorie, 34.

Strabo in Bezugnahme auf Hipparchus, „als ob man Äpfel und Birnen oder alles andere, was er nicht tragen kann, an den Eiresione-Lorbeerzweig von Attika hängen wollte". Dennoch gehe es nicht an, gegen Eratosthenes, Dichtung als „mythisches Geschwätz alter Weiber" darzustellen, „dem es erlaubt sei zu erfinden (πλάττειν), was immer der Unterhaltung dient".

Strabos Referat vergegenwärtigt ein altes Problem. So wichtig die großen mythischen Dichtungen Homers oder Hesiods auch für die Daseinsdeutung antiker Menschen auch waren, sie waren dennoch bereits lange vor Strabo oder Cornutus grundlegender Kritik wie auch Versuchen deutender Uminterpretation unterworfen. Seit den Vorsokratikern waren Themen wie die moralische Verkommenheit der im Mythos besungenen Götter oder deren unwürdige anthropomorphe Erscheinungsweise verbreitete Zielscheibe der Philosophen.

Die Kritik am „fictional narrative"[81] der Dichter erlebt einen ersten Höhepunkt im 6. Jh. v. Chr. in Geistesgrößen wie Heraklit, Stesichorus und Xenophanes, die sich an Homers Schilderung der Götter als menschengestaltig und fehlbar stören und ihnen vorwerfen, die Menschen damit in die Irre zu führen. Nach Heraklit verdienten es Homer und Archilochos öffentlich ausgepeitscht zu werden (Fr. B 42), statt an Dichterwettbewerben teilzunehmen und von den Menschen als Lehrer über Fragen der Religion bewundert zu werden (Fr. B 10–12, 14–16), und Solon schreibt man das Diktum zu, dass „die Barden in vielem lügen" (πολλὰ ψεύδονται ἀοιδοί, Fr. 26 WEST). Im Hintergrund steht der Gegensatz zur ionischen Naturphilosophie, die wie auch der Mythos die Absicht hat, „die vorfindliche Welt zu erklären, aber nicht mythisch, sondern rational"[82]. Homerische Götter spielen weiter eine Rolle bei Empedokles oder Heraklit, jedoch nur noch als Benennungen und außerhalb ihres ursprünglichen narrativen Gefüges[83]. Wirklich erklärende Funktion besitzen sie nicht mehr, an ihre Stelle sind unpersönliche Kräfte oder abstrakte Prinzipien (ἀρχαί) getreten, die in ihrer konkreten Wirkweise beobachtbar und in ihrer fundamentalen Bedeutung für die Weltdeutung durch rationales Denken greifbar sind. Nach allem, was wir erkennen können, scheint solche Kritik die Beliebtheit Homers und seine Rezeption im offiziellen, politischen Raum freilich in keiner Weise beeinträchtigt zu haben. In Athen beschloss man gar, allein Homer zur öffentlichen Lesung bei den Panathenäen zuzulassen (Plato, *Hipp.* 228b)[84], allzu kritische Philosophen wie etwa Anaxagoras bedrohte man hingegen mit Anklagen wegen Gotteslästerung (Plutarch, *Per.* 32 = DK 59 A 17).

Gegen Ende des 6. Jh. v. Chr. hören wir über den Umweg hellenistischer Gewährsleute zum ersten Mal von Versuchen, sich wissenschaftlich mit den

---

[81] RICHARDSON, Reading, 30.
[82] KLAUCK, Allegorie, 35.
[83] KLAUCK, Allegorie, 35.
[84] RICHARDSON, Reading, 31.

Anwürfen der Philosophen gegen den überlieferten Mythos auseinander zu setzen. Theagenes von Rhegion habe „als erster" die Methode der Allegorie verwendet, um etwa die besonders anstößige und heftig kritisierte Theomachie in *Il.* XX–XXI zu erklären (Fr. A 2)[85]. Ob Theagenes in der Tat „der erste" war, ist nicht mehr festzustellen (andere, die zur gleichen Zeit wirkten und ebenso Anspruch auf diesen Titel erheben könnten, sind Anaxagoras, Metrodoros von Lampsakos oder Pherekydes von Syros). Wichtig ist jedoch, was sich unter dem Namen von Theagenes inhaltlich anbahnte. Nach Theagenes gehe es beim Götterkampf eigentlich nicht um den Kampf anthropomorpher Götter, sondern um das fundamentale Ringen physikalischer Elemente im Kosmos und um den Kampf moralischer und psychologischer Kräfte im Menschen. Insofern scheint Theagenes Motive aus der Naturphilosophie seiner Gegenspieler positiv aufgenommen zu haben, benutzt diese aber nun, um die Autorität Homers bewahren zu können. Würde man die Passagen der Theomachie in *Il.* XX–XXI nicht allegorisch verstehen (κατ' ἀλληγορίαν), sagt Pseudo-Longinus, wären sie durch und durch blasphemisch und ein Bruch jeden Anstands (*subl.* 9,7). Der Mythos kann also seine Attraktivität auch für rational denkende Menschen bewahren, wenn man ihn nur so versteht, wie er eigentlich gemeint war. Die Unterscheidung zwischen dem mit dem Wort vordergründig Gesagten und dem durch das Wort eigentlich Gemeintem wird zum entscheidenden hermeneutischen Kunstgriff.

Voraussetzung für diese Auslegung ist die Annahme, dass hinter dem Text eine tiefere, eigentliche Bedeutung steckt, der Text eigentlich also etwas anderes (ἄλλον) sagt (ἀγορεύω) als oberflächlich zu lesen ist, bzw. dass eine Aussage „unter" (ὑπό) der „oberflächlichen" Bedeutung (νοία) zu suchen ist, oder dass unterschiedliche Bedeutungen „zusammengeworfen" werden (σύμβολον seit Chrysipp). Autoren mythischer Texte sprechen „in Rätseln" (αἰνίττομαι), die es zu deuten gilt. Die Terminologie für diese Zugangsweise ist zunächst durchaus vielfältig, seit dem 1. Jh. v. Chr. setzt sich jedoch immer mehr der noch heute gebräuchliche Begriff ἀλληγορία durch (Cicero, *or.* 94; Philodemos von Gadara, Pseudo-Longinus, Herakleitos und Plutarch)[86].

Die weitreichende Bedeutung dieser Fragmente früher Allegoriker wird erst deutlich, wenn man sie in Beziehung setzt mit der Rolle, die die allegorische Deutung im sogenannten Derveni-Papyrus spielt, einem orphisch beeinflussten Kommentar über eine Göttergenealogie nach Art von Hesiod (col. X und

---

[85] KLAUCK, Allegorie, 37–38 warnt zu Recht vor einer Überbewertung des apologetischen Abzweckung der Position des Theagenens (diese Akzentuierung könnte vielmehr seinen stoischen Übermittlern zu verdanken sein). Auch dass er „der erste" allegorisierende Homerkritiker war, verdankt sich der Überlieferung.

[86] Zum Terminus ἀλληγορία und dem „Vorgänger" ὑπόνοια vgl. Plutarch, *adol.* 19–20; OBBINK, Allegory, 181–183.

XIV)⁸⁷. Der Papyrus legt in der Tat nahe, als ob die allegorische Auslegung zumindest für bestimmte Kreise schon sehr früh als der dem Wesen von Dichtung angemessene Zugang akzeptiert war. So scheint der Autor des Derveni-Papyrus davon auszugehen, dass der Dichter statt Klarheit unklare und rätselhafte Ideen über die Wirklichkeit in seine Worte legt (αἰνίζεται, αἴνιγμα), die der Interpret dann mit einer eigenen Methode zu deuten hat.

Dass es sich Theagenes dabei nicht zu leicht gemacht und unreflektiert von der Annahme Gebrauch gemacht hätten, dass Homer *eigentlich* stets etwas anderes meine als er sagt, wird möglicherweise dadurch deutlich, dass er neben der allegorischen Mythendeutung auch wissenschaftliche Textkritik an Homer betrieben, als erster über das Leben und die Wirkungszeit Homers und auch über die griechische Sprache allgemein geschrieben habe (Fr. A 3). Auch Antimachus von Kolophon, selbst Epiker und Schüler des Homerinterpreten Stesimbrotus, bearbeitete den Text Homers und legte damit den Grundstein für die philologische und textkritische Forschung kommender Generationen. Richardson findet es daher zu Recht interessant „to find linguistic study closely linked to allegorical interpretation at this early stage"⁸⁸. Allegorese stellt also offensichtlich keine notwendige Alternative zu philologischer „Wissenschaft" und Exaktheit dar, sondern bedient sich ihrer und wird selbst bald zu einer Art Wissenschaft⁸⁹. Beide Zugangsweisen verdanken sich schließlich der Suche nach dem Sinn des Mythos.

Die freundschaftliche Symbiose von kritischer Erforschung des Textes, der Sprache und der Lebensumstände Homers und anderer Dichter mit der wohlwollend-allegorischen Interpretation musste freilich nicht die Regel bleiben. Aristoteles stellte ihr die rhetorische Methode (τέχνη) und den Grundsatz der prinzipiellen Klarheit der Wörter gegenüber (unter dem Zugeständnis gelegentlich möglicher „übertragener" Bedeutung z. B. bei der Metapher, vgl. *poet*. 1457b, 1453b9)⁹⁰. Ferner konnte sich der kritische Impetus hinter philologischer Mytheninterpretation durchaus verselbständigen. So zitiert das D-Scholion zu *Il*. V 385 eine Aussage des berühmten alexandrinischen Grammatikers Aristarchos von Samothrake (ca. 217 – 145 v. Chr.), wonach dieser „urteilte, dass die Leser die Dinge, die Aussagen des Dichters eher als Legenden (μυθικότερον) einschätzen sollen, (formuliert) aus dichterischer Freiheit, und sich nicht mit dem abzumühen brauchen, was außerhalb dessen liegt, was der Dichter sagt"⁹¹. Mit dem Beharren auf dem Text als Ausgangs-

---

⁸⁷ STRUCK, Allegory, 224–228; OBBINK, Allegory.
⁸⁸ RICHARDSON, Aristotle's Reading, 31.
⁸⁹ Vgl. SCHMIT-NEUERBURG, Vergils *Aeneis*, 4–10.
⁹⁰ Cf. zu Aristoteles STRUCK, Allegory, 217–224.
⁹¹ Zu Aristarchos s. ROEMER / BELZNER, Homerexegese; STRUCK, Allegory, 215; STRUCK, Symbol.

und Endpunkt der Dichterexegese (Ὅμηρον ἐξ' Ὁμήρου σαφηνίζειν) spricht Aristarchos in der Tat ein grundsätzliches Problem an, nämlich das des Kriteriums für die sachgemässe Auslegung eines Textes[92]. Aristarchos wurde so zum wohl prominentesten Vertreter der kritischen Schule, die „Homer aus Homer" verstehen wollte, jegliche Allegorese ablehnte und dunkle Stellen lieber durch Textemendation als durch Annahme eines „Hintersinns" zu beheben suchte. Noch Cicero tadelt die allegorische Interpretation der Werke des Orpheus, Musaios, Hesiod und Homer durch den Stoiker Chrysipp (einen der „Gründungsväter" stoischer Allegorese) als systematisches Missverstehen von Texten, indem man in sie hineinlegt, was nicht darin steht (Cicero, *nat. deor.* I 41 durch den Mund des Epikureers Velleius). Diese rationalistische, „historisch-kritische" Skepsis gegenüber der viel leichter und flexibler „konstruktiv" und „positiv" handhabbaren Allegorese hat sich auf lange Sicht freilich nicht durchsetzen können. Philologische Textkritik wurde in den antiken akademischen Schulbetrieb integriert und *neben* „wissenschaftlich" verantworteter Allegorese betrieben.

Welche Inhalte stehen nun aber „hinter" den dunklen Worten der Dichter? Man kann sich leicht vorstellen, dass die Antworten nicht selten so unterschiedlich waren wie diejenigen, die sie gaben. Neben einem deutlichen Trend zur Rationalisierung von Mythen beggenen auch allerlei psychologisierende Versuche, die Motive des so offensichtlich verwirrend anmutenden Dichters zu ergründen. Homer kannte zwar die Wahrheit, so liest man, sah sie aber nicht als für seine Dichtung zuträglich an und verschwig sie (Herodot II 112–120), oder er übertreibe eben oft (Thukydides I 1–22; II 41,4). Aufgrund ihres Interesses an Sprache als Gestalterin der Welt haben sich besonders die Sophisten der Dichtung zugewandt (vgl. Aristoteles, *poet.* 25) und die Diskussion dadurch vorangebracht, dass sie poetische Werke systematisch zu interpretieren suchten. Protagoras sah die Dichter als verborgene Sophisten an und teilte die Meinung, ihren Werken läge eine unterschwellige, „eigentliche" Bedeutung zugrunde (ὑπόνοια). Zumeist sah man in ὑπόνοια moralische Aussagen (Xenophon, *symp.* 3,5; 4,6–7) und gebrauchte Homer freimütig als Arsenal für eigene rhetorische oder ethische Argumentationen (Plato, *Hipp. min.*; Antisthenes). Die Gleichsetzung dunkler Dichterworte mit kosmologischen Gegebenheiten (ὑπονοίαι ἀλληγορίαι) allein ist für Plutarch kaum mehr als eine gewaltsame Verdrehung (παραβιαζόμενοι), da die Philosophen seiner Meinung nach Philosophen vilmehr Beispiele aus der realen Welt nehmen, um zu mahnen und zu erziehen (νουθητέω und παιδεύω), während Dichter mit demselben Ziel auf ihre Imagination und die mythische Welt zurückgreifen (*Quomodo adulenscens* 19–20 (60d–62b)). Ziel der Auslegung muss daher die moralische

---

[92] Beleg bei KLAUCK, Allegorie, 38.

Erbauung sein. Als Beispiel für die von Plutarch kritisierte, kosmologische Deutung kann die bei Cicero, *nat. deor.* II 71 dem Stoiker Balbus in dem Mund gelegte Aussage gelten:

> Doch auch wenn man diese Mythen verwirft und zurückweist (*his fabulis spretis ac repudiatis*), wird man trotzdem von der Gottheit, die das Wesen einer jeden Naturerscheinung durchdringt – wie Ceres die Erde, Neptun das Meer, andere Götter wiederum andere Bereiche –, begreifen können, wer und wie sie sind und mit welchen Namen man sie gewöhnlich bezeichnet hat. Diese müssen wir als Götter anbeten und verehren.

Manche jedoch gingen noch einen Schritt weiter und unterstellten dem Dichter einen viel breiter angelegten „eigentlichen" Sinn. Besonders systematisch ging offensichtlich Metrodorus von Lampsakos vor, der die gesamte Ilias auf der Basis der Kosmologie des Anaxagoras auslegte und meinte, dass es in Homers Dichtung „um Tugend und Gerechtigkeit" gehe (59 A 1). Metrodoros war damit wohl einer der ersten, der Homer durchweg ein ganzes philosophisches System unterschob[93]. Es ist deutlich, dass es bei solcherart Exegese nicht allein um bloße Apologetik ging[94].

Für keine andere philosophische Schule aber war die Allegorie so wichtig wie für die Stoiker[95]. Ihnen zufolge waren Worte nicht das Produkt von Konventionen, sondern ein direktes Produkt der Natur (Origenes, *Cels.* I 24), und daher ließ sich aus der Sprache, ihrem Vokabular und ihrer Grammatik auf die Zusammenhänge der Natur schließen. Umgekehrt lagen diese Wahrheiten verborgen in der rätselhaften Sprache der Dichter, die es auszulegen gilt. Namen und Ereignisse der Mythologie sind also nichts anderes als uneigentlich ausgesprochene Aussagen über Natur, Gott und Mensch, wie sie gültig in der stoischen Lehre beschrieben sind. Zwischen der Bezeichnung eines Dinges und dessen Bezeichnung besteht eine direkte, sinnvolle Beziehung[96].

Um die Kongruenz zwischen Sprache und Sein deutlich zu machen, bedienten sich Stoiker gern auch der Etymologie. Versuche, Wörter von ihrem Ursprung herzuleiten und damit zu ihrer wahren Bedeutung vorzudringen, gehen schon auf Homer zurück (*Od.* XIX 406–409: der Name Odysseus wird abgeleitet von ὀδυσσάμενος „zürnen"; Hesiod, *theog.* 195–198 zur Etymologie des Namens Aphrodite von „aus dem Schaum entsprossene Göttin" ἀφρογενέα

---

[93] CALIFF, Metrodorus; OBBINK, Allegory, 180–181.

[94] So tendiert KLAUCK, Allegorie, 38 dazu, die Rolle der Apologetik zunächst als untergeordnet aufzufassen und ihr erst im Rahmen der stoischen Kritik eine beherrschende Funktion zuzumessen. Die ältere Forschung schätzte die apologetische Funktion der Allegorie noch höher ein, siehe z. B. die Bemerkungen von GRIFFITHS, Allegory, 79–80.

[95] BOYS-STONES, Allegory.

[96] GÄRTNER, Etymologie, 391; LONG / SEDLEY, Philosophen, 229.

θεᾶ)⁹⁷. Eine eingehendere Beschäftigung mit dem Ursprung von Namen erfolgte von philosophischer Seite, vor allem im *Kratylos* Platons (vgl. 406c mit direktem Bezug auf die gerade zitierte Hesiod-Stelle; 408). Besonders Platon hat sich mit der Frage nach dem Ursprung der Sprache befasst, um ihre Begriffe richtig bilden zu können, und hat darin wichtige Vorarbeit für die Stoiker geleistet, die seit Chrysippos' Ἐτυμολογικα systematisch von der Etymologie Gebrauch gemacht haben⁹⁸. Unter der formenden Kraft der stoischen Logik wurde die Etymologie zur „chief handmaid of allegory"⁹⁹. Mit ihr konnte man hervorragend zeigen, dass die Namen der Götter eigentlich Elemente der Natur repräsentieren¹⁰⁰.

Auch wenn sich manche etwa im Gefolge Platons vom Wert der Mythen nicht überzeugen ließen wie etwa Ciceros Cotta, hat all dies den Siegeszug der Allegorese nicht verhindern können – im Gegenteil¹⁰¹. Auch abgesehen von philosophischen Bemühungen um die Erkenntnis der Welt und der Götter war diese Methode auch in anderen Bereichen von Nutzen, schließlich gab es mehr Phänomene, deren Sinn hinter dem augenscheinlichen Äußeren zu eruieren ist.

Aufschlussreiche Beispiele finden sich etwa in der Traumdeutung oder der Medizin. Im „Handbuch der Traumdeutung" (*Oneirokritikon*) des Artemidoros von Daldis aus dem 2. Jh. n. Chr. enthält nicht nur zahlreiche Traumbericht samt Deutungen, sondern auch eine theoretische Erörterung über die „Exegese" von Träumen. Im Unterschied zu den sogenannten „theorematischen Traumgesichten", schreibt Artemidoros, „welche ihrem Erscheinungsbild vollkommen entsprechen" (I 2), beruht die Gruppe der „allegorischen Traumgesichte" auf dem Unterschied „ein gewisser Grad von näherer Beziehung" bzw. „die das Angedeutete durch verhüllte Anspielungen kundtun". Die Götter geben die meisten Hinweise verschlüsselt, „weil sie weiser als wir, nicht wollen, dass wir etwas ungeprüft hinnehmen" (IV 71). Artemidoros ist überzeugt, dass „viele Auslegungen [*sc.* von Träumen] aus der eigentlichen Bedeutung der Wörter zu gewinnen" sind (IV 80)¹⁰². Dass Allegorie und Etymologie auch im Bereich der Medizin kombiniert werden konnten, zeigt etwa der mythologische Einschub in

---

⁹⁷ REITZENSTEIN, Etymologie; SILVERMAN, Cratylos.
⁹⁸ GÄRTNER, Etymologie, 391; BARNEY, Names.
⁹⁹ GRABBE, Etymology, 79.
¹⁰⁰ GRABBE, Etymology, 80.
¹⁰¹ In *nat. deor.* III 63 nennt Cotta die allegorischen Anstrengungen von Zenon, Kleanthes und Chrysipp *magna molestia et minime necessaria*, zu Platon vgl. etwa *polit.* 377a–381d: gleichgültig ob Mythen „tieferen Sinn" ὑπονοίαι besitzen oder nicht, sie dürfen wegen ihrer Immoralität im Staat keine Rolle spielen.
¹⁰² Zum Thema vgl. STRUCK, Symbol, 187–192.

Ps.-Aristoteles (Ps.-Alexander), *Supplementa Problematorum* I 17[103]. Auch im Bereich der Magie bediente man sich der Allegorese[104].

Kennzeichnend dafür, wie erhellend Allegorese empfunden wurde, ist ferner, dass sie gleichsam kulturübergreifend zur Deutung unverständlich gewordenen Mythenguts angewandt werden konnte. Nicht nur griechische Mythologie wurde allegorisch interpretiert, auch die anderer Völker wie der Ägypter oder die jüdisch-biblische Tradition. Ein gutes Beispiel für die allegorische Deutung ägyptischer Mythologie ist Plutarch, *De Iside et Osiride*. Plutarch von Chaironeia ist freilich Grieche. In der Beschäftigung mit Grammatik und Mythenexegese auf allegorischer Basis ähnelt Cornutus jedoch besonders seinem jüngeren Zeitgenossen Chairemon von Alexandria (ca. 15 – 95), der nicht nur als Angehöriger der gebildeten ägyptischen Priesterelite (ἱερογραμματεύς) und stoischer Philosoph Berühmtheit erlangte, sondern bis 49 Erzieher des jungen Nero war. Chairemon schrieb nicht nur historisch-ethnographische Werke über Ägypten, in denen er mittels Allegorie und stoischer Philosophie ägyptische Mythen erklärte, sondern auch mindestens einen grammatischen Traktat[105]. Chairemon demonstriert, dass stoische Philosophie und allegorische Methode zur Zeit des Cornutus bereits ganz selbstverständlich auch auf andere mythische Traditionen als die der Griechen angewandt wurden. Möglich war dies aufgrund der Annahme, dass „die Weisheit der Ägypter darin besteht, alle Dinge symbolisch auszudrücken" (συμβολικῶς λέγειν)[106].

Hervorragendes Beispiel für jüdische Auseinandersetzung mit eigener Mythenüberlieferung durch Allegorese ist Philo von Alexandria, der im 1. Jh. v. Chr. mit Hilfe der Allegorie ganz selbstverständlich in der Lage ist, den für die Ohren jüdischer Gebildeter seiner eigenen Gemeinde zunehmend sperrigen Pentateuch „zeitgemäß", d.h. inspiriert durch griechische Philosophie, auszulegen[107]. Wie ähnliche Passagen beim philosophisch gebildeten jüdischen Gelehrten Aristobulos wohl aus der Mitte des 2. Jh. v. Chr. (Fr. 5 zur Bedeutung des „siebten Tages")[108] oder im pseudepigraphen *Brief des Aristeas* (Arist. 128–171 mit einer Allegorie der Bestimmungen über reine und unreine Tiere) aus etwa derselben Zeit[109] zeigen, baute Philo hierbei auf einer bereits breiten jüdischen Rezeption allegorischer Methode auf. Jüdische Autoren wie Philo

---

[103] KAPETANAKI / SHARPLES, Pseudo-Aristoteles,

[104] Zu Allegorese and Magie vgl. STRUCK, Symbol, 196–198.

[105] VAN DER HORST, Chaeremon, IX–XI; vgl. auch STRUCK, Symbol, 198–201.

[106] VAN DER HORST, Chaeremon, 10–11 (bei Michael Psellus); vgl. auch Plutarch, *De Iside et Osiride*; GRIFFITHS, Allegory.

[107] BLÖNNIGEN, Allegorese, 70–137.

[108] Zu Aristobulos vgl. HOLLADAY, Fragments III, 43–96; WALTER, Thoraausleger; BLÖNNIGEN, Allegorese, 59–60.

[109] BLÖNNIGEN, Allegorese, 60–63.

nahmen diese Methode dankbar auf, weil sich so der hohe philosophische und moralische Wert der biblischen Überlieferung deutlich machen und die Abhängigkeit griechischer Philosophie von biblischen Autoritäten, allen voran von Abraham und Mose, behaupten ließ und man auf unverfängliche Weise die Anthropomorphismen des biblischen Gottesbildes und andere problematische Passagen deuten konnte. Diese Ansätze führt Philo in seinen Auslegungen fort und vermag so wichtige, für Gebildete verständliche Aussagen über Gott und Kosmos wie auch über Physik und Ästhetik, sowie nachvollziehbare ethische Konsequenzen aus der mythologischen biblischen Überlieferung zu ziehen. Freilich darf man Philos Auslegungen – wie auch die paganer Mythenallegorese – nicht vornehmlich unter dem Stichwort „Apologetik" fassen. Neben der für Außenstehende erklärenden Funktion der Allegorie ist die Tatsache nicht gering zu bewerten, dass Philo sie in analytischer und konstruktiver Absicht anwendet, um *selbst* die ihm überlieferte Tradition zu verstehen[110]. Wie die Stoiker mit Blick auf homerische Helden wendet auch Philo dabei ganz selbstverständlich Etymologie an und deutet Erzählungen über biblische Helden als „Typen" für bestimmte Tugenden (die Patriarchen als Sinnbilder für den Weg der Seele zur Vollkommenheit) oder Fähigkeiten (Abraham als Erfinder der Wissenschaft).

Auch frühchristliche Autoren bedienen sich der Allegorese. Mit ihrer Hilfe ließen sich wie bei paganen (*Tabula Cebetis*) und jüdischen (Philo über die Patriarchen) Vorbildern Tugenden personifizieren (Past. Herm., *vis.* 3; *sim.* 6; 9) oder „verborgene" Verbindungen zwischen alttestamentlichen und neutestamentlichen Personen und Ereignissen im Sinne des Schemas „Verheißung" und „Erfüllung" christologisch oder ekklesiologisch deuten (Gal 4,26; Barn; Clemens von Alexandrien). Auch bei christlichen Autoren dient die Allegorese immer wieder der ethischen Paränese[111].

Diese vielfachen Verbindungen der *Epidrome* des Cornutus zu zahlreichen religiösen und kulturellen Traditionen der Alten Welt machen diesen kurzen Text zu einem faszinierenden Zeugnis antiker Geistesgeschichte.

---

[110] BLÖNNIGEN, Allegorese, stellt die apologetische Ausrichtung der Allegorese m. E. generell zu sehr in den Vordergrund.

[111] BLÖNNIGEN, Allegorese, 138–265.

Text und Übersetzung

ΚΟΡΝΟΥΤΟΥ ΕΠΙΔΡΟΜΗ ΤΩΝ ΚΑΤΑ ΤΗΝ ΕΛΛΗΝΙΚΗΝ ΘΕΟΛΟΓΙΑΝ ΠΑΡΑΔΕΔΟΜΕΝΩΝ

1.
1. Ὁ οὐρανός, ὦ παιδίον, περιέχει κύκλῳ τὴν γῆν καὶ τὴν θάλατταν καὶ τὰ ἐπὶ γῆς καὶ τὰ ἐν θαλάττῃ πάντα καὶ διὰ τοῦτο ταύτης ἔτυχε τῆς προσηγορίας, οὖρος ὢν ἄνω πάντων καὶ ὁρίζων τὴν φύσιν.
2. Ἔνιοι δέ φασιν ἀπὸ τοῦ ὠρεῖν ἢ ὠρεύειν τὰ ὄντα, ὅ ἐστι φυλάττειν, οὐρανὸν κεκλῆσθαι, ἀφ' οὗ καὶ ὁ θυρωρὸς ὠνομάσθη καὶ τὸ πολυωρεῖν· ἄλλοι δὲ αὐτὸν ἀπὸ τοῦ ὁρᾶσθαι ἄνω ἐτυμολογοῦσι.
3. Καλεῖται δὲ σὺν πᾶσιν οἷς περιέχει κόσμος ἀπὸ τοῦ κάλλιστα διακεκοσμῆσθαι.
4. Τινὲς δὲ τῶν ποιητῶν Ἄκμονος ἔφασαν αὐτὸν υἱὸν εἶναι, τὸ ἄκμητον τῆς περιφορᾶς αὐτοῦ αἰνιττόμενοι, ἢ προλαβόντες ὅτι ἄφθαρτός ἐστι τοῦτο παριστᾶσι διὰ τῆς ἐτυμολογίας· κεκμηκέναι γὰρ λέγομεν τοὺς τετελευτηκότας.
5. Ἡ δὲ οὐσία αὐτοῦ πυρώδης ἐστίν, ὡς δῆλον ἐκ τοῦ ἡλίου καὶ ἐκ τῶν ἄλλων ἄστρων. Ὅθεν καὶ αἰθὴρ ἐκλήθη τὸ ἐξωτάτω μέρος τοῦ κόσμου ἀπὸ τοῦ αἴθεσθαι· τινὲς δέ φασιν ἀπὸ τοῦ ἀεὶ θεῖν οὕτως αὐτὸν ὠνομάσθαι, ὅ ἐστι ῥοίζῳ φέρεσθαι.
6. Καὶ τὰ ἄστρα γὰρ οἱονεὶ ἄστατά ἐστιν ὡς οὐδέποτε ἱστάμενα, ἀλλ' ἀεὶ κινούμενα.
7. Εὔλογον δὲ καὶ τοὺς θεοὺς ἀπὸ τῆς θεύσεως ἐσχηκέναι τὴν προσηγορίαν· πρῶτον γὰρ οἱ ἀρχαῖοι θεοὺς ὑπελάμβανον εἶναι οὓς ἑώρων ἀδιαλείπτως φερομένους, αἰτίους αὐτοὺς νομίσαντες εἶναι τῶν τοῦ ἀέρος μεταβολῶν καὶ τῆς σωτηρίας τῶν ὅλων. τάχα δ' ἂν εἶεν θεοὶ θετῆρες καὶ ποιηταὶ τῶν γινομένων.

*Des Cornutus Kompendium der Überlieferungen
zur griechischen Theologie*

1. Uranos

1. Der Himmel (*ouranos*), mein junger Schüler, umgibt in einem Kreis die Erde und das Meer, sowie all das, was auf Erden und was im Meer ist; und deswegen erhielt er auch diese Bezeichnung: Er ist die obere Grenzlinie (*ouros*) über allen Dingen und setzt der Natur ihre Grenze.
2. Einige aber sagen, dass der Himmel nach dem Hüten (*orein, oreuein*) des Seienden – das bedeutet: nach dem Bewachen – benannt ist; danach ist auch der Türhüter (*thyroros*) benannt und das „sorgfältig Beachten" (*polyorein*).
Andere wiederum leiten ihn vom „Sichtbarsein oben" (*horasthai ano*) her.
3. Mit allem, was er umgibt, heißt er dann „Welt" (*kosmos*), von: auf das Schönste geschmückt sein (*diakekosmesthai*).
4. Einige von den Dichtern aber sagen, dass er (*sc*. Ouranos) ein Sohn des Akmon sei; damit meinen sie die Unermüdlichkeit (*to akmeton*) seines Umlaufes oder sie setzen voraus, dass er unsterblich ist, was aufgrund der Etymologie angenommen wird: „Ermüdet" (*kekmekenai*) nennen wir nämlich die Verstorbenen.
5. Sein Wesen aber ist feurig, wie es angesichts der Sonne und der anderen Sterne deutlich erkennbar ist. Von daher wird auch der Äther (*aither*), der am weitesten außerhalb liegende Teil des Kosmos, nach dem „Brennen" (*aithesthai*) bezeichnet. Einige aber sagen, dass er seinen Namen von „ewig Gehen" (*aei thein*) hat, was soviel heißt wie „mit schnellem Brausen dahingetragen werden".
6. Und die Sterne (*astra*) nun sind gewissermaßen rastlos (*astata*) so als ob sie niemals stehen bleiben, sondern sich ewig bewegten.
7. Aller Wahrscheinlichkeit nach haben auch die Götter (*tous theous*) vom „Bewegen" (*theuseos*) ihre Bezeichnung erhalten. Zuerst meinten die Früheren nämlich, dass die Dinge, die sie in ununterbrochener Bewegung sahen, Götter seien; sie glaubten, dass diese die Ursache für die Luftbewegungen und für die Erhaltung (*soteria*) aller Dinge seien. Die Götter sind aber vielleicht die Gründer (*theteres*) und Erschaffer dessen, was entsteht.

2.
1. Ὥσπερ δὲ ἡμεῖς ὑπὸ ψυχῆς διοικούμεθα, οὕτω καὶ ὁ κόσμος ψυχὴν ἔχει τὴν συνέχουσαν αὐτόν, καὶ αὕτη καλεῖται Ζεύς, πρώτως καὶ διὰ παντὸς ζῶσα καὶ αἰτία οὖσα τοῖς ζῶσι τοῦ ζῆν: διὰ τοῦτο δὲ καὶ βασιλεύειν ὁ Ζεὺς λέγεται τῶν ὅλων, ὡς ἂν καὶ ἐν ἡμῖν ἡ ψυχὴ καὶ ἡ φύσις ἡμῶν βασιλεύειν ῥηθείη.
2. Δία δὲ αὐτὸν καλοῦμεν ὅτι δι' αὐτὸν γίνεται καὶ σώζεται πάντα.
3. Παρὰ δέ τισι καὶ Δεὺς λέγεται, τάχα ἀπὸ τοῦ δεύειν τὴν γῆν ἢ μεταδιδόναι τοῖς ζῶσι ζωτικῆς ἰκμάδος[: καὶ ἡ γενικὴ πτῶσις ἀπ' αὐτῆς ἐστι Δεός, παρακειμένη πως τῇ Διός].
4. Οἰκεῖν δὲ ἐν τῷ οὐρανῷ λέγεται, ἐπεὶ ἐκεῖ ἐστι τὸ κυριώτατον μέρος τῆς τοῦ κόσμου ψυχῆς· καὶ γὰρ αἱ ἡμέτεραι ψυχαὶ πῦρ εἰσιν.

3.
1. Γυνὴ δὲ καὶ ἀδελφὴ αὐτοῦ παραδέδοται ἡ Ἥρα, ἥτις ἐστὶν ὁ ἀήρ.
2. Συνῆπται γὰρ εὐθὺς αὐτῷ καὶ κεκόλληται αἰρομένη ἀπὸ τῆς γῆς ἐκείνου αὐτῇ ἐπιβεβηκότος· καὶ γεγόνασιν ἐκ τῆς εἰς τὰ αὐτὰ ῥύσεως, ῥυεῖσα γὰρ εἰς λεπτότητα ἡ οὐσία τό τε πῦρ καὶ τὸν ἀέρα ὑφίστησιν.
2. Ἐφ' ᾧ καὶ Ῥέαν τὴν μητέρα αὐτῶν ἐμύθευσαν εἶναι, πατέρα δὲ τὸν Κρόνον ἤτοι διὰ τὸ ἐν τεταγμένοις χρόνου μέτροις γενέσθαι ταῦτα ἢ διὰ τὸ κατὰ σύγκρισιν καὶ βρασμὸν τῆς ὕλης τὴν εἰς τὰ στοιχεῖα διάκρισιν ἀποτελεῖσθαι ἤ, ὅπερ πιθανώτατον, διὰ τὸ τηνικαῦτα ὑφίστασθαι τὸν αἰθέρα καὶ τὸν ἀέρα, ἡνίκ' ἂν ἐκ πυρὸς κινῆται ἡ φύσις ἐπὶ τὸ κραίνειν καὶ ἀποτελεῖν τὰ ὄντα.

2. Zeus

1. So wie auch wir von einer Seele geleitet werden, so hat auch der Kosmos eine Seele, die ihn zusammenhält, und diese wird Zeus genannt, denn sie ist zuerst und fortwährend lebendig (*zosa*). Sie ist Ursache des Lebens für alles, was lebt (*zen*). Darum wird auch gesagt, dass Zeus über alles herrscht – so wie gesagt werden kann, dass auch in uns die Seele und die Natur über uns herrschen.
2. Wir nennen ihn Zeus (*Dia*), denn durch ihn (*di' auton*) entsteht alles und wird alles erhalten (*sozetai*).
3. Von einigen wird er auch „Deus" (*Deus*) genannt, vielleicht vom Benetzen (*deuein*) der Erde oder vom Gewähren der lebensspendenden Nässe an die Lebenden. [Auch ist der Genitiv davon „Deos", was irgendwie mit „Dios" zusammenhängt.]
4. Es wird gesagt, dass er (*sc.* Zeus) im Himmel wohnt, denn dort ist der herrschaftlichste Teil der Seele des Kosmos; denn auch unsere eigenen Seelen sind Feuer.

3. Hera

1. Seine Frau und seine Schwester – so ist überliefert – ist Hera, sie ist die Luft (*aer*).
2. Sie ist nämlich direkt mit ihm (*sc.* mit Zeus) verknüpft und verbunden, wobei sie aufsteigt von der Erde während jener auf sie hinabsteigt. Sie sind entstanden aus ein und derselben Fließbewegung, denn als Substanz (*ousia*) zur Dünnheit verfloss, bildete sie Feuer und Luft.
3. Daher sagte man auch im Mythos, dass Rhea ihre Mutter sei, der Vater aber Kronos: entweder, weil dieses in geordneten Einheiten der Zeit (*chronos*) entstanden ist, oder weil die Absonderung (*diakrisis*) der Elemente (*stoicheia*) durch Vereinigung (*synkrisis*) und Verkochen der Materie geleistet wurde, oder, was am glaubhaftesten ist, weil sich immer dann Äther (*aither*) und die Luft bilden, wenn die Natur (*physis*) in Folge von Feuer bewegt wird zur Erfüllung (*krainein*) und Vollendung des Seienden.

4.

1. Διὰ δὲ ταύτην τὴν αἰτίαν καὶ τὸν Ποσειδῶνα ἔφασαν οἱ ἀρχαῖοι Κρόνου καὶ ' Ρέας υἱὸν εἶναι· καὶ γὰρ τὸ ὕδωρ ἐκ τῆς εἰρημένης μεταβολῆς γίνεται.
2. Ποσειδῶν δέ ἐστιν ἡ ἀπεργαστικὴ τοῦ ἐν τῇ γῇ καὶ περὶ τὴν γῆν ὑγροῦ δύναμις, εἴτουν ἀπὸ τῆς πόσεως οὕτω κληθεῖσα καὶ τοῦ διδόναι ταύτην, εἴτε λόγος καθ' ὃν ἰδίει ἡ φύσις φυσιιδίων ἐστίν, εἴθ' οἱονεὶ πεδοσείων ὠνόμασται κατὰ τὴν παραδειχθησομένην αὐτοῦ ἰδιότητα.

5.

1. Ἀδελφὸς δὲ αὐτῶν καὶ ὁ Ἅιδης εἶναι λέγεται.
2. Οὗτος δέ ἐστιν ὁ παχυμερέστατος καὶ προσγειότατος ἀήρ· ὁμοῦ γὰρ αὐτοῖς γίνεται καὶ αὐτὸς ἀρξαμένης ῥεῖν καὶ κραίνειν τὰ ὄντα κατὰ τοὺς ἐν αὐτῇ λόγους τῆς φύσεως.
3. Καλεῖται δὲ Ἅιδης ἢ ὅτι καθ' ἑαυτὸν ἀόρατός ἐστιν, ὅθεν καὶ διαιροῦντες Ἀΐδην αὐτὸν ὀνομάζουσιν, ἢ κατ' ἀντίφρασιν ὡσὰν ὁ ἀνδάνων ἡμῖν· εἰς τοῦτον γὰρ χωρεῖν ἡμῖν κατὰ τὸν θάνατον αἱ ψυχαὶ δοκοῦσιν ἥκιστα ἀνδάνοντος ἡμῖν τοῦ θανάτου.
4. Καὶ Πλούτων δὲ ἐκλήθη διὰ τὸ πάντων φθαρτῶν ὄντων μηδὲν εἶναι ὃ μὴ τελευταῖον εἰς αὐτὸν κατατάττεται καὶ αὐτοῦ κτῆμα γίνεται.

4. Poseidon

1. Aus diesem Grunde sagten die Alten, dass auch Poseidon ein Sohn des Kronos und der Rhea sei; das Wasser ist nämlich aus der erwähnten Veränderung entstanden.
2. Poseidon aber ist die bewirkende Kraft des Feuchten auf der Erde und um die Erde herum. Möglicherweise wird sie von dem Trank (*posis*) so genannt und dem „Trank reichen" (*posin didonai*); oder der Sinn ist darin zu sehen, dass die Natur schwitzt (*fysis idiei*), oder er heißt gewissermaßen Erderschütterer (*pedoseidon*) gemäß seiner noch aufzuweisenden Eigenschaft (vgl. Kap. 22).

5. Hades

1. Man sagt, dass auch Hades ihr Bruder sei.
2. Dieser ist die dichteste und erdnächste Luft. Gemeinsam mit ihnen [*sc.* Zeus, Hera und Poseidon] entstand er, als die Natur zu fließen und das Seiende zu bewirken begann gemäß den in ihr geltenden Sinnzusammenhängen.
3. Er wird wohl Hades genannt, weil er für sich selbst unsichtbar (*ahoratos*) ist, weshalb ihn einige diphthongierend *aides* („ungesehen") nennen oder gegen den Wortlaut „der, der uns gefällt" (*handanon hemin*). Zu diesem hin (*sc.* zu Hades) scheinen uns nämlich die Seelen beim Tod zu gehen – und der Tod ist das, was uns am wenigsten gefällt (*hekista hemin*).
4. Er heißt auch Pluto, weil, da alle Dinge vergänglich sind, es nichts gibt, was nicht letztendlich zu ihm veranschlagt und es zu seinem Besitz wird.

6.
1. Τῆς δὲ ΄Ρέας κατὰ τὴν παραδεδειγμένην ῥύσιν εἰδοποιουμένης εἰκότως ἤδη καὶ τὴν τῶν ὄμβρων αἰτίαν ἀνατιθέντες αὐτῇ, ὅτι ὡς ἐπὶ τὸ πολὺ μετὰ βροντῶν καὶ ἀστραπῶν συμβαίνει γίνεσθαι, καὶ ταύτην παρεισήγαγον τυμπάνοις καὶ κυμβάλοις καὶ κεραυλίαις καὶ λαμπαδηφορίαις χαίρουσαν.
2. Ἐπεὶ δ᾽ ἄνωθεν οἱ ὄμβροι καταράττουσι, πολλαχοῦ δὲ καὶ ἀπὸ τῶν ὀρῶν ἐπερχόμενοι φαίνονται, [πρῶτον μὲν τὴν Ἴδην ἐπωνόμασαν αὐτῇ, μετέωρον ὄρος καὶ ὃ μακρόθεν ἔστιν ἰδεῖν,] ὀρείαν αὐτὴν προσηγόρευσαν καὶ τὰ γενναιότατα τῶν ἐν τοῖς ὄρεσι γινομένων ζῴων, τοὺς λέοντας, ἡνιοχουμένους ὑπ᾽ αὐτῆς παρεισήγαγον, τάχα δὲ καὶ ἐπεὶ οἱ χειμῶνες ἀγριωπόν τι ἔχουσι.
3. Πυργωτὸν δὲ περίκειται στέφανον ἤτοι διὰ τὸ καταρχὰς ἐπὶ τῶν ὀρῶν τίθεσθαι τὰς πόλεις ὀχυρότητος ἕνεκεν ἢ ἐπεὶ ἀρχηγός ἐστι τῆς πρώτης καὶ ἀρχετύπου πόλεως, τοῦ κόσμου.
4. Κωδίαν δ᾽ ἀνατιθέασιν αὐτῇ παριστάντες ὅτι αἰτία τῆς ζωογονίας αὕτη ἐγένετο.
5. Κατὰ τοῦτο δὲ καὶ ἄλλους τινὰς τύπους περὶ τὸ στῆθος αὐτῆς περιτιθέασιν, ὡς τῆς τῶν ὄντων ποικιλίας καὶ παντὸς χρήματος δι᾽ αὐτῆς γεγονότος.
6. Ἔοικε δ᾽ αὕτη καὶ ἡ παρὰ Σύροις Ἀταργάτις εἶναι, ἣν καὶ διὰ τοῦ περιστερᾶς καὶ ἰχθύος ἀπέχεσθαι τιμῶσι, σημαίνοντες ὅτι τὰ μάλιστα δηλοῦντα τὴν τῆς οὐσίας αἵρεσιν ἀὴρ καὶ ὕδωρ.
7. Φρυγία δ᾽ ἰδίως εἴρηται διὰ τὸ θρησκεύεσθαι παρὰ τοῖς Φρυξὶν ἐξόχως, παρ᾽ οἷς καὶ ἡ τῶν γάλλων ἐπεπόλασε παρεδρία τάχα τι τοιοῦτον ἐμφαίνουσα, ὁποῖον καὶ παρὰ τοῖς Ἕλλησι περὶ τῆς τοῦ Οὐρανοῦ ἐκτομῆς μεμύθευται.
8. Πρῶτον μὲν γὰρ ὁ Κρόνος λέγεται καταπίνειν τὰ ἐκ τῆς Ῥέας αὐτῷ γινόμενα τέκνα, εἴληπται μὲν οὖν οὕτω πάνυ εἰκότως, ἐπειδὴ ὅσα ἂν γίνηται κατὰ τὸν εἰρημένον τῆς κινήσεως λόγον πάλιν κατὰ τὸν αὐτὸν ἐν περιόδῳ ἀφανίζεται· καὶ ὁ χρόνος δὲ τοιοῦτόν τί ἐστι· δαπανᾶται γὰρ ὑπ᾽ αὐτοῦ τὰ γινόμενα ἐν αὐτῷ.
9. Εἶτα τὴν Ῥέαν φασὶν γεννωμένου αὐτῇ τοῦ Διὸς λίθον ἀντ᾽ αὐτοῦ προσενεγκεῖν ἐσπαργανωμένον τῷ Κρόνῳ, τοῦτον εἰποῦσαν τετοκέναι· κἀκεῖνον μὲν καταποθῆναι ὑπ᾽ αὐτοῦ, τὸν δὲ Δία λάθρα τραφέντα βασιλεῦσαι τοῦ κόσμου.

6. Rhea

1. Rhea wird bildlich dargestellt nach dem Vorbild des Fließens (*rhysis*), das ihr entspricht. Auch die Ursache der Regengüsse weist man ihr zu, denn in der Regel gehen sie (*sc.* Regengüsse) mit Donnern und Blitzen einher, und man stellt sie auch so dar, dass sie sich an Pauken, Zimbeln, Blashörnern und Fackelumzügen erfreut.

2. Weil aber Regengüsse von oben herabfallen und oftmals offensichtlich auch von den Bergen herabkommen [zuerst haben sie ihr den Beinamen Ida (*Ide*) gegeben, ein hochaufsteigender Berg, der auch von weither zu sehen (*idein*) ist], haben sie sie „gebirgig" (bzw. „Bergbewohnerin", *oreia*) genannt und brachten ihr Löwen, die angesehensten Lebewesen, die es in den Bergen gibt, als Zugtiere für ihr Gespann dar, vielleicht auch deswegen, weil Unwetter etwas Ungebändigtes an sich haben.

3. Ferner trägt sie einen turmgestaltigen Kranz, weil man ja früher die Städte um der besseren Befestigung willen auf den Bergen errichtet hatte oder weil sie Gründerin der ersten und ureigentlichen (*archetypou*) Stadt ist – der Welt.

4. Sie setzen ihr auch Mohn auf und stellen damit dar, dass sie die Ursache der Entstehung des Lebens war.

5. Gleichermaßen umgeben sie auch ihren Busen mit anderen typischen Symbolen, da ja die Buntheit der Dinge und all dessen, was es gibt, von ihr kommt.

6. Es scheint, das sie auch die Artagatis bei den Syrern ist, die sie dadurch ehren, dass sie sich von Tauben und Fischen enthalten, wodurch sie anzeigen, dass Luft und Wasser die Dinge sind, die am meisten die Einteilung des Seins deutlich werden lassen.

7. „Phrygia" wird sie selbst genannt, weil sie über die Maßen bei den Phrygiern verehrt wird, bei denen die Einrichtung der „Galloi", der Entmannten, besonders überhand nimmt. So etwas wird auch bei den Griechen über die Kastration des Ouranos in Mythen erzählt.

8. Zuerst nämlich, so sagt man, hat Kronos die Kinder, die ihm von Rhea entstanden sind, geschluckt. Dies ist daher als unbedingt wahrscheinlich angenommen worden, da ja jedes Ding, was nach dem berichteten Prinzip der Bewegung entsteht, nach diesem Prinzip im Kreislauf (*en periodo*) wieder verschwindet. Auch die Zeit (*ho chronos*) ist etwas Derartiges: Es wird nämlich von ihr verzehrt, was in ihr entstanden ist.

9. Man sagt ferner, dass Rhea, als ihr Zeus geboren wurde, einen in Windeln gewickelten Stein an seiner Stelle dem Kronos hingelegt und gesagt habe, sie habe diesen geboren. Auch dieser sei von ihm (*sc.* Kronos) verschlungen worden, Zeus aber habe, im Verborgenen aufgezogen, die Herrschaft über die Welt erlangt.

10. ' Ενταῦθ' οὖν ἄλλως εἴληπται ἡ κατάποσις: συντέτακται γὰρ ὁ μῦθος περὶ τῆς τοῦ κόσμου γενέσεως, ἐν ᾧ τότε ἀνετράφη ἡ διοικοῦσα αὐτὸν φύσις καὶ ἐπεκράτησεν, ὅτε εἰς τὸ μεσαίτατον αὐτοῦ ὁ λίθος οὗτος, ὃν καλοῦμεν γῆν, οἱονεὶ καταποθεὶς ἐγκατεστηρίχθη.
11. Οὐ γὰρ ἂν ἄλλως συνέστη τὰ ὄντα, εἰ μὴ ὡς ἐπὶ θεμελίου ταύτης ἡρείσθη, γινομένων καὶ τρεφομένων ἐντεῦθεν πάντων.

7.
1. Τελευταῖον δὲ ὁ μὲν Κρόνος ἱστορεῖται συνεχῶς κατιόντα ἐπὶ τῷ μίγνυσθαι τῇ Γῇ τὸν Οὐρανὸν ἐκτεμεῖν καὶ παῦσαι τῆς ὕβρεως, ὁ δὲ Ζεὺς ἐκβαλὼν αὐτὸν τῆς βασιλείας καταταρταρῶσαι.
2. Διὰ γοῦν τούτων αἰνίττονται ὅτι ἡ τῆς τῶν ὅλων γενέσεως τάξις, ἣν ἔφαμεν ἀπὸ τοῦ κραίνειν Κρόνον εἰρῆσθαι, τὴν γινομένην τέως πολλὴν ῥύσιν τοῦ περιέχοντος ἐπὶ τὴν γῆν ἔστειλε λεπτοτέρας ποιήσασα τὰς ἀναθυμιάσεις.
3. ' Η δὲ τοῦ κόσμου φύσις ἐπισχύσασα, ἣν δὴ Δία ἐλέγομεν καλεῖσθαι, τὸ λίαν φερόμενον τῆς μεταβολῆς ἐπέσχε καὶ ἐπέδησε μακροτέραν διεξαγωγὴν δοὺς αὐτῷ τῷ κόσμῳ.
4. [Πάνυ δ' εἰκότως καὶ ἀγκυλομήτην καλοῦσι τὸν Κρόνον, ἀγκύλων ὄντων καὶ δυσπαρακολουθήτων ἃ μητιάσεται τοσούτους ἀριθμοὺς ἐξελίττων.]

10. An dieser Stelle ist das Verschlucken nun in anderer Weise begriffen. Der Mythos ist nämlich mit Blick auf die Erschaffung der Welt zusammengestellt worden, bei der (sc. der Welt) damals die sie bestimmende Natur aufgezogen wurde und zur Geltung gelangte, als in ihre innerste Mitte dieser Stein, den wir Erde (*Ge*) nennen, gleichwie „eingeschluckt" fest in sie gegründet wurde.

11. Denn das Sein wäre nicht anders zustande gekommen, wenn es sich nicht auf diesen Grundstein gestützt hätte; von dorther entsteht nämlich alles und bekommt Nahrung.

7. Kronos

1. Schließlich wird gesagt, Kronos habe Ouranos kastriert, da dieser fortwährend herabgestiegen sei, um sich mit Ge zu vereinigen, und so habe er seiner Überheblichkeit Einhalt geboten. Zeus aber vertrieb ihn (*sc.* Kronos) aus seiner Königsherrschaft und warf ihn zum Tartaros hinab.

2. Damit deuten sie an, dass die Ordnung der gesamten Schöpfung, die, wie wir sagten, nach „Vollenden" (*krainein*) „Kronos" genannt wurde, das damals entstandene große Fließen der Atmosphäre auf die Erde sandte, indem sie die Ausdünstungen dünner machte.

3. Aber als die Natur der Welt ihre Stärke erreichte, von der wir gesagt hatten, dass sie Zeus heißt, hielt sie das im Übermaß Hinwegreißende des Wandels auf und schlug es in Fesseln, und gab dem Kosmos selbst dadurch eine längere Lebensspanne.

4. [Völlig zu Recht nennen sie Kronos auch krummsinnig (*bzw.* verschlagen: *ankylometes*), weil gekrümmt (*ankylos*) und schwer begreiflich ist, was er in so großer Menge an Dingen ersinnt, solche Mengen entfaltend].

8.
[1. Κατ' ἄλλον δὲ λόγον τὸν Ὠκεανὸν ἔφασαν ἀρχέγονον εἶναι πάντων – οὐ γὰρ μία μυθολογία περὶ τοῦτον ἐγένετο τὸν τόπον –, τούτου δ' εἶναι γυναῖκα Τηθύν. 2. Ἔστι δ' Ὠκεανὸς μὲν ὁ ὠκέως νεόμενος [vel ναόμενος] λόγος καὶ ἐφεξῆς μεταβάλλων, Τηθὺς δὲ ἡ [ἐπὶ] τῶν ποιοτήτων ἐπιμονή. 3. Ἐκ γὰρ τῆς τούτων συγκράσεως ἢ μίξεως ὑφίσταται τὰ ὄντα· οὐδὲν δ' ἂν ἦν, εἰ θάτερον ἄμικτον ἐπεκράτει.]

9.
1. Μετὰ δὲ ταῦτα ἄλλως ὁ Ζεὺς πατὴρ λέγεται θεῶν καὶ ἀνθρώπων εἶναι διὰ τὸ τὴν τοῦ κόσμου φύσιν αἰτίαν γεγονέναι τῆς τούτων ὑποστάσεως, ὡς οἱ πατέρες γεννῶσι τὰ τέκνα. 2. Νεφεληγερέτην δ' αὐτὸν καὶ ἐρίγδουπον καλοῦσι καὶ τὸν κεραυνὸν αὐτῷ καὶ τὴν αἰγίδα ἀνατιθέασι τῷ ἄνω ὑπὲρ ἡμᾶς τὰ νέφη καὶ τὰς βροντὰς συνίστασθαι καὶ τοὺς κεραυνοὺς ἐκεῖθεν καὶ τὰς καταιγίδας κατασκήπτειν, [ἄλλως] τῷ τὸν οὐρανὸν λελογχότι θεῷ παντὸς τοῦ ὑπὲρ τὴν γῆν τόπου ἀπονεμομένου. 3. Καὶ διὰ μὲν τὰς αἰγίδας[, αἳ δὴ ἀπὸ τοῦ ἀΐσσειν τὸ ὄνομα ἔσχον,] αἰγίοχος ἐκλήθη, δι' ἄλλας δὲ ὁμοειδεῖς καὶ εὐεπιγνώστους αἰτίας ὑέτιος καὶ ἐπικάρπιος καὶ καταιβάτης καὶ ἀστραπαῖος καὶ ἄλλως πολλαχῶς κατὰ διαφόρους ἐπινοίας. 4. Καὶ σωτῆρα καὶ ἕρκειον καὶ πολιέα καὶ πατρῷον καὶ ὁμόγνιον καὶ ξένιον καὶ κτήσιον καὶ βουλαῖον καὶ τροπαιοῦχον καὶ ἐλευθέριον αὐτὸν προσαγορεύουσιν, ἀπεριλήπτων ὅσων ὀνομασιῶν αὐτοῦ τοιούτων οὐσῶν, ἐπειδὴ διατέτακεν εἰς πᾶσαν δύναμιν καὶ σχέσιν καὶ πάντων αἴτιος καὶ ἐπόπτης ἐστίν.

8. Okeanos

[1. Nach einem anderen Bericht sagten sie, dass Okeanos Urgrund aller Dinge sei – es ist eben nicht nur *eine* mythische Erzählung über dieses Thema aufgekommen –, dessen Gattin aber war Tethis.
2. Okeanos ist nun der schnell schwimmende (*okeos neomenos*) [bzw. fließende (*naomenos*)] und sich Mal für Mal verändernde Logos, Thetis ist aber das Verweilen der Eigenschaften.
3. Aus der Vereinigung oder Mischung dieser entsteht das Seiende. Nichts könnte sein, wenn eines von beiden ungemischt vorherrschen würde.]

9. Zeus

1. Ferner, heißt es anders, Zeus sei „*Vater der Götter und Menschen*" (Homer, *Od*. I 544) – die Natur des Kosmos ist nämlich die Ursache für deren Wirklichkeit (*hypostasis*) geworden, so wie Väter ihre Kinder zeugen.
2. Sie nennen ihn den „Wolkensammler" und „Donnerer" und weisen ihm Blitz und Sturmwind (*aigis*) zu, weil sich über uns Wolken und Donner bilden und die Blitze von dort und Sturmböen hereinbrechen, oder weil [andererseits] dem Gott, der den ganzen Himmel erlangt hat, jeder Ort über der Erde zugeteilt wurde.
3. Und wegen der Sturmwinde (*aigidas*)[, die ihren Namen von „eilen" (*aissein*) haben,] wird er auch „Aigishalter" genannt; und wegen weiterer gleichartiger und leicht erfassbarer Gründe „Regenspender", „Fruchtbringer", „Hinabsteiger", „Blitzender" und diverses Weiteres, je nach der jeweiligen Vorstellung.
4. Sie sprechen ihm auch die Bezeichnungen „Retter" (*bzw*. „Bewahrer": *soter*), „Haus- und Hofbehüter", „Städteschützer", „Sippenschützer", „Schützer der Blutsverwandtschaft", „Gastfreundlicher", „Eigentumsschützer", „Ratgeber", „Siegreicher" (*sc.* Trophäenträger), „Beschützer der Freien" zu.
Unzählbar sind seine derartigen Bezeichnungen, weil er sich auf jede Kraftentfaltung und jede Zustandsform erstreckt, aller Dinge Ursache ist und alles beaufsichtigt.

5. Οὕτω δ' ἐρρήθη καὶ τῆς Δίκης πατὴρ εἶναι – ὁ γὰρ παραγαγὼν εἰς τὰ πράγματα τὴν κοινωνίαν τῶν ἀνθρώπων καὶ παραγγείλας αὐτοῖς μὴ ἀδικεῖν ἀλλήλους οὗτός ἐστι – καὶ τῶν Χαρίτων – ἐντεῦθέν τε γάρ εἰσιν αἱ τοῦ χαρίζεσθαι καὶ εὐεργετεῖν ἀρχαὶ – καὶ τῶν Ὡρῶν, τῶν κατὰ τὰς τοῦ περιέχοντος μεταβολὰς σωτηρίους τῶν ἐπὶ γῆς γινομένων καὶ τῶν ἄλλων ὠνομασμένων ἀπὸ τῆς φυλακῆς.
6. Παρεισάγουσι δ' αὐτὸν τελείου ἀνδρὸς ἡλικίαν ἔχοντα, ἐπεὶ οὔτε τὸ παρηκμακὸς οὔτε τὸ ἐλλιπὲς ἐμφαίνει, κατηρτυκότι δὲ οἰκεῖον, διὰ τοῦτο καὶ τελείων αὐτῷ θυομένων.
7. Τὸ δὲ σκῆπτρον τῆς δυναστείας αὐτοῦ σύμβολόν ἐστι, βασιλικὸν φόρημα ὑπάρχον, ἢ τοῦ ἀπτώτως αὐτὸν ἔχειν καὶ ἀσφαλῶς ὡς τοὺς ἐπὶ βάκτροις ἐρηρεισμένους· τὸ δὲ βέλος, ὃ ἐν τῇ δεξιᾷ χειρὶ κατέχει, σαφεστέρας ἢ κατ' ἐπεξήγησιν ὀνο-μασίας ἐστί.
8. Πολλαχοῦ δὲ καὶ Νίκην κρατῶν πλάττεται· περίεστι γὰρ πάντων καὶ ἡττᾶν αὐτὸν οὐδὲν δύναται.
9. Ἱερὸς δ' ὄρνις αὐτοῦ ἀετὸς λέγεται εἶναι διὰ τὸ ὀξύτατον τοῦτο τῶν πτηνῶν εἶναι.
10. Στέφεται δ' ἐλαίᾳ διὰ τὸ ἀειθαλὲς καὶ λιπαρὸν καὶ πολύχρηστον ἢ διὰ τὴν ἐμφέρειαν τῆς πρὸς τὸν οὐρανὸν γλαυκότητος.
11. Λέγεται δ' ὑπό τινων καὶ ἀλάστωρ καὶ παλαμναῖος τῷ τοὺς ἀλάστορας καὶ παλαμναίους κολάζειν, τῶν μὲν ὠνομασμένων ἀπὸ τοῦ τοιαῦτα ἁμαρτάνειν, ἐφ' οἷς ἔστιν ἀλαστῆσαι καὶ στενάξαι, τῶν δὲ ἀπὸ τοῦ ταῖς παλάμαις μιάσματα ἀνέκθυτα ἀποτελεῖν.

10.

1. Κατὰ τοῦτον τὸν λόγον καὶ αἱ λεγόμεναι Ἐριννύες γεγόνασιν, ἐρευνήτριαι τῶν ἁμαρτανόντων οὖσαι, Μέγαιρα καὶ Τισιφόνη καὶ Ἀληκτώ, ὡσπερεὶ μεγαίροντος τοῖς τοιούτοις τοῦ θεοῦ καὶ τιννυμένου τοὺς γινομένους ὑπ' αὐτῶν φόνους καὶ ἀλήκτως καὶ ἀπαύστως τοῦτο ποιοῦντος.
2. Σεμναὶ δ' ὄντως αὗται αἱ θεαὶ καὶ Εὐμενίδες εἰσί· κατὰ γὰρ τὴν εἰς τοὺς ἀνθρώπους εὐμένειαν τῆς φύσεως διατέτακται καὶ τὸ τὴν πονηρίαν κολάζεσθαι.

5. Ebenso heißt es, dass er der Vater der Gerechtigkeit (*Dike*) ist – er veranlasst die Gemeinschaft der Menschen nämlich zu ihren politischen Handlungen und befiehlt ihnen, einander kein Unrecht zuzufügen (*adikein*). Auch (*sc.* ist er der Vater) der Grazien (*Charites*) – daher sind sie der Ursprung des Wohlwollend-Seins (*charizesthai*) und des Gutes-Tuns (*euergetein*) – sowie der Jahreszeiten (*horai*), die gemäß der Veränderungen der Atmosphäre, die für das, was auf der Erde geschieht, wie auch für das andere, erhaltend sind – und dies leitet sich vom „Bewachen" (*phylake*) ab.

6. Sie stellen ihn (*sc.* Zeus) dar als jemanden, der das Lebensalter eines reifen Mannes erreicht hat, weil er weder körperlichen Verfall noch Unreife an den Tag legt, sondern mit allen Anzeichen des besten Mannesalters; darum werden ihm auch (nur) makellose Opfer dargebracht.

7. Das Szepter ist Zeichen seiner Herrschaft, denn so etwas tragen Könige. Oder (*sc.* es ist Zeichen) dafür, dass er nicht fällt und nicht wankt wie diejenigen, die sich auf einen Stab stützen. Das Wurfgeschoss aber, das er in seiner rechten Hand hält, hat so klare Bedeutung, dass sie keiner Erklärung bedarf.

8. Oftmals wird er auch als die Siegesgöttin Nike haltend dargestellt. Er umgibt eben alles und nichts kann ihn bezwingen.

9. Man sagt, sein heiliger Vogel sei der Adler, weil dieser von allen Vögeln der schnellste sei.

10. Er ist mit einem Ölzweig bekränzt, weil dieser immergrün, von glänzendem Aussehen und zu vielem gebrauchen ist, oder aufgrund seiner Ähnlichkeit mit der Himmelsbläue.

11. Er wird von einigen auch „Rächer" (*alastor*) genannt und „Heimsucher von Blutschuld" (*palamnaios*), weil er die bestraft, die sich rächen (*alastores*) und Blutrache begehen (*palamnaioi*). Die einen heißen so, weil sie derartige Untaten begehen, bei denen man nur zornig und traurig sein kann; die anderen aber, weil sie mit den Händen (*palamai*) Befleckungen vollenden, die durch kein Opfer sühnbar sind.

10. Die Erinnyen

1. Nach diesem Prinzip sind auch die sogenannten Erinnyen entstanden, die Aufspürerinnen (*ereunetriai*) der Sünder sind: Megaira, Tisiphone und Alekto; denn Gott grollt (*megairontos*) solcherart Menschen und züchtigt (*tinnumenou*) Mordtaten, die durch sie begangen wurden, und tut dies unaufhörlich (*alektos*) und ohne Unterbrechung (*apaustos*).

2. Diese Göttinnen sind wahrhaft ehrwürdig und wohlwollend (*Eumenides*): Denn wegen des Wohlwollens (*eumeneia*) der Natur gegenüber den Menschen ist nämlich festgesetzt, dass die Schlechtigkeit bestraft wird.

3. Φρικώδεις δὲ τὰς ὄψεις ἔχουσι, πυρὶ καὶ μάστιγι τοὺς ἀσεβεῖς διώκουσαι καὶ ὀφιοπλόκαμοι λεγόμεναι, τῷ τοιαύτην τοῖς κακοῖς φαντασίαν ποιεῖν, ἃς ἂν ἀποτίνωσι ποινὰς ἀντὶ τῶν πλημμελημάτων. 4. Ἐν Ἅιδου δὲ οἰκεῖν λέγονται διὰ τὸ ἐν ἀσαφεῖ κεῖσθαι τὰς τούτων αἰκίας καὶ ἀπροόρατον ἐφίστασθαι τὴν τίσιν τοῖς ἀξίοις.

11.

1. Ἀκολούθως δὲ τούτοις λέγεται καὶ ὅτι πάντ' ἐφορᾷ Διὸς ὀφθαλμὸς καὶ πάντ' ἐπακούει. 2. Πῶς γὰρ οἷόν τέ ἐστι τὴν διὰ πάντων διήκουσαν δύναμιν λανθάνειν τι τῶν ἐν τῷ κόσμῳ γινομένων; 3. Προσαγορεύουσι δὲ καὶ μείλιχον τὸν Δία, εὐμείλικτον ὄντα τοῖς ἐξ ἀδικίας μετατιθεμένοις, οὐ δέοντος ἀδιαλλάκτως ἔχειν πρὸς αὐτούς· διὰ τοῦτο γὰρ καὶ ἱκεσίου Διός εἰσι βωμοί.

12.

1. Καὶ τὰς Λιτὰς ὁ ποιητὴς ἔφη τοῦ Διὸς εἶναι θυγατέρας, χωλὰς μὲν οὔσας διὰ τὸ πίπτειν τοὺς γονυπετοῦντας, ῥυσὰς δὲ ἐπὶ παραστάσει τῆς ἀσθενείας τῶν ἱκετευόντων, παραβλῶπας δὲ τῷ παριδόντας τινάς τινα ὕστερον ἀνάγκην ἴσχειν λιτανείας.

3. Ihre Gesichter sind grässlich, sie setzen den Frevlern mit Feuer und Geißel nach und werden als schlangenhaarig bezeichnet, weil sie sich in einer derartigen Gestalt den Übeltätern zeigen, wie die Strafen sind, die sie ihnen zufügen.

4. Man sagt, sie hausten im Hades, weil die Strafen dieser (sc. Verbrechen) im Dunklen liegen und unvorhergesehen diejenigen ereilt, die es verdienen.

11. Zeus

1. Demzufolge heißt es auch, dass Zeus' Auge „*alles vernimmt und betrachtet*" (Homer, *Od.* XI 109, dort aber von Helios gesagt).

2. Denn wie ist es möglich, dass der Kraft, die doch alles durchdringt, etwas von dem entgeht, was in der Welt geschieht?

3. Sie reden Zeus auch als „freundlich" (*meilichos*) an, weil er denen gegenüber, die ihr Unrecht bereuen, leicht zu besänftigen ist. Wenn es nicht nötig ist, ihnen gegenüber unversöhnlich zu bleiben. Deswegen gibt es ja Altäre für „Zeus, dem Schutzgott der Flehenden".

12. Die Litai

1. Der Dichter nennt auch die Gebete (*litai*) „Töchter des Zeus" (vgl. Homer, *Il.* IX 502–504); sie sind lahm, weil niederfällt, wer jemanden durch Umfassen der Knie anfleht; runzlig, um die Schwäche der Flehenden deutlich zu machen; zur Seite blickend (*sc.* schielend), weil sie manche flehentlich vorgetragenen Gebete aufgrund einer späteren Notwendigkeit übersehen.

13.
1. Ὁ Ζεὺς δέ ἐστι καὶ ἡ Μοῖρα διὰ τὸ μὴ ὁρωμένη διανέμησις εἶναι τῶν ἐπιβαλλόντων ἑκάστῳ, ἐντεῦθεν ἤδη τῶν ἄλλων μερίδων μοιρῶν ὠνομασμένων.
2. Αἶσα δέ ἐστιν ἡ ἄιστος καὶ ἄγνωστος αἰτία τῶν γινομένων – ἐμφαίνεται δὲ νῦν ἡ τῶν κατὰ μέρος ἀδηλότης – ᾖ, ὡς οἱ πρεσβύτεροι, ἡ ἀεὶ οὖσα.
3. Εἱμαρμένη δέ ἐστι καθ' ἣν μέμαρπται καὶ συνείληπται πάντα ἐν τάξει καὶ στοίχῳ μὴ ἔχοντι πέρας τὰ γινόμενα, [σύλληψιν ἡ εἱ συλλαβὴ περιέχει καθάπερ καὶ ἐν τῷ εἱρμῷ].
4. Ἀνάγκη δέ ἐστιν ἣν ἆξαι καὶ ἧς περιγενέσθαι οὐκ ἔστιν ἢ ἐφ' ἣν πᾶν ὃ ἂν γένηται τὴν ἀναγωγὴν λαμβάνει.
5. Κατ' ἄλλον δὲ τρόπον τρεῖς Μοῖραι παρεισάγονται κατὰ τὸ τρισσὸν τῶν χρόνων: καὶ Κλωθὼ μὲν ὠνόμασται μία αὐτῶν ἀπὸ τοῦ κλώσει ἐρίων ἐοικέναι τὰ γινόμενα ἄλλων ἄλλοις ἐπιπιπτόντων, καθὸ καὶ νήθουσαν αὐτὴν πρεσβυτάτην διατυποῦσι, Λάχεσις δ' ἄλλη ἀπὸ τοῦ τῇ κατὰ τοὺς κλήρους λήξει τὰ ἀποδιδόμενα ἑκάστῳ προσεοικέναι, Ἄτροπος δὲ ἡ τρίτη διὰ τὸ ἀτρέπτως ἔχειν τὰ κατ' αὐτὴν διατεταγμένα ἡ δ' αὐτὴ δύναμις οἰκείως ἂν δόξαι τῶν τριῶν προσηγοριῶν τυγχάνειν.
6. Αὕτη δέ ἐστι καὶ Ἀδράστεια, ἤτοι παρὰ τὸ ἀνέκφευκτος καὶ ἀναπόδραστος εἶναι ὠνομασμένη ἢ παρὰ τὸ ἀεὶ δρᾶν τὰ καθ' αὑτήν, ὡσὰν ἀειδράστεια οὖσα, ἢ τοῦ στερητικοῦ μορίου πλῆθος νῦν ἀποδηλοῦντος ὡς ἐν τῇ ""ἀξύλῳ ὕλῃ": πολυδράστεια γάρ ἐστι.
7. Νέμεσις δὲ ἀπὸ τῆς νεμήσεως προσηγόρευται – διαιρεῖ γὰρ τὸ ἐπιβάλλον ἑκάστῳ –, Τύχη δὲ ἀπὸ τοῦ τεύχειν ἡμῖν τὰς περιστάσεις καὶ τῶν συμπιπτόντων τοῖς ἀνθρώποις δημιουργὸς εἶναι, Ὄπις δὲ ἀπὸ τοῦ λανθάνουσα καὶ ὥσπερ παρακολουθοῦσα ὄπισθεν καὶ παρατηροῦσα τὰ πραττόμενα ὑφ' ἡμῶν κολάζειν τὰ κολάσεως ἄξια.

13. Die Moiren

1. Zeus ist auch das Schicksal (*moira*), weil die Zuteilung dessen, was jedem Menschen zustößt, nicht erkennbar ist (*me horomene*). Daher wurden die anderen Anteile (*meris*) schon als "Schicksale" (*moirai*) bezeichnet.

2. Das Verhängnis (*aisa*) aber ist die unbekannte (*aistos*) und nicht erkennbare Ursache des Geschehens – hier ist nun die Verborgenheit der Stück für Stück zugeteilten Anteile (*kata meros*) betont – oder, wie es die Alten sagten, das „ewig Seiende" (*aei ousa*).

3. Das Schicksal (*heimarmene*) ist das, gemäß dem alles, was geschieht, zugeteilt und ergriffen wird (*sullambano*) in einer Ordnung und Reihung, die kein Ende hat[; die Silbe (*syllabe*) ei beinhaltet ein Ergreifen (*syllepsis*), wie auch im Wort *eirmos* (sc. „Verbindung")].

4. Die Notwendigkeit (*anagke*) ist, was „nicht gebrochen werden kann" (*axai*), und das, was man nicht überwinden kann, oder das, worauf alles, was entsteht, seine Richtung (*anagoge*) nimmt.

5. Auf noch eine andere Weise werden die drei Moiren eingeführt gemäß der dreifachen Natur der Zeit (*pl. chronoi*): Klotho wird die eine von ihnen genannt, weil das Spinnen (*klosis*) der Wolle dem gleicht, wenn dem einen dies und dem anderen das zustößt. Darum stellt man sie als Spinnendes und als Älteste dar. Lachesis ist die zweite, abgeleitet davon, dass das, was einem jeden zugeeignet ist, dem ähnelt, was ihm durch das Los zufällt (*lexis*). Atropos ist die dritte, weil sie alles, was ihr gemäß eingerichtet ist, unabänderlich (*atreptos*) beibehält. Es ist aber ein und dieselbe Kraft, die passend erscheint, diese drei Bezeichnungen zu erhalten.

6. Diese aber ist auch Adrasteia, entweder so genannt, weil sie unentrinnbar (*anekpheuktos*) und unausweichlich (*anapodrastos*, d.h. etwas, von dem man nicht weglaufen kann) ist, oder weil sie die Dinge, die ihr gemäß geschehen, stets tut, gleich so als wäre sie ewig tätig (*aeidrasteia*), oder der verneinende Wortteil zeigt den Reichtum an wie in dem Ausdruck *axylos hyle* (dichtbestandenes Holz, Homer, *Il.* XI 155). Auch hier liegt Vieltun vor (*polydrasteia*).

7. „Nemesis" ist nach dem „Verteilen" (*nemesis*) benannt. Sie verteilt nämlich an einen jeden das, was ihm widerfährt. „Tyche" aber (sc. ist danach benannt), dass sie uns Umstände „bereitet" (teuchein) und weil sie Verursacherin dessen ist, was den Menschen an Vorfällen begegnet. Die Strafe (*opis*) ist abgeleitet davon, dass sie verborgen und gleichsam „nach"folgend (*opisthen*) ist; sie achtet auch sorgsam auf unsere Taten und bestraft das, was Strafe verdient.

14.
1. Λέγεται δ' ἐκ Μνημοσύνης γεννῆσαι τὰς Μούσας ὁ Ζεύς, ἐπειδὴ καὶ τῶν κατὰ παιδείαν μαθημάτων αὐτὸς εἰσηγητὴς ἐγένετο, ἃ διὰ μελέτης καὶ κατοχῆς ἀναλαμβάνεσθαι πέφυκε ὡς ἀναγκαιότατα πρὸς τὸ εὖ ζῆν ὄντα.
2. Καλοῦνται δὲ Μοῦσαι ἀπὸ τῆς μώσεως, τουτέστι ζητήσεως, καθὸ εἴρηται ὦ πονηρέ, μὴ τὰ μαλακὰ μῶσο, μὴ τὰ σκλήρ' ἔχῃς.
3. Ἐννέα δ' εἰσὶ διὰ τὸ τετραγώνους, ὥς φησί τις, καὶ περιττοὺς τοὺς προσέχοντας αὐταῖς ἀποτελεῖν· τοιοῦτος γάρ ἐστιν ὁ τῶν ἐννέα ἀριθμός, συνιστάμενος κατὰ τὸ ἐφ' ἑαυτὸν γενέσθαι τὸν πρῶτον ἀπὸ τῆς μονάδος τελειότητός τινος μετέχειν δοκοῦντα ἀριθμόν.
4. Λέγονται δὲ παρά τισι καὶ δύο μόναι εἶναι, παρ' οἷς δὲ τρεῖς, παρ' οἷς δὲ τέτταρες, παρ' οἷς δὲ ἑπτά· τρεῖς μὲν διὰ τὴν προειρημένην τῆς τριάδος τελειότητα ἢ καὶ διὰ τὸ τρία γένη σκεμμάτων εἶναι, δι' ὧν ὁ κατὰ φιλοσοφίαν λόγος συμπληροῦται· δύο δὲ ἀπὸ τοῦ θεωρεῖν τε καὶ πράττειν τὰ δέοντα ἐπιβάλλειν ἡμῖν καὶ ἐν δυσὶ τούτοις συνίστασθαι τὸ πεπαιδεῦσθαι· τέτταρες δὲ καὶ ἑπτὰ τάχα διὰ τὸ τὰ παλαιὰ τῶν μουσικῶν ὄργανα τοσούτους φθόγγους ἐσχηκέναι.
5. Θήλειαι δὲ παρήχθησαν [τῷ καὶ τὰς ἀρετὰς καὶ τὴν παιδείαν θηλυκὰ ὀνόματα ἐκ τύχης ἔχειν] πρὸς σύμβολον τοῦ ἐξ ἐνδομενείας καὶ ἑδραιότητος τὴν πολυμάθειαν περιγίνεσθαι.
6. Σύνεισι δὲ καὶ συγχορεύουσιν ἀλλήλαις πρὸς παράστασιν τοῦ τὰς ἀρετὰς ἀχωρίστους αὐτῶν καὶ ἀδιαζεύκτους εἶναι.
7. Περὶ δὲ τοὺς τῶν θεῶν ὕμνους καὶ τὴν θεραπείαν κατασχολοῦνται μάλιστα, ἐπειδὴ στοιχεῖον παιδείας ἐστὶ τὸ ἀφορᾶν πρὸς τὸ θεῖον καὶ τοῦθ' ὑπόδειγμα τοῦ βίου ποιησα-μένους ἀνὰ στόμα ἔχειν δεῖ.
8. Ἄλλως δὲ Κλειὼ μὲν μία τῶν Μουσῶν ἐστιν ἀπὸ τοῦ κλέους τυγχάνειν τοὺς πεπαιδευμένους καὶ αὐτούς τε καὶ ἑτέρους κλεΐζειν, Εὐτέρπη δὲ ἀπὸ τοῦ τὰς ὁμιλίας αὐτῶν ἐπιτερπεῖς καὶ ἀγωγοὺς εἶναι.
9. Θάλεια δὲ ἤτοι διὰ τὸ θάλλειν αὐτῶν τὸν βίον ἢ διὰ τὸ ἔχειν αὐτοὺς καὶ τὴν συμποτικὴν ἀρετὴν ἐπιδεξίως καὶ εὐμούσως ἐν ταῖς θαλείαις ἀναστρεφομένους.

14. Die Musen

1. Es heißt, Zeus habe die Musen mit der Erinnerung (*mnemosune*) gezeugt, darum wurde er in eigener Person auch der Erfinder der Kenntnisse bezüglich der Bildung, die man sich nur durch Sorgfalt und Disziplin aneignen kann als etwas, das absolut unverzichtbar ist für ein gutes und erfülltes Leben (*eu zen*).
2. Sie werden Musen (*Mousai*) genannt von „Streben" (*mosis*), das heißt „Suche". Darum sagt man: „*Schurke, suche (me ... moso) nicht das weiche Vergnügen, auf dass Du nichts Hartes bekommst*" (Epicharmus, Fr. 288).
3. Sie sind zusammen neun, weil, wie jemand sagt, man sie in ihrer Eigenschaft als ungerade Zahl als Viereck darstellen kann. Die Zahl neun ist nämlich so beschaffen, dass sie, wenn sie nach ihrer Quadratwurzel aufgestellt wird, die erste Zahl nach der Monade ist und offensichtlich einen gewissen Anteil an der Vollkommenheit zu haben scheint.
4. Manche behaupten, es gebe nur zwei, andere aber drei, andere vier, wieder andere sieben (*sc.* Musen): drei wegen der zuvor erwähnten Vollkommenheit der Dreizahl, oder sogar weil es drei Arten der Betrachtung gibt, durch die philosophisches Denken vollzogen wird; zwei, weil es uns zufällt, nachzudenken und das Notwendige zu tun, und weil gebildet zu sein in diesen beiden Dingen besteht; vier und sieben offensichtlich deshalb, weil alte Musikinstrumente so viele Saiten besaßen.
5. Man stellte sie als Frauen dar [weil sowohl die Tugenden als auch die Bildung zufällig Wörter weiblichen Geschlechts sind] als Symbol (*pros symbolon*) dafür, dass umfassende Kenntnis daraus entsteht, dass man im Hause bleibt und sesshaft ist.
6. Sie ziehen miteinander umher und tanzen miteinander als Verkörperung davon, dass die Tugenden nicht auseinander gerissen werden können und unauflöslich verbunden sind.
7. Sie beschäftigen sich besonders intensiv mit Hymnen an die Götter und dem Gottesdienst, denn der fundamentale Grundsatz der Bildung ist es, wegzublicken (*sc.* von allem anderen) hin zum Göttlichen, und dass die, die dies vorbildliche Leben führen, es stets auf den Lippen tragen.
8. Weiterhin, eine der Musen heißt Kleio, weil die, die gebildet sind, Ruhm (*kleos*) erwerben und sich und andere berühmt machen (*kleizein*). Euterpe (heißt eine andere), weil der Umgang mit ihnen angenehm (*epiterpes*) und richtungweisend (*agogos*) ist.
9. Thaleia (heißt noch eine andere), entweder weil ihr Leben (*sc.* der Gebildeten) blüht (*thallein*) oder weil sie (*sc.* die Gebildeten) sich auch durch symposiale Fähigkeiten auszeichnen und sich bei Festen (*thaleiai*) geschickt und anmutig benehmen.

10. Μελπομένη δὲ ἀπὸ τῆς μολπῆς γλυκείας τινὸς φωνῆς μετὰ μέλους οὔσης – μέλπονται γὰρ ὑπὸ πάντων οἱ ἀγαθοὶ καὶ μέλπουσι καὶ αὐτοὶ τοὺς θεοὺς καὶ τοὺς πρὸ αὐτῶν γεγονότας –,
11. Τερψιχόρη δὲ διὰ τὸ τέρπεσθαι καὶ χαίρειν αὐτοὺς τὸ πλεῖστον μέρος τοῦ βίου ἢ διὰ τὸ καὶ ἀπὸ τοῦ ὁρᾶσθαι παρέχειν τέρψιν τοῖς προσπελάζουσιν αὐτοῖς, ἑνὸς στοιχείου πλεονάζοντος ἐν τῷ ὀνόματι, τάχα δὲ ἐπεὶ καὶ χόρους ἵστασαν οἱ παλαιοὶ τοῖς θεοῖς, συντιθέντων αὐτοῖς τὰς ᾠδὰς τῶν σοφωτάτων:
12. Ἡ δὲ Ἐρατὼ πότερον ἀπὸ τοῦ ἔρωτος λαβοῦσα τὴν ὀνομασίαν τὴν περὶ πᾶν εἶδος φιλοσοφίας ἐπιστροφὴν παρίστησιν ἢ τῆς περὶ τὸ ἔρεσθαι καὶ ἀποκρίνεσθαι δυνάμεως ἐπίσκοπός ἐστιν, ὡς δὴ διαλεκτικῶν ὄντων τῶν σπουδαίων:
13. Πολύμνια δέ ἐστιν ἡ πολυύμνητος ἀρετὴ ἢ μᾶλλον ἴσως ἡ πολλοὺς ὑμνοῦσα καὶ ὅσα περὶ τῶν προγενεστέρων ὑμνεῖται παρειληφυῖα καὶ τῆς ἔκ τε ποιημάτων καὶ τῶν ἄλλων συγγραμμάτων ἱστορίας ἐπιμελουμένη.
14. Οὐρανία δέ ἐστιν ἡ περὶ τὰ οὐράνια καὶ τὴν τῶν ὅλων φύσιν ἐπιστήμη – τὸν γὰρ ὅλον κόσμον οὐρανὸν ἐκάλουν οἱ παλαιοί –,
15. Καλλιόπη δὲ ἡ καλλίφωνος καὶ καλλιεπὴς ῥητορική, δι' ἧς καὶ πολιτεύονται καὶ δήμοις προσφωνοῦσιν, ἄγοντες αὐτοὺς πειθοῖ καὶ οὐ βίᾳ ἐφ' ὅτι ἂν προαιρῶνται, δι' ἣν αἰτίαν ταύτην μάλιστά φησι βασιλεῦσιν ἅμ' αἰδοίοισιν ὀπηδεῖν.
16. Ἀποδίδονται δὲ αὐταῖς ποικίλα ὄργανα, ἐμφαίνοντος ἑκάστου ὅτι ἥρμοσται καὶ σύμφωνος αὐτὸς ἑαυτῷ καὶ ὁμολογούμενος ὁ τῶν ἀγαθῶν βίος ἐστί.
17. Συγχορεύει δ' αὐταῖς ὁ Ἀπόλλων διὰ τὴν κοινωνίαν τῆς μουσικῆς: παραδέδοται γὰρ καὶ οὗτος κιθαριστὴς δι' ἣν εἴσῃ μετ' ὀλίγον αἰτίαν.
18. Ἐν δὲ τοῖς ὄρεσί φασι χορεύειν, ἐπειδὴ χρείαν ἔχουσι τοῦ μονάζειν καὶ συνεχῶς εἰς τὴν ἐρημίαν ἀναχωρεῖν οἱ φιλομαθοῦντες, ἧς χωρὶς οὐδὲν σεμνὸν ἐξευρίσκεται κατὰ τὸν κωμικόν.

14. Die Musen

10. Melpomene (*sc.* heißt eine weitere), wegen der süßen Melodie (*molpe*) in jemandes Stimme, wenn sie mit Musik (*meta melous*) begleitet wird. Gute (*sc.* Menschen) werden nämlich von allen besungen, und sie besingen die Götter auch selbst und die, die vor ihnen selbst geboren sind.

11. Terpsichore (*sc.* heißt eine weitere), weil sie (*sc.* die, die den Tugenden folgen) vergnügt sind (*terpesthai*) und sich freuen den meisten Teil des Lebens, oder weil sie auch dadurch, dass sie gesehen werden, denen Freude (*terpsis*) bereiten, die sich ihnen nähern – wobei dann das ein einzelnes Element in dem Namen vervielfacht wird. Vielleicht auch deshalb, weil die Alten Tänze (*chorous*) für die Götter aufführten, indem die weisesten Männer Gesänge (*odai*) für sie komponierten.

12. Erato erhielt ihre Bezeichnung entweder von „Liebe" (*eros*) und beschreibt den Umgang mit jeder Erscheinung von Philosophie, oder weil sie die Schirmherrin (*episkopos*) der Kraft ist, die Fragen stellt (*eresthai*) und Antworten gibt, wenn freilich die Eifrigen Dialektiker sind.

13. Polymnia aber ist die „vielgepriesene" Tugend (*poluhumnetos arete*), oder – vielleicht besser – die, die „viele preist" (*pollous hymnousa*) und empfangen hat, was immer über die Vorfahren in Hymnen gesungen wurde, und die sich kümmert um das was in Gedichten und anderen Schriften über die Vergangenheit berichtet wird (*historia*).

14. Ourania ist die Wissenschaft (*episteme*) von den Himmelserscheinungen (*ourania*) und der Natur des Universums – den gesamten Kosmos nannten die Alten nämlich „Himmel" (*ouranos*).

15. Kalliope ist die wohlklingende (*kallifonos*) und wortgewaltige (*kalliepes*) Beredsamkeit, durch die Menschen Politik treiben und vor Völkern Reden halten und sie so durch Überzeugung und nicht durch Zwang zu dem führen, was sie vorziehen. Genau aus diesem Grunde sagt er (*sc.* der Dichter), dass sie (*sc.* Kalliope) besonders sich „*erhabenen Königen schrittgleich zur Seite hält*" (Hesiod, *theog.* 79).

16. Verschiedene Instrumente werden ihnen zugeteilt, wobei jedes anzeigt, dass das Leben der Guten wohlgestimmt ist, also im Einklang mit sich selbst und in Harmonie mit dem Naturgesetz steht (*homologoumenos*).

17. Apollon tanzt mit ihnen, weil er an der Musik (*mousike*) Anteil hat. Es wird nämlich überliefert, dass er auch Kitharaspieler war – warum, sollst Du in Kürze sehen.

18. Sie sagen, dass sie auf den Bergen tanzen, weil Wissensdurstige die Einsamkeit brauchen und sich ständig an einsame Orte zurückziehen, „*ohne die nichts Ehrfurchtgebietendes entdeckt werden kann*" nach dem Komödiendichter (Autor unbekannt).

19. Τούτου δ' ἕνεκεν καὶ ἐπὶ ἐννέα νύκτας λέγεται συγγενόμενος τῇ Μνημοσύνῃ ὁ Ζεὺς γεννῆσαι αὐτάς· καὶ γὰρ τῆς ἐν νυκτὶ ζητήσεως δεῖ πρὸς τὰ κατὰ παιδείαν· εὐφρόνην γοῦν οὐ δι' ἄλλο τι οἱ ποιηταὶ τὴν νύκτα ἐκάλεσαν, καὶ ὁ Ἐπίχαρμος αὐτίκα αἴτε τι, φησί, *ζατεῖ σοφόν τις, νυκτὸς ἐνθυμητέον, καὶ πάντα τὰ σπουδαῖα νυκτὸς μᾶλλον ἐξευρίσκεται.*
20. [Τινὲς δ' Οὐρανοῦ καὶ Γῆς ἔφασαν αὐτὰς φῦναι ὡς ἀρχαιότατον ἡγεῖσθαι τὸν περὶ τούτων λόγον δέοντος].
21. Στεφανοῦνται δὲ φοίνικι, ὡς μέν τινες νομίζουσιν, διὰ τὴν ὁμωνυμίαν, ἀπὸ τοῦ Φοινίκων δοκεῖν εὕρημα εἶναι τὰ γράμματα, ὡς δ' εὐλογώτερόν ἐστ' ἔχειν, διὰ τὸ τρυφερὸν καὶ εὐερνὲς καὶ ἀείζωον καὶ δυσανάβατον καὶ γλυκύκαρπον τοῦ φυτοῦ.

15.

1. Ἐπιβάλλοντος δ' ἡμῖν, ὡς εἴρηται, καὶ εὐεργετικοῖς εἶναι, παραδεδώκασιν οἱ πλεῖστοι Διὸς θυγατέρας τὰς Χάριτας οἱ μὲν ἐξ Εὐρυδόμης αὐτῷ γεγονυίας τῷ μάλιστα ἐξ εὐρέων καὶ διαβεβηκότων δόμων τὰς δωρεὰς φιλεῖν δίδοσθαι, οἱ δ' ἐξ Εὐρυνόμης, καὶ τούτου παριστάντος ὅτι χαριστικώτεροί πώς εἰσιν ἢ ὀφείλουσιν εἶναι οἱ μεγάλους κλήρους νεμόμενοι, τινὲς δ' ἐξ Εὐρυμεδούσης, εἰς ταὐτὸ συντείνοντος καὶ τούτου τοῦ ἐτύμου, κυριεύουσι γὰρ τῶν ἰδίων οἱ ἄνθρωποι· τὴν δ' Ἥραν ἄλλοι διδόασιν αὐταῖς μητέρα, ἵν' εὐγενέστατοι τῶν θεῶν ὦσιν, ὡς περὶ τῶν πράξεών εἰσι.
2. Πρὸς ἄλλην δὲ ἔμφασιν γυμναὶ παρεισάγονται, ὡς καὶ τῶν μηδὲν κτῆμα ἐχόντων ὑπουργεῖν τινα ὠφελίμως [χαρίζεσθαι πολλὰ] δυναμένων καὶ οὐ περιουσιάζεσθαι πάντως, ἵνα τις εὐεργετικὸς ᾖ, δέοντος, ὡς εἴρηται καὶ τὸ *ξενίων δέ τε θυμὸς ἄριστος·* τινὲς δὲ οἴονται διὰ τῆς γυμνητείας αὐτῶν παρίστασθαι τὸ εὐλύτως καὶ ἀνεμποδίστως δεῖν ἔχειν πρὸς τὸ χαρίζεσθαι.
3. Λέγονται δ' ὑφ' ὧν μὲν δύο εἶναι, ὑφ' ὧν δὲ τρεῖς· δύο μέν, ἐπειδὴ τοὺς μὲν προκατάρχειν δεῖ χάριτος, τοὺς δὲ ἀμείβεσθαι· τρεῖς δέ, ἐπειδὴ καλῶς ἔχει τὸν τετευχότα ἀμοιβῆς ἑστάναι πάλιν χαριστικῶς, ἵνα ἀκαταπαύστως τοῦτο γίνηται, τοιοῦτόν τι καὶ τῆς χορείας αὐτῶν ἐμφαινούσης.

19. Darum heißt es auch, dass Zeus in neun Nächten Verkehr mit Mnemosyne hatte, um sie (*sc.* die Musen) zu zeugen. Denn um gebildet zu werden, bedarf es sogar der Untersuchung bei Nacht. Wegen keines anderen Grundes nannten die Dichter die Nacht nämlich „die Wohlgesonnene" (*eufronen*). Epicharmos zum Beispiel sagte, „*wenn jemand etwas Weises sucht, muss er es bei Nacht aufspüren*", und „*alles Wichtige wird am besten bei Nacht entdeckt*" (Fr. 270f).
20. [Einige sagten, dass sie von Ouranos und Ge entsprungen seien, denn man müsse den Bericht darüber für den ältesten halten].
21. Sie werden mit Palmblättern (*foiniki*) bekränzt, weil – wie einige aufgrund der Gleichartigkeit der Begriffe glauben – die Erfindung des Alphabets anscheinend von den Phöniziern gemacht worden ist. Viel sinnvoller ist aber zu behaupten, dies sei der Fall, weil die Pflanze so üppig ist, so viele Schösslinge hat, immer lebt, schwer zu besteigen ist und süße Früchte trägt.

15. Die Chariten / Grazien

1. Da es sich für sie ergibt, wie es heißt, dass sie uns gegenüber auch wohltätig sind, gelten nach der Überlieferung der meisten Autoren die Grazien (*Charites*) als die Töchter des Zeus; einige sagen, sie seien ihm aus Eurydome geboren, weil es meist nur bei weiten (*eurys*), also weit ausladenden Häusern (*domos*) beliebt ist, Geschenke zu verteilen. Andere sagen, sie seien aus Eurynome geboren; dies weist darauf hin, dass diejenigen, die ein großes Erbe zugeteilt bekamen (*nemomenoi*) freigiebiger (*charistikoteroi*) sind, oder das zumindest sein sollten. Einige aber sagen, sie stammten von Eurymeduse ab. Diese Wortbedeutung geht in die gleiche Richtung: Die Menschen üben über ihre Angelegenheiten die Herrschaft aus. Andere wiederum geben Hera als ihre Mutter aus, wohl damit, dass sie dann ebenso durch ihre Herkunft die Vornehmsten unter den Göttinnen seien, wie sie es ja schon durch ihre Taten sind.
2. Um aber etwas anderes deutlich zu machen, werden sie nackt dargestellt. Denn selbst diejenigen, die überhaupt keinen Besitz haben, können auf nützliche Weise etwas leisten [sie können in vielerlei Hinsicht freundlich sein], und man muss sicher auch nicht reich sein, um als Wohltäter wirken zu können, wie es heißt: „*Das beste an einer Gabe ist die innere Einstellung der großzügigen Geber*" (unbekanntes Zitat). Einige aber vertreten bezüglich ihrer Nacktheit die Ansicht, dass sie bedeutet, dass man, um wohltätig zu sein, frei und ungebunden sein müsse.
3. Die einen sagen, es gebe zwei, die anderen drei Chariten. Zwei nämlich, weil man erst eine Wohltat erweisen muss, bevor andere diese erwidern. Drei aber, weil es gut ist, dass der, der ein Gegengeschenk erhalten hat, sich wieder großzügig verhalten kann, damit sich dieses Geschehen ununterbrochen ereigne. Auch ihr Reigentanz versinnbildlicht Derartiges.

4. Ἕτεροι δ' ἔφασαν μίαν μὲν εἶναι Χάριν τὴν περὶ τὸν ὑπουργοῦντά τι ὠφελίμως, ἑτέραν δὲ τὴν περὶ τὸν δεχόμενον τὴν ὑπουργίαν καὶ ἐπιτηροῦντα τὸν καιρὸν τῆς ἀμοιβῆς, τρίτην δὲ τὴν περὶ τὸν ἀνθυπουργοῦντά τι καθ' αὑτὸν ἐν καιρῷ.
5. Ἱλαρῶς δὲ εὐεργετεῖν δέοντος καὶ ἱλαροὺς ποιουσῶν τοὺς εὐεργετουμένους τῶν Χαρίτων, πρῶτον μὲν κοινῶς ἀπὸ τῆς χαρᾶς πᾶσαι Χάριτες ὠνομασμέναι εἰσί: καὶ εὔμορφοι δὲ λέγονται εἶναι καὶ εὐήδειαν καὶ πιθανότητα χαρίζεσθαι: εἶτα κατ' ἰδίαν ἡ μὲν Ἀγλαΐα προσηγόρευται, ἡ δὲ Θάλεια, ἡ δὲ Εὐφροσύνη, διὰ τοῦτο ἐνίων καὶ Εὐάνθην φησάντων μητέρα αὐτῶν εἶναι, τινῶν δ' Αἴγλην.
6. Συνοικεῖν δ' Ὅμηρος ἔφη μίαν τῶν Χαρίτων τῷ Ἡφαίστῳ διὰ τὸ ἐπιχάριτα εἶναι τὰ τεχνικὰ ἔργα.

16.

1. Ἡγεμόνα δὲ παραδιδόασιν αὐτῶν τὸν Ἑρμῆν, ἐμφαίνοντες ὅτι εὐλογίστως χαρίζεσθαι δεῖ καὶ μὴ εἰκῇ, ἀλλὰ τοῖς ἀξίοις: ὁ γὰρ ἀχαριστηθεὶς ὀκνηρότερος γίνεται πρὸς τὸ εὐεργετεῖν.
2. Τυγχάνει δὲ ὁ Ἑρμῆς ὁ λόγος ὤν, ὃν ἀπέστειλαν πρὸς ἡμᾶς ἐξ οὐρανοῦ οἱ θεοί, μόνον τὸν ἀνθρώπων τῶν ἐπὶ γῆς ζῴων λογικὸν ποιήσαντες, ὃ παρὰ τἆλλα ἐξοχώτατον εἶχον αὐτοί.
3. Ὠνόμασται δὲ ἀπὸ τοῦ ἐρεῖν μήσασθαι, ὅπερ ἐστὶ λέγειν, ἢ ἀπὸ τοῦ ἔρυμα ἡμῶν εἶναι καὶ οἷον ὀχύρωμα.
4. Ἀλλ' ἐνθένδε πρῶτον μὲν διάκτορος κέκληται ἤτοι ἀπὸ τοῦ διάτορος εἶναι καὶ τρανὸς ἢ ἀπὸ τοῦ διάγειν τὰ νοήματα ἡμῶν εἰς τὰς τῶν πλησίον ψυχάς: καθὸ καὶ τὰς γλώττας αὐτῷ καθιεροῦσιν.
5. Εἶτα ἐριούνιος ἐπονομάζεται ἀπὸ τοῦ μεγαλωφελής τις εἶναι καὶ καθ' ὑπερβολὴν ἰσχύειν τοὺς χρωμένους αὐτῷ καὶ σῶκος ὡσὰν σωτὴρ τῶν οἴκων ὑπάρχων ἤ, ὥς τινες, ἰσχυρός.

4. Andere sagten, eine Charis sei diejenige bei dem, der einen nützlichen Dienst leistet, eine andere diejenige bei dem, der einen Dienst empfängt und gespannt auf den rechten Moment der Erwiderung wartet, und eine Dritte die bei dem, der von sich aus wiederum eine Gegenleistung zum rechten Zeitpunkt erweisen will.

5. Weil man mit Freuden wohltätig sein soll und die Chariten diejenigen froh machen, die Wohltaten empfangen, sind alle Chariten gemeinsam vor allem nach der „Freude" (*chara*) benannt worden. Und man sagt, sie seien wohlgestalt und würden auch Anmut und Überzeugungsgabe verleihen (*charizesthai*). Darum wird die eine nach ihren Eigenschaften Prachtglanz (*Aglaia*) benannt, die andere Blüte (*Thaleia*), die nächste Heiterkeit (*Euphrosyne*). Darum sagten auch einige, dass Schönblüte (*Euanthe*) ihre Mutter war, andere aber Glanz (*Aigle*).

6. Homer aber behauptete, dass eine der Chariten mit Hephaistos zusammengelebt habe, da kunstfertige Werke wohlgefällig (*epicharita*) sind (Homer, *Il.* XVIII 382).

16. Hermes

1. Man überliefert, dass Hermes ihr (*sc.* der Chariten) Anführer ist, wodurch versinnbildlicht wird, dass man Wohltaten in vernünftiger Weise und nicht willkürlich gewähren muss, sondern dem, der sie verdient. Wer nämlich unfreundlich behandelt wird (*acharistetheis*), wird zögerlicher selbst Wohltaten erweisen.

2. Hermes ist nun aber die Vernunft (*ho logos*), die die Götter zu uns aus dem Himmel gesandt und so die Menschen zum einzigen vernunftbegabten (*logikon*) Lebewesen auf Erden gemacht haben, was sie selbst (*sc.* die Götter) als über alles andere hinausragend hatten.

3. Er (*sc.* Hermes) ist danach benannt worden, dass er danach strebt zu reden, was gleichbedeutend ist mit sprechen (*legein*). Oder er hat seinen Namen davon, dass er unser Bollwerk (*eryma*) ist, also so etwas wie ein Schutz.

4. Aus diesem Grund wird er zuallererst auch „Geleiter" (*diaktoros*) genannt, weil er ja durchdringend (*diatoros*) ist, d. h. deutlich, oder weil er unsere Gedanken zu den Seelen der Menschen in unserer Nähe überträgt (*diagein*). Insofern opfern sie ihm auch ihre Zungen.

5. Ferner wird er „der sehr Huldvolle" (*eriounios*) genannt, weil er ein großherziger Wohltäter (*megalopheles*) ist und die, die ihn nutzen, über alle Maßen stark werden; und „starker Held" (*sokos*) wird er genannt, weil er Bewahrer (*soter*) der Häuser ist – oder, wie einige sagen, stark.

6. Καὶ τὸ ἀκάκητα δὲ αὐτὸν λέγεσθαι τοιούτου τινὸς σημεῖόν ἐστιν: οὐ γὰρ πρὸς τὸ κακοῦν καὶ βλάπτειν, ἀλλὰ πρὸς τὸ σῴζειν μᾶλλον γέγονεν ὁ λόγος, ὅθεν καὶ τὴν Ὑγίειαν αὐτῷ συνῴκισαν.
7. Ἀργειφόντης δέ ἐστιν οἷον ἀργεφάντης ἀπὸ τοῦ λευκῶς πάντα φαίνειν καὶ σαφηνίζειν–τὸ γὰρ λευκὸν ἀργὸν ἐκάλουν οἱ παλαιοί – ἢ ἀπὸ τῆς κατὰ τὴν φωνὴν ταχυτῆτος – καὶ γὰρ τὸ ταχὺ ἀργὸν λέγεται.
8. Χρυσόρραπις δέ, ὅτι πολύτιμός ἐστι καὶ ὁ ἐξ αὐτοῦ ῥαπισμός, πολλοῦ γὰρ ἄξιαί εἰσιν εὔκαιροι νουθεσίαι καὶ ἐπιστροφὴ τῶν προσεχόντων αὐταῖς.
9. Παραδέδοται δὲ καὶ κῆρυξ θεῶν καὶ διαγγέλλειν αὐτὸν ἔφασαν τὰ παρ' ἐκείνων τοῖς ἀνθρώποις, κῆρυξ μέν, ἐπειδὴ διὰ φωνῆς γεγωνοῦ παριστᾷ τὰ κατὰ τὸν λόγον σημαινόμενα ταῖς ἀκοαῖς, ἄγγελος δέ, ἐπεὶ τὸ βούλημα τῶν θεῶν γινώσκομεν ἐκ τῶν ἐνδεδομένων ἡμῖν κατὰ τὸν λόγον ἐννοιῶν.
10. Πέδιλα δὲ φέρει πτερωτὰ καὶ δι' ἀέρος φέρεται συμφώνως τῷ καθὼς εἴρηται τὰ ἔπη πτερόεντα: καὶ γὰρ τὴν Ἶριν ποδήνεμον διὰ τοῦτο καὶ ἀελλόποδα καλοῦσιν ἄγγελον, καὶ ἀπὸ τοῦ ὀνόματος παρεισάγοντες.
11. Ψυχοπομπὸν δὲ τὸν Ἑρμῆν ἐμύθευσαν εἶναι συμβάλλοντες, ὅπερ ἴδιον αὐτοῦ ἐστι, τὸ ψυχαγωγεῖν: διὰ τοῦτο γοῦν καὶ ῥάβδον αὐτῷ ἐγχειρίζουσι, *τῇ τ' ἀνδρῶν ὄμματα θέλγει,* – τὰ τῆς διανοίας δηλονότι – *ὧν ἐθέλῃ, τοὺς δ' αὖτε καὶ ὑπνώοντας ἐγείρει:* καὶ παρορμᾶν γὰρ ῥᾳδίως τοὺς παρειμένους καὶ καταστέλλειν τοὺς παρωρμημένους δυνατός ἐστιν.
12. Ἐντεῦθεν ἤδη καὶ τοὺς ὀνείρους ἐπιπέμπειν ἔδοξε καὶ μάντις εἶναι διὰ τοῦ τρόπου, τρέπων ὡς βούλεται τὰς φαντασίας: θεῶν δ' ἄγγελοι καὶ οἱ ὄνειροι.
13. Οἱ δ' ἀποπληροῦντες περὶ τὴν εἰρημένην ῥάβδον τὸ τοῦ κηρυκείου σχῆμα δράκοντες σύμβολόν εἰσι τοῦ καὶ τοὺς θηριώδεις ὑπ' αὐτοῦ κηλεῖσθαι καὶ καταθέλγεσθαι, λύοντος τὰς ἐν αὐτοῖς διαφορὰς καὶ συνδέοντος αὐτοὺς ἅμματι δυσλύτῳ: διὰ τοῦτο γὰρ καὶ εἰρηνοποιὸν δοκεῖ τὸ κηρύκειον εἶναι.

16. Hermes

6. Und dass er „Nichtschadender" (*akaketa*) genannt wird, ist Hinweis (*semeion*) auf etwas Derartiges. Denn die Vernunft ist nicht zum Bösen und Schaden entstanden, sondern vielmehr zum Bewahren (*sozein*). Darum sehen sie (*sc.* die Dichter) die Gesundheit auch mit ihm zusammen als Ehepaar.

7. Er ist „der Strahlende" (*argeiphontes*) im Sinne von „lichtstrahlend" (*argephantes*), weil er alles hell macht (*leukos phainein*), d. h. kundtut. Denn die Früheren nannten „hell" (*leukos*) auch „strahlend" (*argon*). Oder der Name kommt von der Schnelligkeit (*tachytes*) des Schalls (*phones*), denn das „Schnelle" (*tachy*) wird auch „Strahlendes" (*argon*) genannt.

8. Er ist auch „Träger der goldenen Rute" (*chrysorrhapis*), denn selbst der Schlag (*rhapismos*), der von ihm kommt, ist sehr wertvoll. Denn Tadel zur rechten Zeit ist viel wert, denn es bedeutet Umkehr für die, die ihn ernst nehmen.

9. Es wird auch überliefert, dass er der „Herold der Götter" sei, denn sie sagten, dass er den Menschen das verkünde, was bei ihnen (*sc.* den Göttern geschehe). „Herold" ist er auch dadurch, dass er durch laute Stimme dem Gehör das vermittelt, was mit dem Verstand als Zeichen ergriffen wurde. „Bote" (*aggelos*) aber wird er genannt, weil wir den Willen der Götter erkennen aus den uns gemäß der Vernunft eingegebenen Vorstellungen.

10. Er trägt geflügelte Sandalen und schwebt durch die Luft in Einklang mit, wie man sagt, den „geflügelten Worten". Aus genau demselben Grund nämlich nennen sie Iris, den Regenbogen, einen windschnellen und sturmfüßigen Boten und haben das auch von ihrem Namen abgeleitet.

11. Die Mythen behaupten, dass Hermes „Seelengeleiter" (*psychopompos*) sei und bringen so in einem Bild zusammen, was eine seiner Eigenschaften ist: das Führen von Seelen (*psychagogein*). Darum geben sie ihm auch einen Stab in die Hand, „*womit er die Augen einschläfert der Menschen*", natürlich die des Verstandes, „*die er zu schließen begehrt, und Schlummernde wieder erweckt*" (Homer, *Il.* XXIV 323–324; *Od.* V 47–48; XXIV 3–4). Denn mit Leichtigkeit ist er fähig, die Müden anzuspornen wie auch die Übereifrigen zu beruhigen.

12. Darum schien er selbstverständlich (*bzw.* nach Gewohnheit) auch die Träume zu schicken und Seher zu sein, weil er die Traumgesichte ganz nach Willen (*sc.* der Götter) ausrichtet: Auch die Träume sind Boten der Götter.

13. Die um den erwähnten Stab geschlungenen Schlangen vervollkommen das Bild des Heroldstabs (*kerykeion*) und sind ein Symbol (*symbolon*) dafür, dass selbst die tierhaften Menschen von ihm betört und bezaubert werden, wenn er die Zerwürfnisse unter ihnen löst und sie zusammenbindet mit einem nur schwer zu lösenden Knoten. Daher scheint der Heroldsstab (*kerykeion*) sogar friedensstiftend zu sein.

14. Φέρουσι δ' ἄλλως οἱ μετιόντες τὴν εἰρήνην καὶ θαλλοὺς μετὰ χεῖρας πρὸς ὑπόμνησιν τοῦ γεωργεῖσθαι θέλειν τὴν χώραν καὶ φειδώ τινα εἶναι τῶν ἡμέρων καὶ καρποφόρων φυτῶν.
15. Ἐκ δὲ Μαίας ἔφασαν γεγεννῆσθαι Διὶ τὸν Ἑρμῆν ὑποδηλοῦντες πάλιν διὰ τούτου θεωρίας καὶ ζητήσεως γέννημα εἶναι τὸν λόγον· καὶ γὰρ αἱ μαιούμεναι τὰς γυναῖκας ἐντεῦθεν εἴρηνται μαῖαι τῷ ὡσὰν ἐξ ἐρεύνης προάγειν εἰς φῶς τὰ βρέφη.
16. Πλάττεται δὲ ἄχειρ καὶ ἄπους καὶ τετράγωνος τῷ σχήματι ὁ Ἑρμῆς, τετράγωνος μὲν τῷ τὸ ἑδραῖόν τι καὶ ἀσφαλὲς ἔχειν ὥστε καὶ τὰς πτώσεις αὐτοῦ βάσεις εἶναι, ἄχειρ δὲ καὶ ἄπους, ἐπεὶ οὔτε χειρῶν οὔτε ποδῶν δεῖται πρὸς τὸ ἀνύειν τὸ προκείμενον αὐτῷ.
17. Οἱ δ' ἀρχαῖοι τοὺς μὲν πρεσβυτέρους καὶ γενειῶντας Ἑρμᾶς ὀρθὰ ἐποίουν τὰ αἰδοῖα ἔχοντας, τοὺς δὲ νεωτέρους καὶ λείους παρειμένα, παριστάντες ὅτι ἐν τοῖς προβεβηκόσι ταῖς ἡλικίαις γόνιμος ὁ λόγος καὶ τέλειός ἐστιν, [ὃς δὴ καὶ τυχὸν τῷ ὄντι ἐστὶ τυγχάνων ὧν ἂν πρόθηται,] ἐν δὲ τοῖς ἀώροις ἄγονος καὶ ἀτελής.
18. Ἵδρυται δὲ ἐν ταῖς ὁδοῖς καὶ ἐνόδιος λέγεται καὶ ἡγεμόνιος ὡς αὐτῷ δεόντος πρὸς πᾶσαν πρᾶξιν ἡγεμόνι χρῆσθαι καὶ αὐτοῦ ὄντος τοῦ ἐν ταῖς βουλαῖς εἰς τὴν δέουσαν ἡμᾶς ὁδὸν ἀνάγοντος, τάχα δὲ καὶ ἐπεὶ ἐρημίας πρὸς τὴν ἐπισκευὴν αὐτοῦ καὶ τὴν θεραπείαν δεῖ.
19. Διὰ δὲ τὸ κοινὸν αὐτὸν εἶναι καὶ τὸν αὐτὸν ἔν τε τοῖς ἀνθρώποις πᾶσι καὶ ἐν τοῖς θεοῖς, ὁπόταν τις εὕρῃ τι προάγων ἐν ὁδῷ, συνήθως ἐπιφθέγγονται τὸ κοινὸν εἶναι τὸν Ἑρμῆν, ὃς δὴ συνίστωρ ἐστὶ τῆς εὑρέσεως ἐνόδιος ὤν, ἐμφαίνοντες ὅτι κοινὸν ἀξιοῦσιν εἶναι καὶ τὸ εὑρημένον, ἐντεῦθεν καὶ τῶν εὑρημάτων ἑρμαίων λεγομένων.
20. Προσσωρεύουσι δὲ τοὺς λίθους τοῖς Ἑρμαῖς ἑκάστου τῶν παριόντων ἕνα τινὰ αὐτοῖς προστιθέντος ἤτοι ὡς χρήσιμόν τι τὸ παρ' αὐτὸν ἑκάστου καὶ κοινωνικὸν ποιοῦντος διὰ τοῦ καθαίρειν τὴν ὁδὸν εἴτε μαρτυροποιουμένου τὸν Ἑρμῆν εἴτε ὡς ἐπισημαινομένου τὴν εἰς αὐτὸν τιμήν, εἰ μηδὲν ἄλλο ἔχει προσενεγκεῖν αὐτῷ, εἴτε ἐκδηλότερον τοῖς παριοῦσι τὸ ἀφίδρυμα ποιοῦντος εἴτε πρὸς σύμβολον τοῦ ἐκ μικρῶν μερῶν συνεστάναι τὸν προφορικὸν λόγον.

16. Hermes

14. Andererseits tragen die, die Frieden schließen wollen, auch Zweige (*thallous*) mit ihren Händen (*cheiras*), um darauf hinzuweisen, dass sie das Land (*choran*) bebauen wollen (*thelein*) und eine gewisse Schonung der kultivierten und fruchttragenden Pflanzen sein möge.

15. Sie behaupteten, dass Hermes dem Zeus von Maia geboren worden sei und deuteten so wieder darauf hin, dass der Verstand der Spross von Besinnung (*theoria*) und Forschen (*zetesis*) ist. Denn auch die, die sich für Frauen als Hebamme betätigen (*maioumenai*), werden aus diesem Grund „Mütterchen" (*maiai*) genannt, denn man glaubt, sie würden die Neugeborenen durch Suchen (*ex ereunes*) ans Licht der Welt bringen.

16. Hermes wird ohne Hände, ohne Füße und in viereckiger Gestalt bildlich dargestellt; viereckig, weil er etwas Festes und Sicheres ist, sodass sogar seine Stürze (*ptoseis*) ein Grundgestell (*basis*) sind; ohne Hände und ohne Füße, weil er weder Hände noch Füße braucht, um das zu erreichen, was vor ihm liegt.

17. Die Alten machten die älteren und bärtigen Hermen mit erigiertem, die jüngeren und bartlosen (*bzw.* glatten) aber mit herabhängendem Glied und stellten so dar, dass in Menschen von fortgeschrittenem Alter der Verstand (*logos*) produktiv und Erfüllung bringend ist [dem es ja auch gelingt, in Wirklichkeit das zu erreichen, was er sich vornimmt], in Unreifen aber ist sie unfruchtbar und unvollendet.

18. Er wird an den Straßen aufgestellt und daher „am Weg stehend" (*enhodios*) und „die Richtung zeigend" (*hegemonios*) genannt, weil es nötig ist, ihn bei jeder Handlung als Führer zu gebrauchen, und weil er derjenige ist, der uns durch Ratschläge auf den Weg (*hodos*) führt, den wir gehen müssen, oder vielleicht weil man Einsamkeit (*eremia*) braucht zur Vorbereitung seiner Verehrung und deren Durchführung.

19. Und weil sie (*sc.* die Vernunft) gemeinsam ist und dieselbe in allen Menschen und in den Göttern, ist es Sitte, wenn jemand etwas auf dem Weg findet, auszurufen, Hermes sei doch allen gemein; denn er ist Zeuge des Fundes, weil er ja der „am Weg Stehende" (*enodios*) ist. Sie betonen damit, dass sie das Gefundene (*to heuremenon*) auch als Allgemeingut ansehen. Und darum werden Fundstücke auch als „Hermesgeschenk" (*hermaion*) bezeichnet.

20. Sie häufen auch Steine auf für die Hermen, wobei jeder von denen, die vorbeigehen, einen zu den anderen hinzufügt. Sie tun das ja, damit jeder etwas in seiner Kraft Stehendes (*to par' auton*) und für das Allgemeinwohl tut, indem er den Weg reinigt, oder um Hermes zum Zeugen zu rufen, oder um ihm Ehre zu bezeugen, wenn jemand nichts anderes besitzt, um es ihm darzubringen, oder um das Standbild augenfälliger für die Vorbeigehenden zu machen oder als Sinnbild dafür, dass die sich durch Sprache äußernde Vernunft aus kleinen Teilen besteht.

21. Λέγεται δὲ καὶ ἀγοραῖος πρῶτος εἰκότως: 'Επίσκοπος γὰρ τῶν ἀγορευόντων ἐστίν: ἤδη δὲ ἀπὸ τῆς ἀγορᾶς διατείνει καὶ εἰς τοὺς ἀγοράζοντάς τι ἢ πιπράσκοντας, ὡς πάντα μετὰ λόγου ποιεῖν δέοντος: ἐντεῦθεν καὶ τῶν ἐμποριῶν ἐπιστάτης ἔδοξεν εἶναι καὶ ἐμπολαῖος καὶ κερδῷος ἐπωνομάσθη, ὡσὰν μόνος τῶν ἀληθινῶν κερδῶν αἴτιος ὢν τοῖς ἀνθρώποις.
22. Τῆς δὲ λύρας εὑρετής ἐστιν οἷον τῆς συμφωνίας καὶ ὁμολογίας καθ' ἣν οἱ ζῶντες εὐδαιμονοῦσιν, ἡρμοσμένην ἔχειν τὴν διάθεσιν ἐπιβάλλοντος.
23. Παραστῆσαι δὲ αὐτοῦ τὴν δύναμιν καὶ διὰ τῶν ἀπεμφαινόντων θέλοντες κλέπτην αὐτὸν παρέδωκαν καὶ Δολίου Ἑρμοῦ βωμὸν ἔνιοι ἱδρύσαντο: λανθάνει γὰρ ὑφαιρούμενος τὰ προδεδογμένα τοῖς ἀνθρώποις καὶ κλέπτων ἔσθ' ὅτε τῇ πιθανότητι τὴν ἀλήθειαν, ὅθεν τινὰς καὶ ἐπικλόποις λόγοις χρῆσθαι λέγουσι: καὶ γὰρ τὸ σοφίζεσθαι τῶν εἰδότων λόγῳ χρῆσθαι ἴδιόν ἐστι.
24. Νόμιος δὲ λέγεται τῷ ἐπ' ἐπανορθώσει λόγος εἶναι, προστακτικὸς ὢν τῶν ὡς ἐν κοινωνίᾳ ποιητέων καὶ ἀπαγορευτικὸς τῶν οὐ ποιητέων, διὰ γοῦν τὴν ὁμωνυμίαν μετήχθη καὶ ἐπὶ τὴν τῶν νομῶν ἐπιμέλειαν.
25. Σέβονται δ' αυτὸν καὶ ἐν ταῖς παλαίστραις μετὰ τοῦ Ἡρακλέους ὡς τῇ ἰσχύϊ μετὰ λογισμοῦ χρῆσθαι δέοντος: τῷ γὰρ μόνῃ πεποιθότι τῇ τοῦ σώματος δυνάμει, τοῦ δὲ λόγου, ὃς καὶ τέχνας ἐπήγαγεν εἰς τὸν βίον, ἀμελοῦντι πάνυ ἄν τις οἰκείως ἐπείποι: *δαιμόνιε, φθίσει σε τὸ σὸν μένος*.

17.

1. Τοῦ δὲ πολλὰς καὶ ποικίλας περὶ θεῶν γεγονέναι παρὰ τοῖς παλαιοῖς Ἕλλησι μυθοποιΐας, ὡς ἄλλαι μὲν παρὰ Μάγοις γεγόνασιν, ἄλλαι δὲ παρὰ Φρυξὶ καὶ ἤδη παρ' Αἰγυπτίοις τε καὶ Κελτοῖς καὶ Λίβυσι καὶ τοῖς ἄλλοις ἔθνεσι, μαρτύριον ἂν λάβοι τις καὶ τὸ παρ' Ὁμήρῳ λεγόμενον ὑπὸ τοῦ Διὸς πρὸς τὴν Ἥραν τοῦτον τὸν τρόπον: *ἦ οὐ μέμνῃ ὅτε τ' ἐκρέμω ὑψόθεν, ἐκ δὲ ποδοῖιν ἄκμονας ἧκα δύω.*

21. Er heißt auch „Erster der Volksversammlung" (*agoraios protos*), mit Recht so. Er ist nämlich der Patron derer, die in der Volksversammlung reden (*hoi agoreuontes*). Und, vom „öffentlichen Markt" (*agora*) aus bezieht sich (*sc.* der Beiname) auch auf die, die etwas auf dem Markt kaufen oder zum Verkauf anbieten, denn alles muss man dort mit Verstand tun. Von da her schien er auch der Vorsteher der Marktleute zu sein und wurde „Schützer des Handels" (*empolaios*) und „Gewinnbringender" (*kerdoos*) genannt, denn er ist der einzige Grund für wahren Gewinn unter den Menschen.

22. Er ist auch der Erfinder der Leier, also des Wohlklangs und der Harmonie, durch die die, die danach leben, glücklich sind (*eudaimonousin*), nämlich wenn es gelingt, dass sie eine wohlgestimmte Ordnung haben.

23. Einige, die seine Kraft sogar durch Unangemessenes darstellen wollten, überlieferten, dass er ein Dieb sei und errichteten einen Altar auch des „Listenreichen Hermes" (*Dolios Hermes*). Unbemerkt nämlich entwendet er den Menschen die Vorurteile und stiehlt zuweilen sogar die Wahrheit durch Überredungskunst. Darum sagt man, dass manche „diebische Worte" (*epiklopois logois*) gebrauchen. In der Tat ist ausgeklügelte Rede ja gerade denen zu Eigen, die wissen, wie sie den Verstand (*logos*) zu gebrauchen haben.

24. Er wird auch „Schützer des Rechts" (*nomios*) genannt, weil die Vernunft (*logos*) zur Berichtigung da ist, indem sie Gebieterin der Dinge ist, die wie in einer Gemeinschaft zu tun sind und die Dinge verbietet, die nicht getan werden dürfen. Durch die Wortgleichheit freilich erhielt er auch Anteil an der Sorge der Weiden (*nomon*).

25. Sie verehren ihn auch in den Sporthallen (*palaistra*) zusammen mit Herakles, weil man Stärke immer mit Überlegung gebrauchen muss. Denn jemandem, der nur auf die Kraft des Körpers vertraut, den Verstand, der ja auch die Fertigkeiten in das Leben eingeführt hat, aber vernachlässigt, kann man wohl zu Recht erwidern: „*Unglücksel'ger, dich tötet dein Mut noch*" (Homer, *Il.* VI 407).

17. Die Mythen

1. Es sind von den alten Griechen zahleiche und vielfältige Mythen über die Götter hervorgegangen, wie auch andere bei den Magiern entstanden sind, andere bei den Phrygiern oder bei den Ägyptern, den Kelten, den Libyern und bei weiteren Völkern; als Zeugnis hierfür könnte man nehmen, was auch bei Homer von Zeus zu Hera auf diese Weise gesagt ist: „*Denkst du nimmer daran, wie du hingest herab von der Höhe, beide Füße beschwert mit Gewichten*" (Homer, *Il.* XV 18–19).

2. Ἔοικε γὰρ ὁ ποιητὴς μυθοῦ [τε] παλαιοῦ παραφέρειν τοῦτο ἀπόσπασμα, καθ' ὃν ὁ Ζεὺς ἐμυθεύετο κεκρεμακέναι τε ἐκ τοῦ αἰθέρος τὴν Ἥραν χρυσαῖς ἁλύσεσι τῷ χρυσοφανές τι ἔχειν τὰ ἄστρα καὶ ἐκ τῶν ποδῶν αὐτῆς δύο ἄκμονας ἐξηρτηκέναι, τὴν γῆν δηλονότι καὶ τὴν θάλατταν, ὑφ' ὧν τείνεται κάτω ὁ ἀὴρ μηδετέρωθεν ἀποσπασθῆναι δυνάμενος.
3. Ἑτέρου δὲ μύθου μέμνηται τοῦ κατὰ τὴν Θέτιν, ὡς ὑπ' αὐτῆς σεσωσμένου τοῦ Διός, *ὅπποτέ μιν ξυνδῆσαι Ὀλύμπιοι ἤθελον ἄλλοι, Ἥρη τ' ἠδὲ Ποσειδάων καὶ Παλλὰς Ἀθήνη*.
4. Φαίνεται δ' ὅτι κατ' ἰδίαν ἕκαστος τούτων τῶν θεῶν ἐπεβούλευε τῷ Διῒ συνεχῶς μέλλων ἐμποδίζειν ταύτην τὴν διακόσμησιν ὅπερ ἐγένετο, εἰ τὸ ὑγρὸν ἐπεκράτησε καὶ ἐξυδατώθη πάντα ἢ τὸ πῦρ καὶ ἐξεπυρώθη ἢ ὁ ἀήρ.
5. Ἡ δὲ κατὰ τρόπον διαθεῖσα πάντα Θέτις τὸν ἑκατόγχειρα Βριάρεων ἀντέταξε τοῖς εἰρημένοις θεοῖς, καθ' ὃν ἴσως διανέμονται πανταχόσε αἱ ἐκ τῆς γῆς ἀναθυμιάσεις, ὡς διὰ πολλῶν χειρῶν τῆς εἰς πάντας τοὺς ἀριθμοὺς διαιρέσεως γινομένης· σκέψαι δ' εἰ παρὰ τὸ αἴρειν τὴν ὡσὰν βορὰν τῶν τοῦ κόσμου μερῶν ὠνόμασται Βριάρεως. Αἰγαίων μὲν γάρ ἐστιν ὁ ἀεὶ τεθηλὼς καὶ γαίων.
6. Δεῖ δὲ μὴ συγχεῖν τοὺς μύθους μηδ' ἐξ ἑτέρου τὰ ὀνόματα ἐφ' ἕτερον μεταφέρειν μηδ' εἴ τι προσεπλάσθη ταῖς παραδεδομέναις κατ' αὐτοὺς γενεαλογίαις ὑπὸ τῶν μὴ συνιέντων ἃ αἰνίττονται, κεχρημένων δ' αὐτοῖς ὡς καὶ τοῖς πλάσμασιν, ἀλόγως τίθεσθαι.
7. Πάλιν τοίνυν πρῶτον μὲν ἐμύθευσαν τὸ Χάος γενέσθαι, καθάπερ ὁ Ἡσίοδος ἱστορεῖ, μετὰ δὲ αὐτὸ τὴν Γῆν καὶ τὸν Τάρταρον καὶ τὸν Ἔρωτα, ἐκ δὲ τοῦ Χάους τὸ Ἔρεβος καὶ τὴν Νύκτα φῦναι, ἐκ δὲ τῆς Νυκτὸς τὸν Αἰθέρα καὶ τὴν Ἡμέραν.
8. Ἔστι δὲ Χάος μὲν τὸ πρὸ τῆς διακοσμήσεως γενόμενον ὑγρόν, ἀπὸ τῆς χύσεως οὕτως ὠνομασμένον, ἢ τὸ πῦρ, ὅ ἐστιν οἱονεὶ κάος· καὶ αὐτὸ δὲ κέχυται διὰ τὴν λεπτομέρειαν.
9. Ἦν δέ ποτε, ὦ παῖ, πῦρ τὸ πᾶν καὶ γενήσεται πάλιν ἐν περιόδῳ.
10. Σβεσθέντος δὲ εἰς ἀέρα αὐτοῦ μεταβολὴ ἀθρόα γίνεται εἰς ὕδωρ, ὃ δὴ λαμβάνει τοῦ μὲν ὑφισταμένου μέρους τῆς οὐσίας κατὰ πύκνωσιν, τοῦ δὲ λεπτυνομένου κατ' ἀραίωσιν.

17. Die Mythen

2. Der Dichter scheint dies als Fragment eines alten Mythos vorzutragen, in dem von Zeus in mythischer Weise berichtet wird, er hätte Hera mit goldenen Banden aus dem Äther herab hängen lassen – da ja die Sterne eine Art Goldschimmer haben – und an ihre Füße zwei Gewichte befestigt habe, offensichtlich Erde und Meer, von denen die Luft nach unten gespannt ist, die von keiner der beiden Seiten abtrennbar ist.

3. Er erwähnt auch einen anderen Mythos, den von Thetis: Dabei ist Zeus von dieser gerettet worden, *"als die andern olympischen Götter zu fesseln ihn drohten: Hera, Poseidon zugleich und die Göttin Pallas Athene"* (Homer, *Il.* I 399–400).

4. Anscheinend wollte jeder dieser Götter jeweils für sich gegen Zeus unaufhörlich Ränke schmieden und wollte damit diese Weltordnung hemmen; so geschieht es, wenn das Feuchte obsiegt und alles durchnässt oder das Feuer, und alles wird durchglüht, oder die Luft.

5. Thetis aber ordnete alles nach Gebühr an (*diatheisa*) und setzte besagten Göttern den hundertarmigen Briareos entgegen; damit ist folgender Vergleich gemeint: all das von der Erde Aufsteigende wird in alle Richtungen verteilt, wie auch die Aufspaltungen in alle Zahlen durch viele Hände entstehen. Es ist zu beachten, dass vom Aufnehmen (*airein*) sozusagen der Speise (*boran*) der Erdteile Briareos benannt ist. Aigaion aber ist er auch, weil er ewig (*aei*) blühend sich freut (*gaion*) (Homer, *Il.* I 405).

6. Die Mythen sollten nicht miteinander vermischt, auch sollten die Bezeichnungen von einem zum anderen Mythos nicht übertragen werden; es sollte auch nicht so geschehen wie bei den unsinnigen Darlegungen, bei denen von Personen, die nicht begreifen, was die Mythen rätselhaft verbergen und diese damit wie etwas Gekünsteltes benutzen, etwas zu den überlieferten Genealogien nach ihren Vorstellungen hinzugefügt wurde.

7. Noch einmal: man sagt nun in den Mythen, Chaos sei zuerst entstanden, wie es auch Hesiod berichtet (*theog.* 116), danach die Erde (*Ge*), die Unterwelt (*Tartaros*) und die Liebe (Eros); aus Chaos seien das Dunkel (*Erebos*) und die Nacht (*Nyx*) geboren, aus der Nacht der Luftbereich (*Aither*) und das Tageslicht (*Hemera*).

8. Chaos ist nun das Feuchte, das vor der Weltordnung entstanden ist, benannt von „Ausgießen" (*chysis*). Oder von Feuer, als ob es dem „Brennen" (*kaos*) gleich sei. Das Feuer ist ja aufgrund seiner Zusammengesetztheit auch „ausgegossen" (*kechytai*).

9. Das Feuer, mein junger Schüler, war aber einstmals das Allumfassende und wird es in Form einer Wiederholung wieder werden.

10. Wenn es aber zu Luft erloschen ist, wandelt es sich insgesamt zu Wasser; dieses tendiert, wenn das Seins-Teilchen herabgesunken ist, zu Verdichtung, wenn es aber dünn wird, zur Auflockerung.

11. Εἰκότως οὖν ἔφασαν μετὰ τὸ Χάος τήν τε Γῆν γενέσθαι καὶ τὰ ἠερόεντα Τάρταρα, ἃ δὴ μυχὸν Γῆς ὠνόμασεν ὁ προειρημένος ποιητὴς τῷ περιειληφέναι αὐτὴν καὶ κρύπτειν.
12. Ὁ δὲ ` Ἔρως σὺν αὐτοῖς ἐρρήθη γεγονέναι, ἡ ὁρμὴ ἡ ἐπὶ τὸ γένναν· ἅμα γάρ τι ἔκ τινος γίνεται καὶ παρεῖναι τῇ γενέσει νομιστέον ταύτην τὴν δύναμιν καλλίστην καὶ ἀξιοθέατον οὖσαν.
13. Τὸ δὲ Ἔρεβος ἐκ τοῦ Χάους ἐγένετο, ὁ ποιῶν ἐρέφεσθαι καὶ περιλαμβάνεσθαί τι ὑφ' ἑτέρου λόγος, καθὸ καὶ τούτου τυχοῦσα ἡ Γῆ παραχρῆμα ὁμοιόσχημον αὐτῇ τὸν Οὐρανὸν ἐγέννησεν, ἵνα μιν περὶ πάντα καλύπτοι, ὄφρ' εἴη μακάρεσσι θεοῖς ἕδος ἀσφαλὲς αἰεί, τοῖς ἐπ' αὐτῷ θέουσιν ἄστροις μακραίωσιν οὖσιν ἀσφαλὲς οἰκητήριον.
14. Ἐγέννησε δὲ ἡ Γῆ τὸν Οὐρανὸν ἀπὸ τῶν ἀναθυμιάσεων, οὐρανοῦ νῦν κοινότερον λεγομένου παντὸς τοῦ περὶ αὐτὴν λεπτομεροῦς.
15. Τοῦ Χάους δὲ θυγάτηρ ἐστὶ καὶ ἡ Νύξ· ὁ γὰρ πρῶτος ἀρθεὶς ἀπὸ τοῦ ἀρχεγόνου ὑγροῦ ἀὴρ ζοφώδης καὶ σκοτεινὸς ἦν, εἶτα λεπτυνόμενος εἰς αἰθέρα καὶ φῶς μετέβαλεν, εὐλόγως τούτων ἐκ τῆς νυκτὸς γεγονέναι ῥηθέντων.
16. Ἡ δὲ Γῆ τὰ ὄρη καὶ τὸ πέλαγος ἑξῆς λέγεται γεννῆσαι "ἄτερ φιλότητος ἐφιμέρου"· ἥ τε γὰρ θάλαττα ὑπέμεινεν ἐν τοῖς κοίλοις αὐτῆς μέρεσι κατὰ μεταβολὴν ὑποστᾶσα, τά τε ὄρη περὶ τὸ ἀνώμαλον τῆς συνιζήσεως τὰς ἐξοχὰς ἔλαβε.
17. Μετὰ δὲ ταῦτα ἡ τῶν λεγομένων Τιτάνων ἐστὶ γένεσις. Οὗτοι δ' ἂν εἶεν διαφοραὶ τῶν ὄντων.
18. Ὡς γὰρ Ἐμπεδοκλῆς Φυσικοῖς ἐξαριθμεῖται Φυσώ τε Φθιμένη τε καὶ Εὐναίη καὶ Ἔγερσις Κινώ τ' Ἀστέμφης τε πολυστέφανος τε Μεγιστώ καὶ Φορυὴν καὶ Σιωπήν τε καὶ Ὀμφαίην καὶ πολλὰς ἄλλας, τὴν εἰρημένην ποικιλίαν τῶν ὄντων αἰνιττόμενος,

17. Die Mythen

11. Mit Recht sagt man, nach dem Chaos sei die Erde (*Ge*) entstanden sowie der dämmerige Tartaros. Der oben erwähnte Dichter nennt ihn „*Erdinnerstes*" (Hesiod, *theog.* 119), weil sie ihn umgibt und verbirgt.

12. Eros, so wird gesagt, ist mit ihnen gemeinsam entstanden, als Trieb zur Zeugung. Man muss sich vor Augen führen, dass sobald nämlich etwas aus etwas anderem entsteht, dann bei dieser Zeugung diese allerschönste (Hesiod, *theog.* 120) und beachtenswerte Kraft anwesend ist.

13. Das Dunkel (*Erebos*) ist aus Chaos entstanden; er ist das Prinzip, das für das Überdeckt Werden (*erephesthai*) und das Umgebensein einer Sache von einer anderen sorgt; folglich hat auch die Erde (*Ge*), nachdem sie dessen gewahr geworden war, sofort der Himmel (*Ouranos*) ähnlich zu ihrer eigenen Gestalt geschaffen: „*damit er (sc. Ouranos) sie ganz umhülle und damit er den seligen (makarios) Göttern (theoi) für immer der nicht wankende Sitz sei*" (Hesiod, *theog.* 127–128). er solle also den auf ihm schnell sich bewegenden (*theousin*) und langlebigen (makraion) Sternen ein nicht wankender Wohnort sein.

14. Die Erde (*Ge*) hat den Himmel (*Ouranos*) aus der Ausdünstung erzeugt; der Himmel (*Ouranos*) wird nun gemeinhin all das genannt, was sie an zusammengesetzten Teilchen umgibt.

15. Des Chaos Tochter ist auch die Nacht (*Nyx*). Die Luft (*Aer*) erhob sich zuerst der anfänglich entstandenen Feuchte und war dunkel und finster; nach der Verdünnung aber wechselte sie zum Luftbereich (*Aither*) und zum Licht (*Phos*); zu Recht sagt man, dass diese Dinge aus der Nacht (*Nyx*) entstanden seien.

16. Die Erde (*Ge*), so sagt man, habe die Berge sowie die See der Reihe nach hervorgebracht „ohne ersehnte Liebe" (Hesiod, *theog.* 132). Das Meer nämlich verblieb in seinen Höhlungen und verharrte dort während der Veränderung, die Berge nahmen ihre herausragende Gestalt von der Ungleichheit des Zusammensinkens an.

17. Nach diesen Dingen erfolgte die Schöpfung der sogenannten Titanen. Diese dürften wohl die Unterschiede des Seienden darstellen.

18. Empedokles zählt sie nämlich in seinem Werk über die Natur folgendermaßen auf: „*Frau Wachstum und Frau Vergänglichkeit, Frau Schlaf und Frau Wachen, Frau Bewegung und Frau Beharrlichkeit, reichbekränzte Pracht und Schmutzigkeit*" (Fr. 31 B 123 Diels/Kranz), Frau Schweigen und Frau Rede und viele andere. Die erwähnte Vielfalt der Wesensarten ist damit angedeutet.

οὕτως ὑπὸ τῶν παλαιῶν Ἰαπετὸς μὲν ὠνομάσθη ὁ λόγος καθ' ὃν φωνητικὰ ζῷα ἐγένετο καὶ τὸ ὅλον ψόφος ἀπετελέσθη, ἰαφετός τις ὢν· ἰὰ γάρ ἐστιν ἡ φωνή. Κοῖος δέ, καθ' ὃν ποιά τινα τὰ ὄντα ἐστί· τῷ γὰρ κ πολλαχοῦ οἱ Ἴωνες ἀντὶ τοῦ π ἐχρῶντο· ἢ ὁ τοῦ κοεῖν αἴτιος, τουτέστι νοεῖν ἢ φρονεῖν· Κρῖος δέ, καθ' ὃν τὰ μὲν ἄρχει καὶ δυναστεύει τῶν πραγμάτων, τὰ δὲ ὑποτέτακται καὶ δυναστεύεται, ἐντεῦθεν τάχα καὶ τοῦ ἐν τοῖς ποιμνίοις κριοῦ προσαγορευομένου· Ὑπερίων δέ, καθ' ὃν ὑπεράνω τινὰ ἑτέρων περιπορεύεται· Ὠκεανὸς δέ, καθ' ὃν ἀνύεται ἐν τάχει, ὃς δὴ καὶ ἀκαλαρρείτης κέκληται τῷ ἡσύχιόν τι καὶ σχολαῖον τὴν ῥύσιν αὐτοῦ ὡς τὴν τοῦ ἡλίου κίνησιν ἐμφαίνειν καὶ βαθυδίνης τῷ βαθέως δινεῖσθαι. Τηθὺς δέ, καθ' ἣν ἐπὶ μιᾶς καταστάσεως χρονίζει.
19. Θεία δέ ἐστιν ἡ τῆς ὄψεως αἰτία, Ῥέα δὲ ἡ τῆς ῥύσεως, Φοίβη δὲ ἡ τοῦ καθαρά τινα καὶ λαμπρὰ εἶναι, συνεκδέχεσθαι τούτοις καὶ τὰς τῶν ἐναντίων σχέσεων αἰτίας δέοντος· Μνημοσύνη δὲ ἡ τοῦ συναναφέρειν τὰ γεγονότα· Θέμις δὲ ἡ τοῦ συν-τίθεσθαί τι μεταξὺ ἡμῶν καὶ φυλάττεσθαι. Κρόνος δέ ἐστιν ὁ προειρημένος πάντων τῶν ἀποτελεσμάτων λόγος, δεινότατος ὢν τῶν παίδων· ὁπλότατον δ' αὐτὸν γενέσθαι ἔφη διὰ τὸ καὶ μετὰ τὴν τῶν εἰρημένων γένεσιν ἐπιμένειν αὐτὸν ὡσὰν ἐν γενέσει ὄντα.
20. Ἀλλὰ τῆς μὲν Ἡσιόδου γενεαλογίας τελειοτέρα ποτ' ἂν ἐξήγησίς σοι γένοιτο, τὰ μέν τινα, ὡς οἶμαι, παρὰ τῶν ἀρχαιοτέρων αὐτοῦ παρειληφότος, τὰ δὲ μυθικώτερον ἀφ' αὐτοῦ προσθέντος, ᾧ τρόπῳ καὶ πλεῖστα τῆς παλαιᾶς θεολογίας διεφθάρη· νῦν δὲ τὰ βεβοημένα παρὰ τοῖς πλείστοις ἐπισκεπτέον.

18.

1. Παραδεδομένου τοίνυν ἄνωθεν ὅτι ὁ Προμηθεὺς ἔπλασεν ἐκ τῆς γῆς τὸ τῶν ἀνθρώπων γένος, ὑπονοητέον Προμηθέα εἰρῆσθαι τὴν προμήθειαν τῆς ἐν τοῖς ὅλοις ψυχῆς, ἣν ἐκάλεσαν οἱ νεώτεροι πρόνοιαν· Κατὰ γὰρ ταύτην τά τε ἄλλα ἐγένετο καὶ ἐκ τῆς γῆς ἔφυσαν οἱ ἄνθρωποι, ἐπιτηδείως πρὸς τοῦτο ἐχούσης καταρχὰς τῆς τοῦ κόσμου συστάσεως.

Von den Früheren wurde der folgende Sinnzusammenhang „Iapetos" genannt, nach dem stimmfähige Lebewesen entstanden sind und der gesamte Bereich der Geräusche vollendet wurde. Damit ist Iapetos „*ia*-freisetzend" (*ia-aphetos*), wenn *ia* für „Klang" steht. Koios aber, demgemäß alle Lebewesen irgendwelche Eigenschaften (*poia*) haben (die Ionier setzen zumeist das *k* als *p*), oder: Er ist die Ursache des Hörens (*koein*), das heißt des Verstehens und Einsicht-Habens. Krios aber, demgemäß manche Dinge herrschen werden und Macht ausüben, die anderen aber beherrscht und unterdrückt werden – von daher ist nun auch der Widder (*krios*) benannt, der sich in einer Herde befindet. Hyperion (*hyper*: „über", *ion*: „gehend"): ihm gemäß gehen einige Dinge über andere hinweg. Okeanos: Ihm gemäß wird in Eile (*en tachei*, synonym mit *okys*: „geschwind") beendet (*anyetai*). Er wird auch „*sanft fließend*" genannt (Homer, *Il.* VII 422; *Od.* XIX 434), weil sein Fließen sanft und träge ist, so dass es wie die Bewegung der Sonne erscheint, oder auch „*tiefstrudelnd*" (Homer, *Od.* X 551) wegenseiner tiefgründenden Strudel; Thetys: dieses Wortes gemäß verharrt er in einem einzigen Zustand.

19. Theia (*theasthai*: „sehen") ist die Ursache des Sehens. Rhea des Fließens (*rhein*: „fließen"), Phoibe („rein"), dafür, dass einige Dinge rein und hell sind.

Es ist allerdings notwendig, zugleich mit diesen Zusammenhängen auch die Ursachen der genau entgegengesetzten Zustände zu bedenken:

Das Gedächtnis (*mnemosyne*) ist die, die all das Gewordene sammelt. Die Satzung (*themis*) das, wodurch es verabredet und bewahrt wird. Kronos ist der zuvor beschriebene Sinnzusammenhang alles Vollendeten, der Außerordentlichste der Kinder. Er wird deswegen als der Jüngste von diesen bezeichnet, weil er nach seiner schon oben erwähnten Geburt in einem Zustand verblieb, der ihn als im Entstehen begriffen anmuten ließ.

20. Also – was nun Hesiods Genealogie anbetrifft, so möge dir eine doch noch vollendetere Darstellung zukommen. Einige Dinge hat er, wie ich meine von den Früheren übernommen, die eher mythischen Teile jedoch von sich aus hinzugefügt. Auf diese Weise wurde das meiste der alten Theologie verfälscht: Das von den meisten ach so Gepriesene ist also jetzt genauestens zu prüfen!

18. Prometheus

1. Es ist nun von alters her überliefert, dass Prometheus das Geschlecht der Menschen aus Erde gestaltet hat; hierbei ist zu bedenken, dass Pometheus nach der „klugen Voraussicht" (*prometheia*) der in allen Dingen einwohnenden Seele bezeichnet wurde, die die Späteren die Vorsehung (*pronoia*) nannten. Es ist eben dieser gemäß, wie alle Dinge entstanden und auch die Menschen aus der Erde gewachsen sind, weil ihr von Anfang an die Ordnung des Kosmos entsprach.

2. Λέγεται δὲ καὶ συνεῖναί ποτε τῷ Διῒ ὁ Προμηθεύς· πολλῆς γὰρ προμηθείας πᾶσα μὲν ἀρχὴ καὶ προστασία πλειόνων, μάλιστα δὲ ἡ τοῦ Διὸς δεῖται.
3. Καὶ κλέψαι δέ φασιν αὐτὸν τὸ πῦρ τοῖς ἀνθρώποις, ὡς τῆς ἡμετέρας ἤδη συνέσεως καὶ προνοίας ἐπινοησάσης τὴν χρῆσιν τοῦ πυρός.
4. Κατενηνέχθαι δὲ αὐτὸ ἐμύθευσαν ἐκ τοῦ οὐρανοῦ διὰ τὸ πλεονάζειν ἐκεῖ ἢ ἐπεὶ οἱ κεραυνοὶ ἐκεῖθεν κατασκήπτουσι διὰ πληγῆς τἀνθάδε ἐξάπτοντες, τάχα τι τοιοῦτον καὶ διὰ τοῦ νάρθηκος αἰνιττόμενοι.
5. Δεθεὶς δὲ ἐπὶ τούτῳ ὁ Προμηθεὺς ἐκολάσθη τοῦ ἥπατος αὐτῷ ὑπ' ἀετοῦ καταβιβρωσκομένου· ἡ γὰρ ἡμετέρα ἐντρέχεια, τὸ προειρημένον πλεονέκτημα σὺν τοῖς ἄλλοις ἔχουσα, πειρᾶταί τινος παρ' ἑαυτὴν δυσχρηστίας προσδεδεμένη ταῖς κατὰ τὸν βίον φροντίσιν ὀδυνηραῖς οὔσαις καὶ ὥσπερ εἰς τὰ σπλάγχνα ὑπὸ τῆς λεπτομεριμνίας ἐκβιβρωσκομένη.
6. Ἀδελφὸν δ' ἔφασαν εἶναι νεώτερον τοῦ Προμηθέως τὸν Ἐπιμηθέα, εὐηθέστερόν πως ὄντα τὸν τρόπον διὰ τὸ προτερεῖν τῇ τάξει τὴν πρόορασιν τῆς ἐκ τῶν ἀποβαινόντων παιδείας καὶ ἐπιμηθείας· τῷ γὰρ ὄντι "*ρεχθὲν δέ τε νήπιος ἔγνω.*"
7. Διὰ τοῦτο γὰρ τῇ πρώτῃ γενομένῃ γυναικὶ συνοικῆσαι τοῦτον ἔφασαν· ἀφρονέστερον γάρ πως δὴ καὶ τὸ θῆλυ εἶναι καὶ ἐπιμηθεῖσθαι μᾶλλον ἢ προμηθεῖσθαι πεφυκός.
8. Λέγεται δὲ ὑπό τινων καὶ τῶν τεχνῶν εὑρετὴς γενέσθαι ὁ Προμηθεὺς δι' οὐδὲν ἄλλο ἢ ὅτι συνέσεως καὶ προμηθείας δεῖ πρὸς τὴν εὕρεσιν αὐτῶν.

19.
1. Οἱ πλείους μέντοι τῇ Ἀθηνᾷ καὶ τῷ Ἡφαίστῳ αὐτὰς ἀνατιθέασι, τῇ μὲν Ἀθηνᾷ, ἐπειδὴ φρόνησις καὶ ἀγχίνοια εἶναι δοκεῖ, τῷ δὲ Ἡφαίστῳ διὰ τὸ τὰς πλείστας τῶν τεχνῶν διὰ πυρὸς τὰ ἑαυτῶν ἔργα ἀποδιδόναι.

2. Es heißt nun, dass damals Pometheus mit Zeus zusammen war. Jegliche Herrschaft und Leitung der Masse bedarf eines großen Maßes an „kluger Voraussicht" (*prometheia*), am allermeisten die des Zeus.
3. Sie sagen nun auch, dass er das Feuer für die Menschen gestohlen hatte: So hat sich unsere eigene Einsicht und Voraussicht den Gebrauch des Feuers erdacht.
4. Die Mythen erzählen, dass es vom Himmel herab gebracht worden war, wohl weil es dort in so großer Fülle vorhanden ist, oder weil die Blitze von dort herabzucken und durch den Einschlag die Dinge hier in Brand setzen – vielleicht deuten die Mythen auch Derartiges bei der Erzählung vom Narthex (*sc.* der Doldenpflanze, vgl. Hesiod, *erg.* 52) an.
5. Deswegen wurde Prometheus gefesselt und dadurch bestraft, dass seine Leber von einem Adler gefressen wurde. So wird nämlich unserer Klugheit (*entrecheia*), die mit anderen auch die zuvor genannten Vorzüge inne hat, eine gegen sie gerichtete Schwierigkeit zugemutet: Sie ist an die Kümmernisse des Lebens gebunden, die ihr Pein bereiten, und sie wird von kleinlicher Sorge gleichsam bis auf die Eingeweide zerfressen.
6. Sie sagten, dass der jüngere Bruder der "klugen Voraussicht" (*Prometheus*) die "nachträgliche Einsicht" (*Epimetheus*) sei; diese ist nun von etwas einfältigerer Art, weil doch die Voraussicht einen höheren Rang einnimmt vor der sich an Vergangenem orientierenden Bildung und vor der nachträglichen Besinnung. Denn in Wahrheit gilt: *"Wenn's getan ist, versteht's auch der Narr!"* (Homer, *Il.* XVII 32).
7. Darum sagten sie, dass er (*sc.* Epimetheus) sich mit der als ersten erschaffenen Frau verbunden habe. Das Weibliche sei nämlich etwas weniger klug und neige natürlicherweise eher zum nachträglichen Besinnen als zur Voraussicht.
8. Von einigen wird auch gesagt, dass Prometheus der Erfinder der Künste gewesen sei, aus keinem anderen Grunde wohl, als weil Einsicht und kluge Voraussicht für deren Erfindung unbedingt notwendig sind.

19. Hephaistos

1. Die meisten freilich weisen diese (*sc.*: die Künste) Athene oder Hephaistos zu – Athene, weil sie wohl Klugheit und Scharfsinn zu sein scheint, Hephaistos aber, weil die meisten Künste durch das Feuer die ihnen eigenen Werke hervorbringen.

2. Ὁ μὲν γὰρ αἰθὴρ καὶ τὸ διαυγὲς καὶ καθαρὸν πῦρ Ζεύς ἐστι, τὸ δ' ἐν χρήσει καὶ ἀερομιγὲς Ἥφαιστος, ἀπὸ τοῦ ἧφθαι ὠνομασμένος, ὅθεν καὶ ἐκ Διὸς καὶ Ἥρας ἔφασαν αὐτὸν γενέσθαι, τινὲς δὲ μόνης τῆς Ἥρας: αἱ γὰρ φλόγες παχυμερέστεραί πως οὖσαι ὡσὰν ἐκ μόνου τοῦ ἀέρος διακαιομένου τὴν ὑπόστασιν λαμβάνουσι.
3. Χωλὸς δὲ παραδέδοται τάχα μὲν διὰ τὸ παχεῖαν τὴν διὰ τῆς ὕλης πορείαν ποιεῖσθαι τοῖς ἐπισκάζουσιν ὅμοιαν, τάχα δὲ ἀπὸ τοῦ μὴ δύνασθαι προβαίνειν δίχα ξυλώδους τινὸς ὡσὰν βάκτρου: τινὲς δέ, ἐπεὶ τὴν ἄνω κίνησιν τῇ κάτω πρὸς στροφὴν ἄνισον καὶ ἀνώμαλον ποιεῖται, βραδυτέρας ταύτης οὔσης, χωλαίνειν αὐτὸν ἔφασαν.
4. Ῥιφῆναι δ' ὑπὸ τοῦ Διὸς εἰς γῆν ἐξ οὐρανοῦ λέγεται διὰ τὸ τοὺς πρώτους ἴσως ἀρξαμένους χρῆσθαι πυρὶ ἐκ κεραυνοβολίου καιομένῳ αὐτῷ περιτυχεῖν, μηδέπω ἐπινοίᾳ τῶν πυρίων ἐπιπεσεῖν δυναμένους.
5. Γυναῖκα δ' αὐτοῦ τὴν Ἀφροδίτην ἔφασαν εἶναι καθ' οἷον λόγον καὶ τῶν Χαρίτων μίαν: ὡς γὰρ χάριν φαμὲν ἔχειν τὰ τεχνικὰ ἔργα, οὕτω καὶ ἀφροδίτην τινὰ αὐτοῖς ἐπιτρέχειν λέγομεν, εἰ μὴ πρὸς παράστασιν τοῦ πολὺ τὸ πυρῶδες εἶναι ἐν ταῖς πρὸς τὰς μίξεις ὁρμαῖς πέπλασται τοῦτο.
6. Δεδεκέναι δὲ μυθεύεται τὸν Ἄρην μοιχεύοντα τὴν γυναῖκα – καὶ γὰρ ὁ μῦθος παρὰ τῷ ποιητῇ ἐστι, παλαιότατος ὤν –, ἐπειδὴ τῇ τοῦ πυρὸς δυνάμει ὁ σίδηρός καὶ ὁ χαλκὸς δαμάζεται: τὸ δὲ τῆς μοιχείας πλάσμα παρίστησιν ὅτι οὐ πάνυ μὲν πέφυκε κατάλληλον τὸ μάχιμον καὶ βίαιον τῷ ἱλαρῷ καὶ μειλιχίῳ οὐδὲ κατὰ τὸν φυσικὸν αὐτῷ νόμον ἐπιπλέκεται, ἀντιποιούμενον δέ πως τῆς μίξεως αὐτοῦ καλὸν καὶ γενναῖον γέννημα, τὴν ἐξ ἀμφοῖν ἁρμονίαν, ἀποτελεῖ.
7. Λέγεται δὲ ὁ Ἥφαιστος μαιώσασθαι τὸν Δία, ὅτε ὤδινεν τὴν Ἀθηνᾶν, καὶ διελὼν αὐτοῦ τὴν κεφαλὴν ἐκθορεῖν ἐκείνην ποιῆσαι: τὸ γὰρ πῦρ, ᾧ χρῶνται αἱ τέχναι, συνεργὸν πρὸς τὴν ἀπόδειξιν τῆς φυσικῆς τῶν ἀνθρώπων ἀγχινοίας γενόμενον ὥσπερ κεκρυμμένην αὐτὴν εἰς φῶς προήγαγε: τοὺς δὲ ζητοῦντάς τι ὡς προσευρέσθαι κύειν αὐτὸ καὶ ὠδίνειν φαμέν.

19. Hephaistos

2. Der Äther nun, das durchsichtige und lautere Feuer, ist Zeus, das Gebrauchsfeuer aber sowie das mit Luft durchmischte (*aeromiges*) ist Hephaistos; dieser ist nach „angezündet sein" (*hephthai*) benannt, weswegen sie auch sagen, dass er von Zeus und Hera abstamme, einige meinen aber, er entstamme lediglich Hera. Die Flammen sind nämlich von dichterer Beschaffenheit und entnehmen ihre wesensgemäßen Eigenschaften (*hypostaseis*) sozusagen ausschließlich der angezündeten Luft.

3. In der Überlieferung gilt er als hinkend, wohl weil der Weg des Feuers durch das Holz schwerfällig ist, den Hinkenden gleich; vielleicht aber auch, weil es ohne etwas aus Holz – vergleichbar mit einem stützenden Holzstab – nicht recht vorankommt. Einige aber sagen, dass er lahme, weil das Feuer die Aufwärtsbewegung unterschiedlich zur Abwärtsbewegung zur Wende hin und ungleichmäßig gestalte, bei dieser sei es langsamer.

4. Es heißt, er sei von Zeus aus dem Himmel auf die Erde geworfen worden, weil die ersten, die begonnen hatten, das Feuer zu benutzen, durch einen Blitzschlag auf seine Flammen gestoßen waren – sie hätten niemals durch eigene Einsicht auf den Feuergebrauch stoßen können.

5. Sie sagen, seine Frau sei Aphrodite – nach dem gleichen Muster, nach dem sie auch eine der Grazien zu seiner Frau machen: Denn wie wir sagen, dass die Erzeugnisse der Kunst Anmut (*charis*) haben, so sagen wir auch, dass sich ebenso Schönheit (*aphrodite*) an ihnen zeige – wenn nicht das an der Vorstellung, es sei an den zum Geschlechtsverkehr drängenden Trieben eine Menge an Feurigem enthalten, erdichtet ist.

6. Im Mythos sagen sie, Hephaistos habe Ares gebunden, als dieser Ehebruch mit seiner Frau getrieben habe – dieser Mythos steht bei dem Dichter selbst (*sc.* Homer), ist also sehr alt –, da ja durch das Feuer das Eisen und das Erz bezwungen wird. Das Bild vom Ehebruch stellt uns vor Augen, dass das Kriegerische und Gewalttätige mit dem Heiteren und Liebreizenden sich von Natur aus wenig angemessen verhält und eine Vermischung nicht dem natürlichen Gesetz entspricht, aber als Entgelt für die Vereinigung ein schönes und edles Erzeugnis von ihm vollendet, die *harmonia* aus beiden.

7. Sie sagen, dass Hephaistos dem Zeus wie eine Hebamme beigestanden hatte, als er Athene entbunden hat, und indem er ihr das Haupt öffnet, habe er es ihr ermöglicht, dass sie herausspringen konnte. Denn das Feuer, das die Künste benutzen, hat Mitwirkung beim Aufweis des natürlichen Scharfsinns der Menschen und hat diesen, obgleich verborgen, ans Licht gebracht. Die aber, die etwas suchen, um es neu zu erfinden, so sagen wir, gehen damit schwanger und gebären es.

20.

1. Ἡ δὲ Ἀθηνᾶ ἐστιν ἡ τοῦ Διὸς σύνεσις, ἡ αὐτὴ οὖσα τῇ ἐν αὐτῷ προνοίᾳ, καθὸ καὶ Προνοίας Ἀθηνᾶς ἱδρύονται ναοί.
2. Γενέσθαι δ' ἐκ τῆς τοῦ Διὸς κεφαλῆς λέγεται, τάχα μὲν τῶν ἀρχαίων ὑπολαβόντων τὸ ἡγεμονικὸν τῆς ψυχῆς ἡμῶν ἐνταῦθ' εἶναι, καθάπερ καὶ ἕτεροι τῶν μετὰ ταῦτα ἐδόξασαν, τάχα δ' ἐπεὶ τοῦ μὲν ἀνθρώπου τὸ ἀνωτάτω μέρος τοῦ σώματος ἡ κεφαλή ἐστι, τοῦ δὲ κόσμου ὁ αἰθήρ, ὅπου τὸ ἡγεμονικὸν αὐτοῦ ἐστι καὶ ἡ τῆς φρονήσεως οὐσία: "*κορυφὴ δὲ θεῶν*" κατὰ τὸν Εὐριπίδην "*ὁ περὶ χθόν' ἔχων φαεννὸς αἰθήρ*".
3. Ἀμήτωρ δέ ἐστιν ἡ Ἀθηνᾶ διὰ τὸ ἀλλοίαν εἶναι τὴν τῆς ἀρετῆς γένεσιν καὶ οὐχ οἵα ἡ τῶν ἐκ συνδυασμοῦ γενομένων ἐστί.
4. Τὴν Μῆτιν οὖν καταπιὼν ὁ Ζεὺς ἐγέννησεν αὐτήν, ἐπειδὴ μητιέτης καὶ συνετὸς ὢν οὐδαμόθεν ἄλλοθεν ἢ ἐκ τῆς καθ' αὑτὸν βουλῆς τὴν ἀρχὴν τοῦ φρονεῖν ἔσχεν.
5. Τὸ δὲ ὄνομα τῆς Ἀθηνᾶς δυσετυμολόγητον διὰ ἀρχαιότητά ἐστι, τῶν μὲν ἀπὸ τοῦ ἀθρεῖν πάντα οἷον Ἀθρηνᾶν αὐτὴν εἰπόντων εἶναι, τῶν δὲ διὰ τὸ καίπερ θήλειαν οὖσαν ἥκιστα θηλύτητος καὶ ἐκλύσεως μετέχειν τὴν Ἀθηνᾶν· ἄλλοι δὲ ἀπὸ τοῦ μὴ πεφυκέναι θένεσθαι καὶ ὑποτάττεσθαι τὴν ἀρετήν, τάχα δ' εἰ Ἀθηναία, ὡς οἱ παλαιοὶ τὴν Ἀθηνᾶν ἔλεγον, αἰθεροναία ἐστίν.
6. Ἡ δὲ παρθενία αὐτῆς τοῦ καθαροῦ καὶ ἀμιάντου σύμβολόν ἐστι – τοιοῦτον γάρ τι ἡ ἀρετή.
7. Καθωπλισμένη δὲ πλάττεται καὶ οὕτως ἱστοροῦσιν αὐτὴν γεγονέναι παριστάντες ὅτι αὐτάρκως πρὸς τὰς μεγίστας καὶ δυσφορωτάτους πράξεις παρασκευάζεται ἡ φρόνησις· μέγισται γὰρ δοκοῦσιν αἱ πολεμικαὶ εἶναι.
8. Διὰ ταύτην δὲ τὴν αἰτίαν καὶ τὸ ἐπανδρον καὶ γοργωπὸν αὐτῇ ἀνατιθέασι πολὺ ἔχειν, τοιοῦτόν τι ἐμφαινούσης καὶ τῆς γλαυκότητος αὐτῆς· καὶ γὰρ τῶν θηρίων τὰ ἀλκιμώτατα, οἷον αἱ παρδάλεις καὶ οἱ λέοντες, γλαυκά εἰσι, δυσαντίβλεπτον στίλβοντα ἀπὸ τῶν ὀμμάτων· ἔνιοι δέ φασι τοιαύτην αὐτὴν παρεισάγεσθαι διὰ τὸ τὸν αἰθέρα γλαυκὸν εἶναι.

20. Athene

1. Athene ist das Bewusstsein (*synesis*) des Zeus, und sie ist dieselbe wie die ihm einwohnende Klugheit (*pronoia*), insofern auch Tempel der Athena Pronoia geweiht werden.
2. Es heißt, dass sie aus dem Haupt des Zeus entstanden sei, vielleicht weil, wie schon die Früheren angenommen und auch andere nach ihnen gemeint hatten, der unsere Seele anleitende Teil sich dort befindet; oder weil beim Menschen der höchstgelegene Teil des Körpers eben der Kopf ist, wie beim Kosmos der Äther, wo sich ja auch dessen anleitender Teil und dessen Verstand befindet. "*Die Vollendung der Götter*", wie Euripides meinte (Fr. 919 Nock), "*der schimmernde Äther, der die Erde umgibt*".
3. Mutterlos ist Athene, weil die Entstehung der Vollkommenheit anders ist und nicht wie bei denjenigen, die durch geschlechtliche Vereinigung entstehen.
4. Den Verstand (*metis*) hat Zeus nun hinuntergeschlungen und hat sie (*sc*. Athene) dann hervorgebracht – weil er als der Kluge (*metietes*) und Einsichtige von nirgendwo anders her als aus seinem eigenen Ratschluss den Ursprung seiner klugen Einsicht hat.
5. Die Herkunft des Wortes "Athene" ist wegen seines hohen Alters schwer zu bestimmen. Manche sagen, es stamme von alles anstarren (*athrein*), als sei sie eine Anstarrende (*athrene*); andere meinen, weil Athene, obwohl freilich weiblich (*theleia*), in sehr geringem Maße an Weiblichkeit (*thelytes*, daraus *athelytes*) und Schwäche teilhabe. Andere wiederum leiten es davon ab, dass die Tugend von Natur aus nicht befähigt sei, niedergeschlagen (*thenesthai*, daraus *athenesthai*) und unterjocht zu werden. Wenn es nun aber "Atheneia" ist, wie die Früheren Athene genannt hatten, ist sie wohl die den Äther Bewohnende (*aitheronaia*).
6. Ihre Jungfräulichkeit ist Symbol der Reinheit und Unbefleckheit, denn etwas Derartiges ist eben die Arete.
7. Sie wird mit starker Rüstung dargestellt und, wie sie (*sc*. die Dichter) berichten, auch so schon geboren; daran zeigen sie, dass die Vernunft sogar für größte und schwerst zu bewältigende Aufgaben mit eigenen Kräften wohl gerüstet ist, denn am größten scheinen die Aufgaben zu sein, die etwas mit dem Kriegshandwerk zu tun haben.
8. Dies ist dann auch der Grund, warum sie ihr ein hohes Maß an Männlichkeit und grimmigen Blick zuschreiben. Ihr heller Blick verdeutlicht dies auch, zumal die wehrhaftesten Tiere, insbesondere Panther und Löwen, auch derart hellen Blickes sind, dass der von ihren Augen ausstrahlende Glanz es erschwert, ihrem Blick stand zu halten. Einige meinen, sie werde in dieser Weise dargestellt, weil auch der Äther hell ist.

9. Πάνυ δ' εἰκότως συμμετέχει τῷ Διὶ τῆς αἰγίδος, οὐχ ἑτέρα οὖσα τοῦ παρ' ὃ δοκεῖ διαφέρειν ἁπάντων καὶ περιγίνεσθαι ὁ Ζεύς.
10. Προτομὴ δ' ἐν αὐτῇ Γοργόνος ἐστι κατὰ μέσον τῆς θεᾶς τὸ στῆθος ἔξω προβεβληκυῖα τὴν γλῶτταν ὡσὰν ἐκφανεστάτου ὄντος ἐν τῇ τῶν ὅλων οἰκονομίᾳ τοῦ λόγου.
11. Οἱ δὲ δράκοντες καὶ ἡ γλαὺξ διὰ τὸ ἐμφερὲς τῶν ὀμμάτων ἀνατίθενται ταύτῃ γλαυκώπιδι οὔσῃ. σμερδαλέον γὰρ ὁ δράκων δέδορκε καὶ φυλακτικόν τι ἔχει καὶ ἄγρυπνον καὶ οὐκ εὐθήρατος εἶναι δοκεῖ, "*οὐ χρή*" δὲ "*παννύχιον εὕδειν βουληφόρον ἄνδρα*".
12. Λέγεται δ' Ἀτρυτώνη μὲν ὡσανεὶ οὐ τρυομένη ὑπ' οὐδενὸς πόνου ἢ ὡς ἀτρύτου τοῦ αἰθέρος ὄντος, Τριτογένεια δέ, ὅτι ἡ τοῖς κακοῖς ἐγγεννῶσα τὸ τρεῖν καὶ τρέμειν αὕτη ἐστίν – ἦρται γὰρ πόλεμον πρὸς τὴν κακίαν –, ἄλλοι δέ φασι διὰ τούτου παρίστασθαι τὰ τρία γένη τῶν σκεμμάτων τῆς κατὰ φιλοσοφίαν θεωρίας, πανουργοτέραν διόρθωσιν ἢ κατὰ τὴν ἀρχαίαν ὁλοσχέρειαν ἔχοντος τούτου.
13. Λαοσσόον δὲ αὐτὴν ἐπονομάζουσι διὰ τὸ σεύειν ἐν ταῖς μάχαις τοὺς λαούς, ὡς ληῖτις ἐκλήθη ἀπὸ τῆς λείας, ἢ μᾶλλον διὰ τὸ σώτειραν αὐτὴν τῶν χρωμένων αὐτῇ λαῶν εἶναι· καὶ πόλεως γὰρ καὶ οἴκου καὶ τοῦ βίου παντὸς προστάτιν ποιητέον τὴν φρόνησιν· ἀφ' οὗ δὴ καὶ ἐρυσίπτολις καὶ πολιὰς ὠνόμασται, καθάπερ ὁ Ζεὺς πολιεύς· ἐπίσκοποι γὰρ ἀμφότεροι τῶν πόλεων.
14. Παλλὰς δὲ λέγεται διὰ τὴν μεμυθευμένην περὶ αὐτὴν νεότητα, ἀφ' οὗ καὶ οἱ πάλληκες καὶ παλλακαὶ προσαγορεύονται· σκιρτητικὸν γὰρ καὶ παλλόμενον τὸ νέον.
15. Ἵδρυνται δὲ αὐτὴν ἐν ταῖς ἀκροπόλεσι μάλιστα, τὸ δυσκαταγώνιστον καὶ δυσπολιόρκητον ἐμφῆναι θέλοντες ἢ τὸ ἄνωθεν ἐφορᾶν τοὺς προσπεφευγότας αὐτῇ ἢ τὴν μετεωρότητα παριστάντες τοῦ καθ' ὃ μέρος ἐστὶ τῆς φύσεως ἡ Ἀθηνᾶ.
16. Ἀλαλκομενηΐδα δὲ αὐτὴν καλοῦσιν οἱ ποιηταὶ καὶ ἀγελῄδα, τὸ μὲν ἀπὸ τοῦ ἀλαλκεῖν παράγοντες – ἱκανὴ γὰρ ἐπαμύνειν ἐστὶ καὶ προσβοηθεῖν, ἐξ οὗ καὶ Νίκη προσαγορεύεται –, τὸ δ' ἤτοι ἀπὸ τοῦ ἄγειν αὐτὴν τοὺς λαοὺς ἢ ἀπὸ τοῦ ἀδάμαστον εἶναι ταῖς ἀγελαίαις βουσὶν ὁμοίως, ἃς μάλιστα θύουσιν αὐτῇ.

9. Durchaus passend teilt sie sich auch mit Zeus die Aigis, weil sie alles andere als verschieden ist von den Dingen, durch die sich Zeus von allen anderen zu unterscheiden und sie zu übertreffen scheint.
10. Ein Gorgonenhaupt ist an ihr, mitten auf der Brust der Göttin, mit ausgestreckter Zunge, und hier ist sozusagen das Sprachprinzip (*logos*) besonders deutlich sichtbar bei der Verwaltung des Ganzen.
11. Schlangen und auch die Eule werden ihr, der Eulenäugigen, aufgrund der Vergleichbarkeit, was die Augen anbetrifft, geweiht; denn die Schlange blickt gar schrecklich und hat etwas Wachsames und Schlafloses und scheint mitnichten leicht gefangen werden zu können: *„Nicht gebührt es dem ratenden Manne, die Nacht zu durchschlummern"* (Homer, *Il*. II 24.61).
12. Sie heißt nun Atrytone, weil sie gleichsam nicht aufgerieben wird (*ou tryomene*) von jedweder Not, oder weil der Äther nicht aufzureiben (*atrytos*) ist. Tritogeneia heißt sie, weil sie es ist, die bei den Bösen Furcht (*trein*) und Zittern (*tremein*) erzeugt (*eggenosa*) – sie hat der Schlechtigkeit den Kampf angesagt –, andere aber sagen, dadurch werde hingewiesen auf die drei Arten (*tria gene*) der Betrachtung bei der philosophischen Untersuchung, und dies bietet eine gewandtere Deutung, als es der Gesamtheit der Früheren entspricht.
13. Sie nennen sie auch Völker-Antreiberin (*laossoon*), weil sie die Völker (*laous*) in den Kämpfen antreibt (*seuein*), wie sie auch „Beutemachende" (*leitis*, Homer, *Il*. X 460) nach „Beute" (*leia*) benannt wird. Oder vielmehr, weil sie Rettung für die Völker bedeutet, die sich auf sie berufen. Als Lenker über Städte, Häuser und alles Leben ist nämlich Einsicht einzusetzen. Darum wird sie auch Städtebeschirmerin (*erysiptolis*, Homer, *Il*. VI 301; *polias*, z. B. Sophokles, *Phil*. 134) genannt, wie auch Zeus Städtebeschützer (*polieus*) heißt: beide sind Wächter (*episkopoi*) über die Städte.
14. Pallas heißt sie wegen der in den Mythen über sie dargestellten Jugend, wovon auch die Bezeichnung für die jungen Geliebten beiderlei Geschlechts (*pallekes*, *pallakai*) abgeleitet sind. Mutwillig und bewegungsfreudig (*pallomenon*) ist nämlich die Jugend.
15. Man stellt sie zumeist auf den Stadtburgen als Weihebild auf; damit will man das schwer zu Bekämpfende und schwer zu Bezwingende ausdrücken; oder dass sie von oben auf die blickt, die bei ihr Zuflucht suchen; oder sie stellen damit die Abgehobenheit des Naturbereichs heraus, der Athene gemäß ist.
16. Die Dichter nennen sie Stadtschützerin (*alalkomene*, Homer, *Il*. IV 8; V 908) und Heervolk führende (*ageleis*), ersteres leiten sie wohl von abwehren (*alalkein*) her – sie ist darin tüchtig, beizustehen und Hilfe zu leisten, wovon sie auch als „Nike" benannt wird –, und letzteres wohl davon, dass sie die Völker führt (*agein*) oder davon, dass sie nicht zu bezwingen (*adamastos*) ist, den Rinderherden gleich, die sie ihr meistens zu opfern pflegen.

17. Τοὺς δὲ αὐλοὺς εὑρεῖν μὲν λέγεται καθάπερ τἆλλα ἐν ταῖς τέχναις γλαφυρά, ἀφ' οὗ καὶ ἐπιστάτις τῆς ταλασιουργίας ἐστί, ῥῖψαι δὲ ὡς ἐκθηλύνοντος τὰς ψυχὰς τοῦ δι' αὐτῶν ἀποδιδομένου μέλους καὶ ἥκιστα ἐπάνδρου καὶ πολεμικοῦ δοκοῦντος εἶναι.
18. Ἡ δ' ἐλαία δῶρον αὐτῇ διά τε τὸ θάλλειν καὶ διὰ τὸ γλαυκωπόν τι ἔχειν: καὶ τὸ ἔλαιον δὲ οὐκ εὐνόθευτόν ἐστι δι' ἄλλου ὑγροῦ, ἀλλ' ἀκέραιον ἀεὶ μένει ὡς τῇ παρθενίᾳ κατάλληλον εἶναι δοκεῖν.
19. Ἄρεια δ' ἐκλήθη τῷ στρατηγικὴ εἶναι καὶ διοικητικὴ πολέμων καὶ ὑπερμαχητικὴ τοῦ δικαίου: δεινότης γὰρ περὶ πάντα ἐστὶ καὶ συγκεφαλαίωμα πασῶν τῶν ἀρετῶν: καὶ ἱππίαν καὶ δαμάσιππον καὶ δορικέντορα καὶ πολλαχῶς ἄλλως αὐτὴν προσαγορεύουσι, καὶ ἀνιστᾶσι τὰ τρόπαια ἐκ ξύλων ἐλαΐνων, μάλιστα δὲ καὶ τὴν Νίκην αὐτῇ πάρεδρον διδόασιν, ἥτις ἑνὶ εἴκειν, τῷ περιγινομένῳ, ποιεῖ, πτερωτὴ παρεισαγομένη διὰ τὸ ὀξύρροπον καὶ εὐμετάβολον τῶν παρατάξεων.
20. Καὶ ἐν τῇ πρὸς τοὺς γίγαντας δὲ μάχῃ παραδίδοται ἠριστευκυῖα ἡ Ἀθηνᾶ καὶ γιγαντοφόντις ἐπονομάζεται κατὰ τοιοῦτον λόγον.
21. Τοὺς γὰρ πρώτους ἐκ γῆς γενομένους ἀνθρώπους εὔλογον βιαίους καὶ θυμικοὺς κατ' ἀλλήλων γενέσθαι διὰ τὸ μηδέπω δύνασθαι διακρίνεσθαι μηδ' ἐρριπίσθαι τὸν ἐνόντα αὐτοῖς σπινθῆρα τῆς κοινωνίας.
22. Οἱ θεοὶ δὲ ὡσπερεὶ νύττοντες καὶ ὑπομιμνήσκοντες αὐτοὺς τῶν ἐννοιῶν περιγεγόνασι: καὶ μάλιστα ἡ κατὰ τὸν λόγον ἐντρέχεια κατεπολέμησε καὶ ὑπέταξεν οὕτως ὡς ἐξεληλακέναι καὶ ἀνηρηκέναι αὐτοὺς ὡς τοσούτους δοκεῖν: ἀλλοῖοι γὰρ αὐτοί τ' ἐκ μεταβολῆς ἐγένοντο καὶ οἱ γεγονότες ἐξ αὐτῶν συμπολισθέντες ὑπὸ τῆς Πολιάδος Ἀθηνᾶς.

21.
1. Ἄλλοι δὲ περὶ τὰ πολεμικὰ ἀναστρέφονται θεοὶ μηκέθ' ὁμοίως τοῦ εὐσταθοῦς καὶ τοῦ κατὰ λόγον στοχαζόμενοι, ταραχωδέστεροι δέ πως, ὅ τε Ἄρης καὶ ἡ Ἐνυώ: καὶ τούτους δ' εἰσῆγεν εἰς τὰ πράγματα ὁ Ζεὺς ἐρεθίσας κατ' ἀλλήλων τὰ ζῷα καὶ οὐκ ἄχρηστον οὐδὲ τοῖς ἀνθρώποις ἔσθ' ὅπου τὴν δι' ὅπλων διάκρισιν ἐμβαλών, ἵνα τε τὸ γενναῖον καὶ ἀνδρεῖον αὐτοί τε ἐν ἑαυτοῖς καί γε ἐπ' ἀλλήλους τὸ οἰκεῖον τῆς εἰρήνης εὖ ἀσμενίζωσι.

17. Es heißt, sie habe die Flöten erfunden wie auch die anderen Feinheiten der Künste, weswegen sie auch die Vorsteherin der Webkunst ist, diese dann aber verworfen, weil die von ihnen widergegebenen Lieder die Seelen verweichlichen und keineswegs männlich und kriegerisch zu sein scheinen.
18. Ihre Gabe ist der Olivenbaum, wegen des Grünens (*thallein*) und weil er selbst etwas Grauäugiges (*glaukopon*) hat. Das Olivenöl ist auch nicht so leicht zu verfälschen durch eine andere Flüssigkeit, es bleibt immer unvermischt, so dass es dadurch mit der Jungfräulichkeit vergleichbar zu sein scheint.
19. Sie wird „die Areshafte" genannt, weil sie in der Feldherrnkunst erfahren ist und die Kriege verwaltet wie auch das Recht verteidigt. Sie ist überhaupt in allem geschickt und die Summe aller Tugenden. Sie nennen sie darum auch Schutzgöttin der Pferde, Pferdezähmerin und „mit der Lanze Stechende" und vieles andere. Ebenso stellen sie ihr auch Siegesmale aus Olivenholz auf und geben ihr meist auch Nike als Beistand bei, die dafür sorgt, dass man einem, der überlegen ist, unterliegt. Sie wird geflügelt dargestellt, wegen der schnell wechselnden und leicht veränderlichen Schlachtordnung.
20. Es ist überliefert, dass sich Athene im Kampf mit den Giganten bewährt hat und aus diesem Grunde Gigantentöterin (*gigantophontis*) genannt wurde.
21. Es ist gut möglich, dass die ersten Menschen, die aus der Erde entstanden sind, gewalttätig und zorngeleitet miteinander umgegangen sind, weil sie noch nicht fähig waren, sich zu entscheiden und den in ihnen glühenden Funken der Gemeinschaft zu entfachen.
22. Die Götter aber rüttelten sie gewissermaßen auf und riefen ihnen die Gedanken in das Gedächtnis zurück, und so sind sie überlegen geblieben; und meistens siegte die vernunftgemäße Klugheit und gewann die Oberhand, so, dass es schien, als hätten sie sie vertrieben und vernichtet trotz ihrer Größe. Die Menschen selbst änderten und wandelten sich, und ihre Abkömmlinge wurden Mitbewohner unter der Städteschützerin Athene.

21. Ares und Enyo

1. Andere Götter beschäftigen sich auch mit dem Kriegshandwerk, sie zielen aber nicht ebenso (*sc.* wie Athene) auf das Solide und Vernunftgemäße, sondern stiften eher heilloses Durcheinander, nämlich Ares und Enyo. Zeus brachte diese ins Geschehen, indem er die Lebewesen gegeneinander aufreizte, und indem er die keineswegs unnütze – auch nicht für die Menschen – Entscheidung durch Waffengewalt so manches Mal einbrachte, damit sie, sowohl was sie persönlich angeht, das Edle und Tüchtige, als auch untereinander, das Geschenk des Friedens, freudig annehmen.

2. Διὰ ταύτην μὲν οὖν αἰτίαν Διὸς υἱὸς καὶ ὁ Ἄρης παραδέδοται [οὐ κατ' ἄλλον λόγον ἢ καὶ ὀβριμοπάτρις ἡ Ἀθηνᾶ]: περὶ δὲ τῆς Ἐνυοῦς οἱ μὲν ὡς μητρός, οἱ δ' ὡς θυγατρός, οἱ δ' ὡς τροφοῦ Ἄρεως διαφέρονται, διαφέροντος οὐδέν: Ἐνυὼ γάρ ἐστιν ἡ ἐνιεῖσα θυμὸν καὶ ἀλκὴν τοῖς μαχο-μένοις ἢ κατ' εὐφημισμὸν ἀπὸ τοῦ ἥκιστα ἐνηὴς καὶ ἐπιεικὴς εἶναι ὠνόμασται.
3. Ὁ δ' Ἄρης τὴν ὀνομασίαν ἔσχεν ἀπὸ τοῦ αἱρεῖν καὶ ἀναιρεῖν ἢ ἀπὸ τῆς ἀρῆς, ἥ ἐστι βλάβη, ἢ πάλιν κατ' ἐναντίωσιν, ὡσανεὶ ἐκμειλισσομένων αὐτὸν τῶν προσαγορευσάντων: διαστατικὸς γὰρ καὶ λυμαντικὸς τῶν προσηρμοσμένων [γίνεται οὖν ἀπὸ τοῦ ἄρσαι, ὅ ἐστιν ἁρμόσαι], τοιούτου τάχα τινὸς ἐχομένης καὶ τῆς Ἁρμονίας, ἣν ἐμύθευσαν ἐξ αὐτοῦ γενέσθαι.
4. Εἰκότως δὲ καὶ μιαιφόνος λέγεται καὶ βροτολοιγός, καὶ ἀλαλάξιος καὶ βριήπυος, μεγίστης ἐν ταῖς παρατάξεσιν ὑπὸ τῶν μαχομένων ἀφιεμένης φωνῆς, ὅθεν καὶ ὄνους τινὲς αὐτῷ σφαγιάζουσι διὰ τὸ ταραχῶδες καὶ γεγωνὸν τῆς ὀγκήσεως, οἱ πλεῖστοι δὲ κύνας διὰ τὸ θρασὺ καὶ ἐπιθετικὸν τοῦ ζῴου.
5. Τιμᾶσθαι δ' ὑπὸ Θρᾳκῶν μάλιστα καὶ Σκυθῶν καὶ τῶν τοιούτων ἐθνῶν λέγεται, παρ' οἷς ἡ τῶν πολεμικῶν ἄσκησις εὐδοκιμεῖ καὶ τὸ ἀνεπιστρεφὲς τῆς δίκης.
6. Γῦπα δ' ἱερόν φασιν αὐτοῦ ὄρνιν εἶναι διὰ τὸ πλεονάζειν ὅπου πότ' ἂν πτώματα πολλὰ ἀρηΐφθορα ᾖ.

22.
1. Μετὰ δὲ ταῦτα περὶ τοῦ Ποσειδῶνος ὦ παῖ, λεκτέον.
2. Προείρηται μὲν ὅτι ὁ αὐτός ἐστι τῇ τεταγμένῃ κατὰ τὸ ὑγρὸν δυνάμει, νῦν δὲ παραμυθητέον τοῦτο.
3. Πρῶτον μὲν οὖν φυτάλιον αὐτὸν ἐπωνόμασαν, ἐπειδὴ τοῦ φύεσθαι τὰ ἐκ γῆς γενόμενα ἢ ἐν αὐτῇ δηλονότι ἰκμὰς παραιτία ἐστίν: εἶτα ἐνοσίχθονα καὶ ἐνοσίγαιον καὶ σεισίχθονα καὶ τινάκτορα γαίας ὡς οὐ παρ' ἄλλην αἰτίαν τῶν σεισμῶν

2. Aus diesem Grunde ist überliefert, dass Ares ein Sohn des Zeus sei [und mit keinem anderen Sinn wird Athene als *„die, die einen starken Vater hat"* (obrimopatre, Homer, *Il.* V 747 u.ö.) bezeichnet]. Zu Enyo sind sich die Autoren uneinig, die einen bezeichnen sie als Mutter, die anderen als Tochter, wieder andere als Amme des Ares, doch dies macht keinen Unterschied. Enyo ist die, die zu Wut und Stärke (*enieisa thymon*) bei den Kämpfenden anregt; oder sie wird in euphemistischer Weise von daher benannt, dass sie am wenigsten milde und anständig ist.

3. Ares erhielt aber seinen Namen von „fassen" (*hairein*) und „töten" (*anairein*) oder von „Verfluchung" (*ara*), das heißt Schaden; oder wieder im gegensätzlichen Sinne, als ob man ihn für sich sanft stimmt, wenn man ihn so bezeichnet: Er wirkt in jedem Gefüge nämlich spaltend und verletzend [dies kommt nun von „gefügt sein" (*arsai*), das heißt, „übereinstimmen" (*harmosai*)]. Davon hat freilich die Harmonia auch etwas, von der man den Mythen erzählt, dass sie von Ares abstamme.

4. Zu Recht wird er auch Blutbefleckter (*miaiphonos*, Homer, *Il.* V 31 u.ö.) und „Menschentöter" (*brotoloigos*, Homer, *Od.* VIII 115 u.ö.) genannt, ebenso „Dem das Kriegsgeschrei ertönt" (*alalaxios*) und „Brüllender" (*briepyos*, Homer, *Il.* XIII 521), weil keine Stimme lauter erschallen kann als die von den Kämpfern in den Schlachtreihen. Daher opfern ihm auch einige Esel, weil sie Durcheinander anrichten und so durchdringend schreien. Die meisten opfern aber Hunde, wegen des kühnen und angriffslustigen Charakters dieser Tiere.

5. Es heißt, er werde am meisten bei den Thrakern und Skythen und den anderen Völkern verehrt, bei denen das kriegerische Wesen hoch geschätzt, das Rechtswesen aber unterentwickelt sei.

6. Der Geier, so sagt man, sei sein heiliger Vogel, weil diese überall dort gehäuft vorkommen, wo viele zuvor in der Schlacht Gefallene liegen.

22. Poseidon

1. Nach diesem, mein junger Schüler, ist über Poseidon zu sprechen.

2. Schon zuvor wurde gesagt (Kap. 4), dass er derselbe ist wie die Kraft, die dem Feuchten zugeordnet ist; nun aber soll dieses durch die Mythen ausgeführt werden.

3. Zuerst nannten sie ihn „Fruchtbarkeit befördernd" (*phytalion*), weil offenbar die der Erde innewohnende Feuchtigkeit auch eine Ursache für all das Wachsen (*phyesthai*) dessen ist, was aus der Erde entsteht. Dann heißt er „Landerschütterer" (*enosichthon*), „Erderschütterer" (*enosigaios*), „Erderbeber" (*seisichthon*) und „Erdschwingender" (*tinaktor gaias*), weil Erdbeben aus

γινομένων ἢ παρὰ τὴν εἰς τὰς ἐν τῇ γῇ σήραγγας ἔμπτωσιν τῆς τε θαλάττης καὶ τῶν ἄλλων ὑδάτων· στενοχωρούμενα γὰρ τὰ ἐν αὐτῇ πνεύματα καὶ ἔξοδον ζητοῦντα κλονεῖσθαι καὶ ῥήγνυσθαι αὐτὴν ποιεῖ, ἀποτελουμένων ἔσθ' ὅτε καὶ μυκημάτων κατὰ τὴν ῥῆξιν· εὐλόγως ὑπό τινων καὶ μυκητὰς εἴρηται τῆς θαλάττης τινα τοιοῦτον ἦχον ἀποτελούσης, ἀφ' οὗ καὶ ἠχήεσσα καὶ ἀγάστονος καὶ πολύφλοισβος λέγεται· ἐντεῦθεν δὲ ἔδοξαν καὶ οἱ ταῦροι αὐτῷ προσήκειν, καὶ θύουσιν αὐτῷ ταύρους.
4. Παμμέλανας διὰ τὴν χροιὰν τοῦ πελάγους καὶ ἐπεὶ ἄλλως τὸ ὕδωρ μέλαν εἶναι λέγουσιν, εὐλόγως ἤδη κυανοχαίτου αὐτοῦ εἰρημένου καὶ ἐν ἐσθῆτι εἰσαγομένου τοιαύτῃ· τούτου δ' ἔνεκεν καὶ τοὺς ποταμοὺς κερασφόρους καὶ ταυρωποὺς ἀναπλάττουσιν, ὡσὰν βίαιόν τι τῆς φορᾶς αὐτῶν καὶ μυκητικὸν ἐχούσης· καὶ γὰρ ὁ Σκάμανδρος παρὰ τῷ ποιητῇ *ἤρυγεν ὡς ὅτε ταῦρος*.
5. Κατ' ἄλλον δὲ τρόπον γαιήοχος λέγεται ὁ Ποσειδῶν καὶ θεμελιοῦχος ὑπό τινων καὶ θύουσιν αὐτῷ Ἀσφαλείῳ Ποσειδῶνι πολλαχοῦ ὡσὰν ἐπ' αὐτῷ κειμένου τοῦ ἀσφαλῶς ἑστάναι τὰ οἰκήματα ἐπὶ τῆς γῆς καὶ αὐτοῦ δέοντος.
6. Τρίαινα δ' αὐτοῦ φόρημά ἐστι πότερον ἐπεὶ χρῶνται αὐτῇ πρὸς τὴν τῶν ἰχθύων θήραν ἢ ὡς ἐπιτηδείου τούτου τοῦ ὀργάνου πρὸς τὴν κίνησιν τῆς γῆς ὄντος, ὡς εἴρηται καὶ *αὐτὸς δ' ἐννοσίγαιος ἔχων χείρεσσι τρίαιναν ἡγεῖτ', ἐκ δ' ἄρα πάντα θεμείλια χεῦε θύραζε*.
7. Ἔχεταί τινος ἀποκεκρυμμένου ἐτύμου αὐτή τε καὶ ὁ Τρίτων καὶ Ἀμφιτρίτη, εἴτουν πλεονάζοντος τοῦ τ στοιχείου, ἀπὸ δὲ τῆς ῥύσεως αὐτῶν οὕτως ὠνομασμένων, εἴτε καὶ παρ' ἄλλην αἰτίαν.
8. Ὁ δὲ Τρίτων δίμορφος ὢν τὸ μὲν ἔχει μέρος ἀνθρώπου, τὸ δὲ κήτους, ἐπειδὴ καὶ τὸ εἰρημένον ὑγρὸν τὴν μὲν ὠφελητικὴν ἔχει δύναμιν, τὴν δὲ βλαπτικήν.
9. Καλεῖται δ' εὐρύστερνος ὁ Ποσειδῶν διὰ τὸ πλάτος τοῦ πελάγους, ὡς εἴρηται καὶ *ἐπ' εὐρέα νῶτα θαλάσσης*.

keinem anderen Grund entstehen, als dass das Meer oder anderes Gewässer in die in der Erde befindlichen Klüfte stürzt. Die in die Erde eingepressten Gase, die sich ihren Weg nach draußen suchen, bewirken, dass sie in heftige Bewegung gerät und aufreißt, wobei dann auch beim Aufreißen manchmal das donnernde Brüllen zustande kommt.
Sinnigerweise wird er darum auch von einigen „Donnerbrüller" genannt, weil das Meer einen so gearteten Widerhall (*echo*) auslöst, weswegen es auch „Widerhallendes" (*echeessa*) und „Laut Stöhnendes" (*agastonos*) und „Vielrauschendes" (*polyphloisbos*, Homer, *Il.* I 34 u.ö.) heißt. Von daher scheinen ihm auch Stiere zu entsprechen, und man opfert ihm Stiere –
4. gänzlich schwarze wegen der Farbe der Tiefsee und weil sie (*sc.* die Dichter) an anderer Stelle sagen, das Wasser sei schwarz. Sinnigerweise heißt er (*sc.* Poseidon) daher „*Der Schwarzgelockte*" (*kyanochaites*, Homer, *Il.* XX 144; *Od.* IX 136) und ist auch in solcher Kleidung dargestellt.
Deswegen stellt man Flüsse auch als mit Hörnern versehen oder mit Stierfüßen dar, weil deren Fließbewegung etwas Gewalttätiges und Brüllendes anhaftet. Denn auch der Skamander „*brüllte wie ein Stier*" beim Dichter (Homer, *Il.* XX 403; vgl. *Il.* XXI 237).
5. In anderer Hinsicht wird Poseidon von einigen auch „Erdumspanner" (*gaieochos*, vgl. z. B. Homer, *Il.* IX 183; *Od.* IX 528) oder „die Grundlage Haltender" (*themeliouchos*) genannt, und man opfert vielerorts ihm, dem „sichernden Poseidon", weil es von ihm abhängt, ob die Häuser sicher auf der Erde stehen, und es seiner dazu bedarf.
6. Das Attribut, das er trägt, ist der Dreizack, entweder weil man diesen für die Fischjagd zu gebrauchen pflegt oder weil es das übliche Werkzeug für die Bewegung der Erde ist, wie es heißt: „*Und der Erderschütterer selbst, den Dreizack in Händen führend, ging voran und alle Grundschichten* goss er zur Tür hinaus" (vgl. Homer, *Il.* XII 27–28; dort allerdings am Ende: πάντα θεμείλια κύμασι πέμπε, „alle Grundschichten stieß er mit den Wogen voraus").
7. Der Dreizack (*triaina*) hält sich an eine verborgene wahre Bedeutung, und zwar sie selbst wie auch Triton und Amphitrite, möglicherweise ist der Buchstabe *tau* (*sc.* „t") zu viel und sie sind benannt nach ihrer fließenden Bewegung (*rhysis*), vielleicht aber auch aus einem anderen Grund.
8. Was Trition betrifft: Dieser ist zweigestaltig, er hat einerseits einen menschlichen Anteil, andererseits auch den eines Seeungeheuers, wie auch das zuvor schon erwähnte feuchte Element einerseits eine nützliche, andererseits eine zerstörende Macht innehat.
9. Poseidon heißt auch „breitbrüstig" (*eurusternos*) wegen der Weite der See, wie es heißt, „*auf dem breiten Rücken des Meeres*" (Hesiod, *theog.* 781).

10. Λέγεται δὲ ἐκ τούτου καὶ εὐρυμέδων καὶ εὐρυβίας, ἵππιος δὲ τάχα ἀπὸ τοῦ ταχεῖαν τὴν διὰ θαλάττης φορὰν εἶναι καθάπερ ἵπποις ἡμῶν ταῖς ναυσὶ χρωμένων, ἐντεῦθεν ἤδη καὶ ἐπίσκοπον αὐτὸν εἶναι τῶν ἵππων παραδεξαμένων τῶν μετὰ ταῦτα.
11. Λέγεται δὲ παρά τισι καὶ νυμφαγέτης καὶ κρηνοῦχος διὰ τὰς προειρημένας αἰτίας: νύμφαι γάρ εἰσιν αἱ τῶν ποτίμων ὑδάτων πηγαί.
12. Ἀπὸ τοῦ ἀεὶ νέαι φαίνεσθαι ἢ ἀπὸ τοῦ φαίνειν οὕτως ὠνομασμέναι.
13. Τὰς δὲ γαμουμένας νύμφας καλοῦσιν ἀπὸ τοῦ νῦν πρώτως φαίνεσθαι κρυπτομένας τέως.
14. Τοῦ δ' αὐτοῦ λόγου ἔχεται καὶ τὸ Ποσειδῶνος υἱὸν εἶναι τὸν Πήγασον, ἀπὸ τῶν πηγῶν ὠνομασμένον.
15. Διὰ δὲ τὴν θεωρουμένην βίαν περὶ τὴν θάλατταν καὶ πάντας τοὺς βιαίους καὶ μεγαλεπιβούλους γενομένους, ὡς τὸν Κύκλωπα καὶ τοὺς Λαιστρυγόνας καὶ τοὺς Ἀλωείδας, Ποσειδῶνος ἐμύθευσαν ἐκγόνους εἶναι.

23.
1. Ὁ δὲ Νηρεὺς ἡ θάλαττά ἐστι, τοῦτον ὠνομασμένη τὸν τρόπον ἀπὸ τοῦ νεῖσθαι δι' αὐτῆς.
2. Καλοῦσι δὲ τὸν Νηρέα καὶ ἅλιον γέροντα διὰ τὸ ὥσπερ πολιὰν ἐπανθεῖν τοῖς κύμασι τὸν ἀφρόν: καὶ γὰρ ἡ Λευκοθέα τοιοῦτόν τι ἐμφαίνει, ἥτις λέγεται θυγάτηρ Νηρέως εἶναι, δηλονότι τὸ λευκὸν τοῦ ἀφροῦ.

24.
1. Πιθανὸν δὲ καὶ τὴν Ἀφροδίτην μὴ δι' ἄλλο τι παραδεδόσθαι γεγονυῖαν ἐν τῇ θαλάττῃ ἢ ἐπειδὴ πρὸς τὸ πάντα γενέσθαι κινήσεως δεῖ καὶ ὑγρασίας, ἅπερ ἀμφότερα δαψιλῆ κατὰ τὴν θάλατταν ἐστιν.
2. Ἐστοχάσαντο δὲ τοῦ αὐτοῦ καὶ οἱ Διώνης αὐτὴν θυγατέρα εἰπόντες εἶναι: διερὸν γὰρ τὸ ὑγρόν ἐστιν.
3. Ἀφροδίτη δέ ἐστιν ἡ συνάγουσα τὸ ἄρρεν καὶ τὸ θῆλυ δύναμις, τάχα διὰ τὸ ἀφρώδη τὰ σπέρματα τῶν ζῴων εἶναι ταύτην ἐσχηκυῖα τὴν ὀνομασίαν ἤ, ὡς Εὐριπίδης ὑπονοεῖ, διὰ τὸ τοὺς ἡττωμένους αὐτῆς ἄφρονας εἶναι.

10. Daher heißt er auch der „Sich weit Erstreckende" (*eurymedon*, Pindar, *Ol.* 8,31) und „Weitherrschende" (*eurybias*, Pindar, *Ol.* 6,51), ebenso auch „Schutzgott der Reiter" (*hippios*), womöglich weil die Bewegung durch das Meer, wenn wir Schiffe benutzen, genauso schnell ist wie auf Pferden; demgemäß wurde dann angenommen, dass er der Herr der Pferde sei.

11. Er wird auch von einigen „Nymphengebieter" (*nymphagetes*) und „Quellenherrscher" (*krenouchos*) genannt, der schon erwähnten Gründe wegen.

12. Die Nymphen (*nymphai*) sind nämlich die Quellen des Trinkwassers, und sie wurden so von „frisch erscheinen" (*neai phainesthai*) oder vom Glitzern (*phainein*) so genannt.

13. Man nennt auch die heiratsfähigen Mädchen „Nymphen", von „nun erstmals erscheinen" (*nun ... phainesthai*), nachdem sie zuvor verhüllt waren.

14. Bis dahin nimmt man auch an, dass Pegasus der Sohn des Poseidon ist, weil er nach den „Quellen" (*apo ton pegon*) benannt ist.

15. Aufgrund der offensichtlichen Gewalt des Meeres erzählt man in den Mythen, dass all die Gewalttätigen und die, die gewalttätig und besonders hinterlistig sind, etwa der Zyklop, die Lästrygonen und die Aloeiden, Poseidons Abkömmlinge seien.

23. Nereus

1. Nereus ist das Meer, in dieser Weise so genannt, weil man in ihm schwimmt (neisthai).

2. Sie nennen aber Nereus den „Meeresgreis", denn der Schaum zeigt sich auf den Wellen wie weißes Haar. Auch Leukothea, von der sie sagen, sie sei seine Tochter, hat etwa diese Erscheinungsform, offenbar aufgrund der weißen Farbe des Schaumes.

24. Aphrodite

1. Aus keinem anderen Grund ist überzeugend überliefert, dass Aphrodite im Meer entstanden sei, als aus diesem: weil zum Entstehen des Alls Bewegung und Feuchtigkeit vonnöten sind, beides Dinge, die reichlich im Meer vorhanden sind.

2. Es zielten die auf den gleichen Zusammenhang diejenigen, die Dione als ihre Tochter bezeichneten. „Nass" (*dieron*) ist nämlich das Feuchte (*hyron*).

3. Aphrodite nun ist die Kraft, die das Männliche und das Weibliche zueinander bringt. Sie hat ihren Namen wohl davon, dass das Sperma aller Lebewesen schäumt (*afrodes*), oder, wie Euripides annimmt, weil diejenigen, die ihr unterliegen, „blöde" (*aphron*, vgl. Euripides, *Troad.* 989) sind.

4. Καλλίστη δὲ παράγεται διὰ τὸ μάλιστα ἀρηρεκέναι τοῖς ἀνθρώποις τὴν κατὰ συμπλοκὴν ἡδονὴν ὡς πάντων τῶν ἄλλων διαφέρουσαν, λέγεται δὲ καὶ φιλομειδὴς διὰ τοῦτο: οἰκεῖα γὰρ τὰ μειδιάματα καὶ ἡ ἱλαρότης τῶν τοιούτων συνόδων ἐστί.
5. Παρέδρους δὲ καὶ συμβώμους τὰς Χάριτας ἔχει καὶ τὴν Πειθὼ καὶ τὸν Ἑρμῆν διὰ τὸ πειθοῖ προσάγεσθαι καὶ λόγῳ καὶ χάρισι τοὺς ἐρωμένους ἢ διὰ τὸ περὶ τὰς συνουσίας ἀγωγόν.
6. Κυθέρεια δ' εἴρηται διὰ τὰς ἐκ τῶν μίξεων γινομένας κυήσεις ἢ διὰ τὸ κεύθεσθαι τὰ πολλὰ τὰς τῶν ἀφροδισίων ἐπιθυμίας.
7. Ἐκ τούτου δ' ἤδη καὶ ἱερὰ τῆς Ἀφροδίτης ἡ τῶν Κυθήρων νῆσος εἶναι δοκεῖ, τάχα δὲ καὶ ἡ Κύπρος, συνᾴδουσά πως τῇ κρύψει κατὰ τοὔνομα.
8. Ἡ δὲ Πάφος ἴδιον αὐτῆς οἰκητήριόν ἐστι, Παφίας λεγομένης, τάχα κατ' ἔλλειψιν ἀπὸ τοῦ ἀπαφίσκειν, ὅ ἐστιν ἀπατᾶν: ἔχει γὰρ κατὰ μὲν τὸν Ἡσίοδον "*μειδήματά τ' ἐξαπατάς τε*", κατὰ δὲ τὸν Ὅμηρον *πάρφασιν, ἥ τ' ἔκλεψε νόον πύκα περ φρονεόντων*.
9. Ὁ δὲ *Κεστὸς ἱμάς* [ὡς] οἷον κεκασμένος ἐστὶν ἢ διακεκεντημένος καὶ ποικίλος, δύναμιν ἔχων τοῦ συνδεῖν καὶ συσφίγγειν.
10. Καλεῖται δ' οὐρανία τε καὶ πάνδημος καὶ ποντία διὰ τὸ καὶ ἐν οὐρανῷ καὶ ἐν γῇ καὶ ἐν θαλάττῃ τὴν δύναμιν αὐτῆς θεωρεῖσθαι.
11. [Ἀκύρους δὲ καὶ οὐκ ἐμποινίμους τοὺς ἀφροδισίους ὅρκους ἔφασαν εἶναι, παρ' ὅσον κἂν ᾖ ῥᾳδία παρασχεθῆναι μεθ' ὅρκων ἐπάγεσθαι συμβέβηκε τοὺς πειρῶντας ἃς ἂν πειρῶσι.]
12. Περιστερᾷ δὲ τῶν ὀρνέων χαίρει μάλιστα τῷ καθάρειον εἶναι τὸ ζῷον καὶ φιλοφρονητικὸν διὰ τῶν ὡσανεὶ φιλημάτων, ἀνάπαλιν δ' ὗς διὰ τὴν ἀκαθαρσίαν ἀλλοτρία αὐτῆς εἶναι δοκεῖ.
13. Τῶν γε μὴν φυτῶν ἡ μὲν μυρσίνη διὰ τὴν εὐωδίαν Ἀφροδίτης εἶναι διείληπται, ἡ δὲ οἰλύρα διά τε τοὔνομα[, ὅτι τῷ φιλεῖν παρακειμένως ἐξενήνεκται,] καὶ ἐπεὶ πρὸς τὰς τῶν στεφάνων πλοκὰς εἰώθασιν αὐτῇ μάλιστα χρῆσθαι.
14. Τὴν δὲ πύξον φυλάττονται τῇ θεῷ προσφέρειν ἀφοσιούμενοί πως ἐπ' αὐτῆς τὴν πυγήν.

4. Sie ist als außerordentlich schön dargestellt, weil das erbaulichste für die Menschen die Lust des Beischlafs ist, die sich von allen anderen Lüsten unterscheidet, weshalb sie auch „gern lächelnd" (*philomeides*) genannt wird. Das Lächeln und die Heiterkeit gehören zu derartigen Begegnungen dazu.

5. Ihr zur Seite gestellt sind und mit ihr verehrt werden die Chariten, die Überzeugung (*Peitho*) und Hermes, weil die Geliebten durch Überredungskunst, durch Wort und Charme und durch das Verlockende am Beischlaf verführt werden.

6. Sie heißt auch Kythereia wegen der Schwangerschaften (*kyeseis*), die aufgrund des Verkehrs entsteht, oder weil die sexuellen Lüste zumeist verborgen gehalten werden (*keuthesthai*).

7. Darum scheint nun auch die Insel Kythera der Aphrodite heilig zu sein (vgl. Hesiod, theog. 198), vielleicht auch Zypern (*Kypros*), weil dies vom Wortklang her der „Verborgenheit" (krypsis) ähnelt.

8. Paphos ist aber ihr eigenes Stammgebiet, weshalb sie auch „die Paphische" (*Paphia*) genannt wird – vielleicht, mit einer Auslassung, von „apaphiskein", was „betrügen" bedeutet. Nach Hesiod sind ihr „*Gelächter, Spiele der Täuschung*" (Hesiod, *theog.* 205) zueigen, nach Homer „*schmeichelnde Bitte, die selbst dem Verständigsten raubt die Besinnung*" (Homer, *Il.* XIV 217).

9. Ihr „*gestickter Brustgürtel*" (*kestos himas*, Homer, *Il.* XIV 214) ist gleichsam ausgezeichnet (*kekasmenos*) und bestickt (*diakekentemenos*) und bunt. Er hat die Kraft zusammenzubinden und zusammenzuschnüren.

10. Sie heißt „die Himmlische" (*ourania*) und „die im Volk Wirkende" (*pandemos*) und „Meeresbewohnerin" (*pontia*), weil ihre Macht im Himmel wie auf Erden wie auch im Meer ersehen werden kann.

11. [Sie sagen, dass Liebesschwüre ungültig seien und ihr Bruch nicht strafbar sei; insofern hat es sich ergeben, gerade wenn es für sie (*sc.* Aphrodite) leicht ist, (*sc.* das Erbetene) zu gewähren: Mit Schwüren gewinnen die Männer, die es versuchen, die Mädchen, bei denen sie es versuchen, für sich.]

12. Von allen Vögeln gefällt ihr am meisten die Taube, weil sie ein reines (*kathareion zoon*) und freundlich gesonnenes Lebewesen sei, gleichsam wegen ihr Küsse; umgekehrt scheint ihr das Schwein wegen seiner Unreinheit (*akatharsia*) zuwider zu sein.

13. Von den Pflanzen, glaubt man, ist die Myrte der Aphrodite wegen ihres Wohlgeruches zueigen, die Linde aber wegen des Namens [weil sich dieser von „lieben" (*philein*) herleitet] und weil man sie gewöhnlich am ehesten zum Kränzeflechten verwendet.

14. Man hütet sich aber, der Göttin den Buxbaum (*pyxos*) darzubringen, weil man dadurch irgendwie bei ihr den Hintern (*pyge*) verehrt.

25.
1. Οὐδὲν δὲ παράδοξον εἰ τοιαύτῃ οὔσῃ αὐτῇ συντιμᾶται καὶ συμπάρεστιν ὁ Ἔρως, τῶν πλείστων καὶ Ἀφροδίτης υἱὸν αὐτὸν παραδεδωκότων, ὃς δὴ παῖς μέν ἐστι διὰ τὸ ἀτελῆ τὴν γνώμην καὶ εὐεξαπάτητον ἔχειν τοὺς ἐρῶντας, πτερωτὸς δέ, ὅτι κουφόνους ποιεῖ ἢ ὅτι ὡς ὄρνις ἀεὶ προσίπταται ταῖς διανοίαις ἀθρόως, τοξότης δ', ἐπεὶ πληγῇ τινι ὅμοιον ἀπὸ τῆς προσόψεως οἱ ἁλισκόμενοι αὐτῷ πάσχουσιν, οὔτε πλησιάσαντες οὔθ' ἁψάμενοι τῶν καλῶν, ἀλλὰ μακρόθεν αὐτοὺς ἰδόντες· ἀποδίδοται δὲ καὶ λαμπὰς αὐτῷ, πυροῦν δοκοῦντι τὰς ψυχάς.
2. Ἔρωτα δ' αὐτὸν εἰρῆσθαι πιθανὸν ἀπὸ τῆς ἐπιζητήσεως τῶν ἐρωμένων· τάττεται γὰρ ἐπὶ τοῦ ζητεῖν τὸ ἐρεῖν, ὡς εἴρηται τὸ Ἴφιτος αὖθ' ἵππους ἐρέων – ἐντεῦθεν, οἶμαι, καὶ τῆς ἐρεύνης ὠνομασμένης.
3. Καὶ πλείους δὲ Ἔρωτες παραδίδονται διὰ τὴν πολυτροπίαν τῶν ἐρώντων καὶ τὸ πολλοῖς τοιούτοις ὀπαδοῖς κεχορηγῆσθαι τὴν Ἀφροδίτην.
4. Καλεῖται δὲ καὶ Ἵμερος εἴτουν παρὰ τὸ ἵεσθαι καὶ φέρεσθαι ἐπὶ τὴν ἀπόλαυσιν τῶν ὡραίων ὠνομασμένος εἴτε κατὰ μίμησιν τῆς περὶ τὴν διάνοιαν ἐκστάσεως ὡς μεμωρῶσθαι περὶ ταύτην· Πόθος δ' ἀπὸ τῆς τῶν φιλημάτων μιμήσεως, ὅθεν ἔσχε τὴν κλῆσιν καὶ ὁ πάππας, ἢ ἀπὸ τοῦ πολλὰ πυνθάνεσθαι περὶ τῶν ἐρωμένων τοὺς ἐρῶντας καὶ αὐτῶν ἐκείνων, πόθεν ἔρχονται καὶ ποῦ ἦσαν.
5. Ἔνιοι δὲ καὶ τὸν ὅλον κόσμον νομίζουσιν Ἔρωτα εἶναι, καλόν τε καὶ ἐπαφρόδιτον καὶ νεαρὸν ὄντα καὶ πρεσβύτατον ἅμα πάντων καὶ πολλῷ κεχρημένον πυρὶ καὶ ταχεῖαν ὥσπερ ἀπὸ τοξείας ἢ διὰ πτερῶν τὴν κίνησιν ποιούμενον·

26.
1. Τοῦτον δ' ἄλλως εἶναι καὶ τὸν Ἄτλαντα, ἀταλαιπώρως ἀποδιδόντα τὰ κατὰ τοὺς ἐμπεριεχομένους ἐν αὐτῷ λόγους γινόμενα καὶ οὕτω καὶ τὸν οὐρανὸν βαστάζοντα, ἔχειν δὲ κίονας μακρὰς τὰς τῶν στοιχείων δυνάμεις, καθ' ἃς τὰ μὲν ἀνωφερῆ ἐστι, τὰ δὲ κατωφερῆ· ὑπὸ τούτων γὰρ διακρατεῖσθαι τὸν οὐρανὸν καὶ τὴν γῆν· ὁλοόφρονα δ' αὐτὸν εἰρῆσθαι διὰ τὸ

25. Eros

1. Es widerspricht keineswegs den beschriebenen Zusammenhängen, dass Eros, den die meisten als den Sohn der Aphrodite ansehen, mit dieser verehrt und in Zusammenhang gebracht wird. Er ist ein Kind, weil die Liebenden unreif in ihrem Denken und leicht zu verwirren sind; er wird mit Flügeln dargestellt, weil er sie leichtsinnig macht oder weil er immer wie ein Vogel plötzlich in ihren Verstand flattert; als Bogenschütze deswegen, weil diejenigen, welche von ihm überwunden werden, vom bloßen Anblick her etwas einer Wunde gleich erleiden, obwohl sie ihren Geliebten weder nahe gekommen sind noch diese berührt, sondern lediglich von Weitem gesehen haben. Eine Fackel ist ihm auch als Attribut beigegeben, weil er scheinbar die Seelen entzündet.

2. Es ist überzeugend, dass er „Eros" heißt, abgeleitet von der Suche nach zu Liebenden (*eromenoi*). Zum „Suchen" kann nämlich auch die Wortfolge „fragen nach" (*erein*) eingeordnet werden, wie es auch heißt: „*Iphitos war dort auf der Suche nach Pferden*" (nach Homer, *Od.* XXI 22); von daher ist, wie ich meine, auch das Wort „Nachspüren" (*ereune*) benannt.

3. Es sind viele Eroten überliefert, aufgrund der Gewandtheit der Liebenden und weil Aphrodite mit vielen derartigen Begleitern ausgestattet ist.

4. Er wird auch „Sehnsucht" (*himeros*) gerufen, entweder benannt nach dem Hinstürzen (*hiesthai*) und Wegeilen zum Genuss der Jugend und Schönheit oder in Anlehnung an eine „Verrückung" im Denken, so dass er darin (*sc.* im Denken) betäubt ist (*memorosthai*). Auch heißt er Verlangen (*pothos*) in Anlehnung an die Küsse, von daher kommt auch die Bezeichnung „Papa". Oder davon, dass Liebende von ihren Gebliebten viel wissen wollen (*polla pynthanesthai*) sowie jene über sie selbst: woher (*pothen*) sie kämen, oder wo (*pou*) sie seien.

5. Einige aber meinen, dass der gesamte Kosmos „Eros" sei, weil er schön, liebenswert und jugendlich sei. Er ist das jüngste und älteste aller Dinge zugleich, mit großer Feuersbrunst bestückt, flink in Bewegung wie von einem Bogen abgeschossen oder mit Schwingen fliegend.

26. Atlas

1. Ganz anders als dieser sei Atlas, der mühelos (*atalaiporos*) leiste, was entsprechend der in ihm enthaltenen Prinzipien geschehe und so den Himmel halte; er habe als große Säulen die Mächte der Weltelemente inne, denen gemäß das

περὶ τῶν ὅλων φροντίζειν καὶ προνοεῖσθαι τῆς πάντων αὐτοῦ τῶν μερῶν σωτηρίας.
2.' Εκ δ' αὐτοῦ τὰς Πλειάδας γεγονέναι παρισταμένου ὅτι πάντα τὰ ἄστρα πλείονα ὄντα ἐγέννησεν, 'Αστραίῳ τε καὶ Θαύμαντι ὁ αὐτὸς ὤν· οὔτε γὰρ ἵσταται, τὸ σύνολον ἀνηρέμητος ὑπάρχων, εἰ καὶ ὅτι μάλιστα εὖ βεβηκέναι δοκεῖ καὶ ἀσάλευτος εἶναι, θαυμασμόν τε τοῖς ἐφεστῶσιν ἐπὶ τὴν διάταξιν αὐτοῦ πολὺν ἐμποιει.

27.
1. Τοῦτον εἶναι καὶ τὸν Πᾶνα, ἐπειδὴ τῷ παντὶ ὁ αὐτός ἐστι. Καὶ τὰ μὲν κάτω λάσια καὶ τραγώδη διὰ τὴν τῆς γῆς δασύτητα ἔχειν, τὰ δ' ἄνω ἀνθρωπόμορφα διὰ τὸ ἐν τῷ αἰθέρι τὸ ἡγεμονικὸν εἶναι τοῦ κόσμου, ὃ δὴ λογικόν ἐστι.
2. Λάγνον δὲ καὶ ὀχευτὴν αὐτὸν παρεισάγεσθαι διὰ τὸ πλῆθος ὧνπερ εἴληφε σπερματικῶν λόγων καὶ τῶν κατὰ σύμμιξιν ἐξ αὐτῶν γινομένων.
3. ' Εν ταῖς ἐρήμοις δὲ διατρίβειν μάλιστα τῆς μονότητος αὐτοῦ διὰ τούτου παρισταμένης· εἷς γὰρ καὶ μονογενὴς ὁ κόσμος ἐστί.
4. Τὰς δὲ Νύμφας διώκειν, ἐπειδὴ χαίρει ταῖς ἐκ τῆς γῆς ὑγραῖς ἀναθυμιάσεσιν, ὧν χωρὶς οὐδ' οἷόν τ' ἐστὶν αὐτὸν συνεστάναι· τὸ δὲ σκιρτητικὸν αὐτοῦ καὶ παικτικὸν τὴν ἀεὶ κίνησιν τῶν ὅλων ἐμφαίνει.
5. Νεβρίδα δὲ ἢ παρδαλῆν αὐτὸν ἐνῆφθαι διὰ τὴν ποικιλίαν τῶν ἄστρων καὶ τῶν ἄλλων χρωμάτων ἃ θεωρεῖται ἐν αὐτῷ.
6. Συρικτὴν δὲ εἶναι τάχα μὲν διὰ τὸ ὑπὸ παντοίων ἀνέμων διαπνεῖσθαι, τάχα δ' ἐπεὶ τὴν ἐμμέλειαν ἀγριοφανῆ καὶ αὐστηρὰν ἀλλ' οὐ πρὸς ἐπίδειξιν ἔχει.
7. Τῷ δὲ ἐν τοῖς ὄρεσιν αὐτὸν καὶ τοῖς σπηλαίοις διαιτᾶσθαι καὶ τὸ τῆς πίτυος στέμμα ἐπηκολούθησεν, ὄρειόν τι καὶ μεγαλοπρεπὲς ἔχοντος τοῦ φυτοῦ, ἔτι δὲ τὸ Πανικὰς λέγεσθαι ταραχὰς τὰς αἰφνιδίους καὶ ἀλόγους· οὕτω γάρ πως καὶ αἱ ἀγέλαι καὶ τὰ αἰπόλια πτοεῖται ψόφου τινὸς ἐξ ὕλης ἢ τῶν ὑπάντρων καὶ φαραγγωδῶν τόπων ἀκούσαντα.

eine aufwärtsstrebend, das andere aber abwärtsstrebend ist. Von diesen würden Himmel und Erde zusammengehalten. Er wird auch „ganzheitlich denkender" (*holoophron*) genannt, weil er an die Gesamtheit denkt und das Wohlergehen aller seiner Teile vorsehend überblickt.

2. Aus ihm seien die Pleiaden entstanden, woraus bewiesen wird, dass er die gesamte Fülle der Sterne hervorgebracht hat, er ist also der gleiche wie Astraios und wie Thaumas. Er verharrt nämlich nirgends, überhaupt gibt er sich rastlos, wenn auch seine Bewegung größtenteils gefällig und unerschütterlich anmutet und er gewaltige Bewunderung erregt bei denen, die sich an seine Anordnung halten.

27. Pan

1. Dies [*sc*. der Kosmos] sei auch Pan, da dieser mit dem All (*to panti*) identisch ist. Auch sei er unten zottig und bocksgestaltig, weil er von der Erde die Behaarung hat, oben aber sei er von menschlicher Gestalt, weil alles Lenkende (*hegemonikos*) der Welt, das heißt, alles Einsichtige (*logikos*) im Luftbereich (*aither*) beheimatet sei.

2. Als wollüstiger Beischläfer wurde er dargestellt aufgrund der Fülle von elementaren Sinnelementen (*spermatikoi logoi*), die er innehat, und der Dinge, die daraus durch Vermischung entstanden sind.

3. In Einöden halte er sich am ehesten auf, weil sich seine Einzigartigkeit dadurch ergibt: einheitlich (*heis*) und einzigartig (*monogenes*) ist ja auch der Kosmos.

4. Er steige den Nymphen nach, weil er das aus der Erde aufsteigende Feuchte liebt, ohne das es nicht einmal möglich wäre, dass er selbst Bestand hätte. Seine Lust am Springen und Schäkern zeigt die ewige Bewegung aller Dinge an.

5. Er sei mit dem Fell eines Hirschkalbes oder eines Panthers bekleidet wegen der Buntheit der Sterne und der weiteren Farben, die an ihm zu sehen sind.

6. Er sei ein Flötenspieler, wohl weil [*sc*. das All] von allen möglichen Winden durchweht wird; oder vielleicht weil es eine harmonische Melodie habe, wild wahrzunehmen und roh, keineswegs aber leicht zu verdeutlichen.

7. Aus dem Umstand, dass er sich in den Bergen und Höhlen herumtreibt, ergibt sich das Attribut des Fichtenkranzes – die Pflanze hat ja etwas gebirgswüchsiges und hochwachsendes an sich. Weiterhin werden plötzlich auftretende und logisch nicht zu erklärende Verwirrungen „panische Schrecken" (*panikas*) genannt, genauso wie auch die Geißen und Ziegenherden vor Angst scheuen, wenn sie aus dem Gehölz, dem Untergrund oder den Schluchten irgend einen Laut hören.

8. Οἰκείως δὲ καὶ τῶν ἀγελαίων θρεμμάτων αὐτὸν ἐπίσκοπον ἐποιήσαντο, τάχα μὲν διὰ τοῦτο καὶ κεράστην αὐτὸν καὶ δίχηλον πλάττοντες, τάχα δὲ τὸ διττὸν τῶν ἐξεχόντων ἐν αὐτῷ ὤτων αἰνιττόμενοι.
9. Ἴσως δ' ἂν οὗτος καὶ ὁ Πρίαπος εἴη, καθ' ὃν πρόεισιν εἰς φῶς πάντα, τῶν ἀρχαίων δεισιδαιμόνως καὶ ἁδρῶς διὰ τούτων ἃ ἐφρόνουν περὶ τῆς τοῦ κόσμου φύσεως παριστάντων.
10. Ἐμφαίνει γοῦν τὸ μέγεθος τῶν αἰδοίων τὴν πλεονάζουσαν ἐν τῷ θεῷ σπερματικὴν δύναμιν, ἡ δ' ἐν τοῖς κόλποις αὐτοῦ παγκαρπία τὴν δαψίλειαν τῶν ἐν ταῖς οἰκείαις ὥραις ἐντὸς τοῦ κόλπου φυομένων καὶ ἀναδεικνυμένων καρπῶν.
11. Παρεισάγεται δὲ καὶ αὐτὸς φύλαξ τῶν τε κήπων καὶ τῶν ἀμπέλων, ἐπειδὴ κατὰ τὸν γεννῶντά ἐστι καὶ τὸ σῴζειν ἃ γεννᾷ καὶ τοῦ Διὸς ἐντεῦθεν σωτῆρος εἶναι λεγομένου, καὶ τὸ μὲν πολύφορον καὶ καθαρὸν αἱ ἄμπελοι παριστᾶσι, μάλιστα δὲ τὸ ποικίλον καὶ ἐπιτερπὲς καὶ ῥᾳδίαν τὴν γένεσιν ποιούμενον οἱ κῆποι, τοιαύτην ὡς ἐπίπαν αὐτοῦ καὶ τὴν ἐσθῆτα ἔχοντος.
12. Δρέπανον δὲ ἐν τῇ δεξιᾷ χειρὶ προτείνει πότερον ἐπεὶ τούτῳ χρῶνται πρὸς τὴν κάθαρσιν τῶν ἀμπέλων ἢ ἐπεὶ κατὰ τὸν τηροῦντά τί ἐστι καὶ καθωπλίσθαι πρὸς ἀσφάλειαν αὐτοῦ ἢ ὡς τῆς αὐτῆς δυνάμεως μετὰ τὸ ἐνεγκεῖν τὰ ὄντα ἐκτεμνούσης αὐτὰ καὶ φθειρούσης.
13. Ἀγαθὸς δὲ Δαίμων ἤτοι πάλιν ὁ κόσμος ἐστι βρίθων καὶ αὐτὸς τοῖς καρποῖς ἢ ὁ προεστὼς αὐτοῦ λόγος, καθ' ὅσον δατεῖται καὶ διαμερίζει τὸ ἐπιβάλλον ἀγαθὸς διαιρέτης ὑπάρχων.
14. Προστάτης δὲ καὶ σωτὴρ τῶν οἰκείων ἐστὶ τῷ σῴζειν καλῶς τὸν ἴδιον οἶκον καὶ ὑπόδειγμα παρέχειν ἑαυτὸν καὶ τοῖς ἄλλοις.
15. Τὸ δὲ τῆς Ἀμαλθείας κέρας οἰκεῖον αὐτῷ φόρημά ἐστιν, ἐν ᾧ ἅμα πάντα ἀλδήσκει τὰ κατὰ τοὺς οἰκείους καιροὺς φυόμενα, ἀλλ' οὐ περὶ ἕν τι αὐτῷ γινόμενα, περὶ πολλὰ δὲ ἀθρόως καὶ ποικίλα, ἢ ἐπεὶ ἐμπεριόδως ἀμαλδύνει καὶ πάλιν κεραΐζει πάντα ἢ διὰ τὴν γινομένην ἐξ αὐτοῦ πρὸς τὸ πονεῖν προτροπὴν ὡς τῶν ἀγαθῶν μὴ μαλακιζομένοις προσγινομένων.

8. Passend hatte man ihn zum Wächter der Herdenzöglinge gemacht; vielleicht schlagen ihn die Steinmetze deswegen gehörnt und mit gespaltenen Klauen. Vielleicht aber deutet man so auch das Paar der Ohren, die an ihm hervorstehen.
9. Er könnte auch identisch mit Priapos sein, dem gemäß alle Dinge „ans Licht treten" (*proeisin eis phos*), denn die Alten stellten voller Furcht vor dem Geisterreich und in schwülstiger Weise dadurch dar, was sie über die Natur der Welt dachten.
10. So legt nun die Größe seines Gliedes die alles Maß überschreitende, alle Möglichkeiten der Entfaltung in sich tragende (*spermatikos*) Macht offen, die dem Gott zu eigen ist. Die Fülle von Früchten in seinem Schoß repräsentiert das Übermaß der zur ihnen gemäßen Jahreszeit an seinem Busen gewachsenen und geweihten Früchte.
11. Er wird auch als Wächter der Gärten und Weinberge eingeführt, weil es dem Erzeuger zukommt, auch zu erhalten (*sozein*), was er erzeugt, daher wird Zeus auch als „Erhalter" (*soter*) bezeichnet. Die Trauben stehen für seinen Ertragreichtum und seine Reinheit, die Gärten am ehesten für das Vielfältig-Bunte und Erfreuende und was das Werden leicht macht, und überhaupt hat er auch nach dieser Art gestaltete Gewänder.
12. Er hält eine Sichel in seiner rechten Hand, entweder weil man diese für den Rebenschnitt verwendet, oder weil es dem, der etwas zu bewachen hat, zukommt, auch zu seiner Sicherheit bewaffnet zu sein, oder als Sinnbild dafür, dass ein und dieselbe Kraft nach dem Hervorbringen das Bestehende abschneidet und vernichtet.
13. Der Gute Geist (*Agathos Daimon*) ist nun entweder wiederum die Welt (*kosmos*), voll beladen mit Früchten, oder die Vernunft (*logos*), die sie leitet, soweit der zugrunde liegende gute Teiler das Zufallende teilt und zuteilt.
14. Er ist Beschützer und Erhalter der häuslichen Angelegenheiten, weil er das eigene Haus wohl bewahrt und sich selbst als Vorbild auch für die anderen hinstellt.
15. Es ist ihm zu eigen, das Horn (*keras*) der Amaltheia zu tragen, in dem alle jeweils zu ihrer gewohnten Zeit wachsenden Früchte zugleich sprießen (*hama ... aldeskei*). Was ihm aber entsteht, entsteht nicht als Einzelheit, sondern in Vielheit, reichlich und vielfältig; entweder ist es (sc. das Horn der Amaltheia) davon benannt, dass es alles periodisch abschwächt (*amaldynei*) und zerstört (*keraizei*), oder dadurch, das durch dieses der Antrieb zu harter Arbeit entsteht, wie auch gute Dinge nicht (*a-*) verweichlichten Menschen (*malakizomenos*) zukommen.

28.
1. Ἑξῆς δὲ περὶ Δήμητρος καὶ Ἑστίας, ὦ παῖ, λεκτέον· ἑκατέρα δ' ἔοικεν οὐχ ἑτέρα τῆς γῆς εἶναι.
2. Ταύτην μὲν γὰρ διὰ τὸ ἑστάναι διὰ παντὸς Ἑστίαν προσηγόρευσαν οἱ παλαιοὶ ἢ διὰ τὸ ταύτην ὑπὸ τῆς φύσεως ἐσωτάτω τεθεῖσθαι ἢ διὰ τὸ ἐπ' αὐτῆς ὡσανεὶ ἐπὶ θεμελίου τὸν ὅλον ἑστάναι κόσμον, διὰ δὲ τὸ μητρὸς τρόπον φύειν τε καὶ τρέφειν πάντα Δήμητραν οἱονεὶ γῆν μητέρα οὖσαν ἢ Δηὼ μητέρα τῷ καὶ αὐτὴν καὶ τὰ ἐπ' αὐτῆς ἀφθόνως ἐφεῖσθαι τοῖς ἀνθρώποις δατεῖσθαι καὶ δαίνυσθαι ἢ ἐπ' αὐτῆς δήειν, ὅ ἐστιν εὑρίσκειν, ἃ ἐπιζητοῦσι.
3. Παρεισάγεταί τε ἡ μὲν Ἑστία παρθένος διὰ τὸ τὴν ἀκινησίαν μηδενὸς εἶναι γεννητικήν – καὶ τούτου χάριν καὶ ὑπὸ παρθένων νεωκορεῖται –, ἡ δὲ Δημήτηρ οὐκέτι, ἀλλὰ τὴν Κόρην τετοκυῖα οἷον τὴν Κόρον ἡ πρὸς τὸ τρέφεσθαι μέχρι κόρου ὕλη.
4. Τὸ δ' ἀείζωον πῦρ ἀποδέδοται τῇ Ἑστίᾳ διὰ τὸ καὶ αὐτὸ δοκεῖν εἶναι ὄν, τάχα δ' ἐπεὶ τὰ πυρὰ ἐν κόσμῳ πάντα ἐντεῦθεν τρέφεται καὶ διὰ ταύτην ὑφέστηκεν ἢ ἐπεὶ ζείδωρός ἐστι καὶ ζῴων μήτηρ, οἷς αἴτιον τοῦ ζῆν τὸ πυρῶδές ἐστι.
5. Στρογγύλη δὲ πλάττεται καὶ κατὰ μέσους ἱδρύεται τοὺς οἴκους διὰ τὸ καὶ τὴν γῆν τοιαύτην εἶναι καὶ οὕτως ἱδρῦσθαι συμπεπιλημένην, ὅθεν κατὰ μίμησιν ἡ γῆ τε καὶ χθὼν προσηγόρευται.
6. Τάχα δὲ ἡ χθὼν ἀπὸ τοῦ χείεσθαι ἤτοι χωρεῖν πάντα ἐκλήθη, ὡς εἴρηται τὸ *οὐδὸς δ' ἀμφοτέρους ὅδε χείσεται*.
7. Μυθεύεται δὲ πρώτη τε καὶ ἐσχάτη γενέσθαι τῷ εἰς ταύτην ἀναλύεσθαι τὰ ἀπ' αὐτῆς γινόμενα καὶ ἐξ αὐτῆς συνίστασθαι, καθὸ κἂν ταῖς θυσίαις οἱ Ἕλληνες ἀπὸ πρώτης τε αὐτῆς ἤρχοντο καὶ εἰς ἐσχάτην αὐτὴν κατέπαυον.
8. Στέμματα δ' αὐτῇ λευκὰ περίκεινται τῷ στέφεσθαι καὶ καλύπτεσθαι πανταχόθεν αὐτὴν ὑπὸ τοῦ λευκοτάτου στοιχείου.
9. Ἡ μέντοι Δημήτηρ κατὰ τὸ ἀναδοτικὸν τῶν σπερμάτων εἰδοποιουμένη πάνυ οἰκείως εἰσάγεται στάχυσιν ἐστεφανωμένη.

28. Demeter und Hestia

1. Anschließend, mein Schüler, ist über Demeter und Hestia zu sprechen. Jede von beiden scheint nicht verschieden zu sein von der Erde.
2. Die Früheren benannten diese nämlich einerseits Hestia, weil sie „durch alles steht" (*hestanai dia pantos*) oder weil sie von der Natur in das Innerste gestellt (*esotato tetheisthai*) wurde, oder weil die gesamte Welt auf ihr steht (*hestanai*) wie auf einem Grundstein. Weil sie aber andererseits nach Art einer Mutter alles ernährt und aufzieht, nannten die Früheren sie Demeter, gleich als ob die Erde die Mutter (*ge meter*) wäre; oder Deo im Sinne von „Mutter" (*Deo Meter*), weil sowohl sie selbst als auch alles auf ihr Befindliche überreichlich den Menschen überlassen ist, aufzuteilen und zu verteilen oder weil man auf ihr entdeckt (*deein*), das heißt findet, was man sucht.
3. Sie führen Hestia als Jungfrau ein, weil Unbeweglichkeit (*akinesis*, vgl. oben 28,2: *hestanai*) nichts hervorbringt – und dank dessen wird sie gerade von jungen Mädchen verehrt. Demeter allerdings nicht mehr, sondern sie hat die Kore geboren, gleichsam also die „Sattheit" (*koros*), also den Stoff, der für die Ernährung bis zur Sättigung notwendig ist.
4. Das ewig brennende Feuer wird Hestia zugesprochen, weil es doch selbst etwas Seiendes zu sein scheint. Möglicherweise aber auch daher, dass alle Feuer der Welt von ihr her Nahrung finden und wegen ihr bestehen, oder weil sie Getreidespenderin und Mutter aller Lebewesen ist, die Ursache für deren Leben ist eben das Feuerhafte.
5. Bildlich stellt man sie sich gerundet vor, und sie wird mitten in den Häusern aufgestellt, weil auch die Erde so gestaltet ist und in verdichteter Form so platziert ist, weswegen die Erde in Nachahmung auch *chthon* genannt wird.
6. Vielleicht wird sie auch *chthon* genannt von „ausgegossen werden (*cheiesthai*), oder von „alles enthalten" (*chorein panta*), wie es heißt: „*die Schwelle wird Raum für uns beide haben!*" (Homer, *Od.* XVIII 17).
7. In den Mythen heißt es, dass sie die erste und die letzte sei, weil zu dieser sich auflöst das was von ihr entsteht und sich wieder aus ihr heraus bildet, weswegen die Griechen die Opfer auch zuerst bei ihr begannen und zum Schluss bei ihr beendeten.
8. Sie ist mit weißen Binden umgeben, weil sie von allen Seiten von dem weißesten Element bekränzt und verhüllt ist.
9. Demeter wird offensichtlich entsprechend der Aussaat von Saatgut bildlich dargestellt und wird somit höchst angemessen als mit Ähren bekränzt präsentiert,

10. Τοῦτο γὰρ ἀναγκαιότατον ὧν κεχάρισται τοῖς ἀνθρώποις ἡ ἥμερος τροφή, ἐστί.
11. Ταύτην δὲ μυθεύεται σπεῖραι διὰ τῆς οἰκουμένης ὁ Τριπτόλεμος ὁ Ἐλευσίνιος ἀναβιβασάσης αὐτὸν ἐπὶ πτερωτῶν δρακόντων ὄχημα τῆς Δήμητρος.
12. Ἔοικε γὰρ πρῶτός τις τῶν παλαιῶν δρακεῖν καὶ συνιέναι θεοῦ τινος ἐπὶ μετεωροτέραν ἐπίνοιαν ἀναβιβάσαντος τὸν μεταχειρισμὸν τῆς κριθῆς, ὃν τρόπον τρίβεται καὶ διακρίνεται διὰ τοῦ εἰς τὸν ἀέρα ἀναρριπτεῖσθαι ἀπὸ τῶν ἀχύρων: [διὸ καὶ κριὸς ἐπιτηδείως ἔχει πρὸς τὴν σποράν:] ἐντεῦθεν δὲ τὴν ὀνομασίαν εἴληφεν, ὁ τρίψας τὰς οὐλάς: οὐλαὶ δὲ λέγονται αἱ κριθαί:'Ελευσὶν δὲ ὁ τόπος, ὅπου πρώτως εὑρέθησαν.
13. Ἐκλήθη καὶ ἡ Δημήτηρ Ἐλευσινία ἀπὸ τῆς αὐτόθι πρῶτον ἐλεύσεως γενομένης τοῖς ἀνθρώποις εἰς ἀνθρώπινον ὄντως βίον.
14. Ἁρπάσαι δ' ὁ Ἅιδης τὴν θυγατέρα τῆς Δήμητρος ἐμυθεύθη διὰ τὸν γινόμενον ἐπὶ χρόνον τινα τῶν σπερμάτων κατὰ γῆς ἀφανισμόν.
15. Προσεπλάσθη δ' ἡ κατήφεια τῆς θεοῦ καὶ ἡ διὰ τοῦ κόσμου ζήτησις.
16. Τοιοῦτον γάρ τι καὶ παρ' Αἰγυπτίοις ὁ ζητούμενος καὶ ἀνευρισκόμενος ὑπὸ τῆς Ἴσιδος Ὄσιρις ἐμφαίνει καὶ παρὰ Φοίνιξιν ὁ ἀνὰ μέρος παρ' ἓξ μῆνας ὑπὲρ γῆν τε καὶ ὑπὸ γῆν γινόμενος Ἄδωνις, ἀπὸ τοῦ ἁδεῖν τοῖς ἀνθρώποις οὕτως ὠνομασμένου τοῦ Δημητριακοῦ καρποῦ.
17. Τοῦτον δὲ πλήξας κάπρος ἀνελεῖν λέγεται διὰ τὸ τὰς ὗς δοκεῖν ληιβότειρας εἶναι ἢ τὸν τῆς ὕνεως ὀδόντα αἰνιττομένων αὐτῶν, ὑφ' οὗ κατὰ γῆς κρύπτεται τὸ σπέρμα: διατετάχθαι δὲ ὧδε, παρά τε τῇ Ἀφροδίτῃ τὸν ἴσον χρόνον μένειν τὸν Ἄδωνιν καὶ παρὰ τῇ Περσεφόνῃ, δι' ἣν εἴπομεν αἰτίαν.
18. Ἐκάλεσαν δὲ Περσεφόνην τὴν τῆς Δήμητρος θυγατέρα διὰ τὸ ἐπίπονον εἶναι καὶ πόνων οἰστικὴν τὴν ἐργασίαν ἢ τῷ ἐκ πόνων ὑπομονὴν φέρεσθαι.
19. Νηστεύουσι δ' εἰς τιμὴν τῆς Δήμητρος ἤτοι γεραίροντες αὐτὴν ἰδίῳ τρόπῳ τινὶ ἀπαρχῆς ἢ διὰ τοῦ πρὸς μίαν ἡμέραν ἀπέχεσθαι τῶν δεδομένων αὐτοῖς ὑπ' αὐτῆς ἢ κατ' εὐλάβειαν ἐνδείας παρεισεληλυθότος τοῦ θεοῦ: ἐπειδὴ δὲ ἔσπειρον, ἀφῄρουν ἀπὸ τῶν ἰδίων χρεῶν, καθὸ παρὰ τὸν τοῦ σπόρου καιρὸν τὴν ἑορτὴν αὐτῆς ἄγουσι.

28. Demeter und Hestia

10. denn dies ist das notwendigste von dem, was den Menschen geschenkt ist, nämlich die selbst angebaute Nahrung.

11. In den Mythen wird erzählt, dass Triptolemos aus Eleusis diese (*sc.* die Nahrung) über den ganzen Erdkreis ausgestreut hätte, nachdem Demeter ihn auf ihrem Wagen mit den geflügelten Schlangen habe aufsteigen lassen (*anabibazein*).

12. Es schien nämlich einer der ältesten Vorfahren, durch einen Gott zu einer höheren Einsicht erhoben (*anabibazein*), den angemessenen Umgang mit Gerste zu erblicken (*drakein*) und zu erkennen, auf welche Weise sie gedroschen und vom Spreu getrennt werde, nämlich indem man sie in die Luft wirft. [Deshalb ist auch die Kichererbse geeignet zur Aussaat]. Von daher hat er (*sc.* Triptolemos) auch seinen Namen erhalten: Der die Gerstenkörner schrotet (*tripsas tas oulas*). „Gerstenkörner" steht nämlich für „Gerste". Eleusis ist der Ort, an dem sie zuerst entdeckt wurden.

13. Der Begriff „eleusinische Demeter" ist davon abzuleiten, dass den Menschen dort zuerst die Ankunft (*eleusis*) zu einem wirklich menschlichen Leben zuteil wurde.

14. Wegen der zeitweisen Unsichtbarkeit des sich unter der Erde befindlichen Samens heißt es in den Mythen, Hades habe die Tochter der Demeter geraubt.

15. Hinzugedichtet wurde dann die Trauer der Göttin und ihre weltweite Suche.

16. So etwas zeigt auch bei den Ägyptern der von Isis gesuchte und wieder aufgefundene Osiris und bei den Phöniziern der im sechsmonatigen Wechsel auf und unter der Erde weilende Adonis. Er ist danach benannt, dass die Frucht der Demeter die Menschen erfreut (*hadein*) hat.

17. Diesen, so sagt man, habe ein Eber getroffen und getötet, weil die Schweine Verwüster der Saaten zu sein scheinen, oder man meint damit eigentlich die Schar des Pfluges (*hynis*, vgl. Plutarch, *quaest. conviv.* 670a), von der die Saat unter der Erde verborgen wird. Folgendermaßen sei die Anordnung getroffen worden: Adonis solle bei Aphrodite wie auch bei Persephone die gleiche Zeit verweilen, aus besagtem Grund.

18. Sie nennen Demeters Tochter „Persephone", weil sie mit Mühsal verbunden ist (*epiponos*) und weil eine Tätigkeit eben Mühen mit sich bringt – oder weil die oder weil man von den Mühen Ausdauer gewinnt.

19. Man fastet zu Ehren der Demeter und ehrt sie mit einer eigentümlichen Art von Erstlingsgaben, oder durch eintägige Entsagung von dem, was einem von ihr gegeben wurde, aus Vorsicht vor Mangel, wenn der Gott sich heimlich eingefunden hat.

Wenn sie nämlich säten, zweigten sie etwas von ihrem eigenen lebensnotwendigen Anteil ab und begehen beim rechten Zeitpunkt für das Säen ihr (*sc.* der Demeter) Fest.

20. Περὶ δὲ τὸ ἔαρ τῇ Χλόῃ Δήμητρι θύουσι μετὰ παιδιᾶς καὶ χαρᾶς, ἰδόντες χλοάζοντα καὶ ἀφθονίας αὐτοῖς ἐλπίδα ὑποδεικνύντα.
21.' Ἐντεῦθεν δὲ καὶ ὁ Πλοῦτος τῆς Δήμητρος υἱὸς ἔδοξεν εἶναι.
22. Καλῶς γὰρ εἴρηται τὸ *σίτου καὶ κριθῆς, ὦ νήπιε, πλοῦτος ἄριστος*.
23. Καὶ ἐναντίον πώς ἐστι τῷ λιμώττειν τὸ περιουσιάζεσθαι, εἰς ὃ καὶ ἀπιδὼν ὁ Ἡσίοδός φησιν: '*Ἐργάζευ, Πέρση, δῖον γένος, ὄφρα σε λιμὸς ἐχθαίρῃ, φιλέῃ δέ σ' εὐπλόκαμος Δημήτηρ*.
24. Θύουσι δ' ὃς ἐγκύμονας τῇ Δήμητρι πάνυ οἰκείως, τὸ πολύγονον καὶ εὐσύλληπτον καὶ τελεσφόρον παριστάντες.
25.' Ἀνατιθέασι δ' αὐτῇ καὶ τὰς μήκωνας κατὰ λόγον: τό τε γὰρ στρογγύλον καὶ περιφερὲς αὐτῶν παρίστησι τὸ σχῆμα τῆς γῆς σφαιροειδοῦς οὔσης, ἥ τε ἀνωμαλία τὰς κοιλότητας καὶ τὰς ἐξοχὰς τῶν ὀρῶν, τὰ δ' ἐντὸς τοῖς ἀντρώδεσι καὶ ὑπονόμοις ἔοικε, σπέρματά τε ἀναρίθμητα γεννῶσιν ὥσπερ ἡ γῆ.
26. Διὰ δὲ τὴν ἀφθονίαν τῶν σιτηρῶν ἐπαύσαντο οἱ ἄνθρωποι δυσπόρισταν καὶ ἀμφιδήριτον τὴν τροφὴν ἔχοντες, ὥστε καὶ συντιθέμενοί τινα πρὸς ἀλλήλους περὶ τῶν κατὰ τὰ ἠροτριωμένα μέτρων καὶ διανεμόμενοι τὰ γεννώμενα δικαίως ἀρχηγὸν ἔλεγον νόμων καὶ θεσμῶν τὴν Δήμητραν αὐτοῖς γεγονέναι: ἐντεῦθεν θεσμοθέτιν αὐτὴν προσηγόρευσαν οἷον νομοθέτιν οὖσαν, οὐκ ὀρθῶς τινων θεσμὸν ὑπολαβόντων εἰρῆσθαι τὸν καρπὸν ἀπὸ τοῦ αὐτὸν ἀποτίθεσθαι καὶ θησαυρίζεσθαι.
27. Μυστήρια δ' ἄγειν ἤρξαντο αὐτῇ φιλοσοφοῦντες, ἅμα τῇ εὑρέσει τῶν πρὸς τὸν βίον χρησίμων καὶ τῇ πανηγύρει χαίροντες ὡς μαρτυρίῳ χρώμενοι τοῦ πεπαῦσθαι μαχομένους αὐτοὺς ἀλλήλοις περὶ τῶν ἀναγκαίων μυσιᾶν τε, ὅ ἐστι κεκορῆσθαι: πιθανὸν γὰρ ἐντεῦθεν ὠνομάσθαι τὰ μυστήρια, ὅθεν καὶ μυσία παρά τισιν ἡ Δημήτηρ, ἢ ἀπὸ τοῦ μώσεως δεῖσθαι τὰ δυσξύμβλητόν τι ἔχοντα.

28. Demeter und Hestia

20. Im Frühling aber bringen sie der „grünen Demeter" (*Demeter Chloe*) in Spiel und Ausgelassenheit Opfer dar, weil sie das aufkeimende Grün beobachten, das in ihnen eine Hoffnung auf Fülle weckt.
21. Von daher meinen sie auch, dass der Reichtum (*ploutos*) ein Sohn der Demeter sei.
22. So heißt es doch so schön: „*Reichtum an Weizen und Gerste ist das beste, du Tor!*" (vgl. Hesiod, *theog.* 971).
23. Und das Gegenteil vom Hungern ist doch wohl der Überfluss, was auch Hesiod so sah, als er sagte: „*Arbeite, hochgeborener Perses, damit dich der Hunger hasse, doch dich liebe Demeter, die herrlich bekränzte*" (Hesiod, *erg.* 300).
24. Man opfert der Demeter ganz passend trächtige Sauen und hebt damit hervor, dass sie vieles erzeugen, leicht empfangen und ertragreich sein kann.
25. Man widmet ihr auch Mohn mit folgendem Grund: Das Runde und Kreisförmige (*sc.* am Mohn) nämlich stellt die Form der Erde dar, die ja selbst kugelförmig ist, seine Unregelmäßigkeit die Einbuchtungen und Erhebungen der Berge. Sein Inneres (*sc.* des Mohns) ähnelt den Höhlen und unterirdischen Gängen; wie auch die Erde bringt der Mohn ja unzähligen Samen hervor.
26. Aufgrund des Überflusses an Feldfrüchten war für die Menschen die Zeit der schwer zu beschaffenden und zweifelhaften Nahrung vorbei, so dass sie auch untereinander bestimmte Verträge schlossen über die Maße längs der gepflügten Flächen und die Erzeugnisse gerecht verteilten, und so nannten sie Demeter die Urheberin für ihr Recht und ihre Gesetze. Von daher sagt man, dass sie Gesetzgeberin (*thesmothetis*), also Spenderin des Rechts sei, wenn auch von einigen das „Gesetz" (*thesmos*) fälschlich als Frucht (*karpos*) aufgefasst wurde, abgeleitet von „zur Seite legen" und „horten".
27. Indem sie philosophierten begannen sie auch, Mysterien für sie einzurichten, weil sie sich freuten sowohl über die Erkenntnis des fürs Leben Notwendigen als auch über die feierlichen Opferversammlungen. Dadurch gaben sie Zeugnis darüber, dass sie damit aufgehört hatten, über die notwendigen Dinge miteinander zu kämpfen und derer nun fast schon überdrüssig (*mysian*), das heißt satt (*kekoresthai*), waren. Es ist nämlich einleuchtend, dass die „Mysterien" von da her benannt sind, weshalb von manchen Demeter auch „die überdrüssige" (*mysia*) heißt, oder von daher, dass dasjenige, das etwas Unverständliches an sich hat, der Untersuchung (*mosis*) bedarf.

29.
1. Διὰ δὲ ταύτην τὴν αἰτίαν καὶ ἐκ Θέμιδος λέγεται ὁ Ζεὺς γεννῆσαι τὰς Ὥρας, ὑφ' ὧν τὰ ἀγαθὰ πάντα καθ' ἡμᾶς ὡρεύεται καὶ φυλάττεται.
2. Καλεῖται δ' αὐτῶν ἡ μὲν Εὐνομία ἀπὸ τῆς τοῦ ἐπιβάλλοντος διανεμήσεως, ἡ δὲ Δίκη ἀπὸ τοῦ δίχα χωρίζειν ἀπ' ἀλλήλων τοὺς διαφερομένους, ἡ δὲ Εἰρήνη ἀπὸ τοῦ διὰ λόγου καὶ οὐ δι' ὅπλων διακρίνεσθαι ποιεῖν: ἐκάλουν γὰρ τὸν λόγον εἰρήνην: ὁ δὲ πόλεμος ἀπὸ τοῦ πολλοὺς ὀλλύναι οὕτως ὠνόμασται ἢ ἀπὸ τοῦ παλάμαις σπεύδειν περιγίνεσθαι τῶν ἐναντίων.

30.
1. Οἰκείως δ' ἔδοξεν Εἰρήνῃ κατά τι καὶ ὁ Διόνυσος εἶναι, τῶν ἡμέρων δένδρων ἐπίσκοπος ὢν καὶ δοτὴρ θεός, καὶ διὰ ταῦτα σπονδὰς ποιοῦνται: δενδροκοποῦνται γὰρ αἱ χῶραι τοῖς πολέμοις: ἐν εἰρήνῃ δὲ καὶ τὰ τῶν εὐωχιῶν θάλλει, οἷς ἀναγκαιότατος ὁ οἶνός ἐστι.
2. Τυγχάνει δὲ ὁ Διόνυσος ἤτοι διόνυξος ὢν η] οἷον διάνυσος παρὰ τὸ διαίνειν ἡμᾶς ἡδέως ἢ ὡσανεὶ διάλυσος κεκλημένος, ἀφ' ἧς ἀρχῆς καὶ λύσιον αὐτὸν καὶ λυαῖον ἐπωνόμασαν [λύοντα τὰς μερίμνας]: τινὲς δέ φασιν ἀπὸ τοῦ τὸν Δία περὶ τὸ Νύσιον ὄρος φῆναι πρῶτον τὴν ἄμπελον παρεληλυθέναι τοῦτο τὸ ὄνομα εἰς τὴν συνήθειαν.
3. Λέγεται δὲ διὰ πυρὸς λοχευθῆναι, τὸ θερμὸν αὐτοῦ καὶ πυρωτικὸν τῶν τε σωμάτων καὶ τῶν ψυχῶν παριστάντος τοῦ μυθοῦ ὄντως γὰρ οἶνός τι πυρὶ ἴσον μένος ἔχει κατὰ τοὺς ποιητὰς –, ἐρραφθεὶς δ' εἰς τὸν μηρὸν τοῦ Διὸς ἐκεῖ τελεσφορηθῆναι διὰ τὸ πεπαίνεσθαι καὶ τελειοῦσθαι τὸν οἶνον, εἰ γὰρ μὴ πεφυκότα γενναῖον ἀποτιθέμενον, ἀτελῆ δ' ὡς πρὸς τὴν χρῆσιν συγκομισθέντα τάδε, ἐπεὶ πρώτη μὲν αὐτοῦ γέννησίς ἐστιν ἡ κατὰ πέπανσιν τῆς ὀπώρας, ἥτις γίνεται

29. Die Jahreszeiten

1. Aus diesem Grund sagt man auch, dass Zeus die Jahreszeiten (*horai*) mit Themis gezeugt habe. Von diesen werden alle für uns guten Dinge behütet (*oreuo*) und bewacht.
2. Die eine von ihnen heißt auch: die „gute Ordnung" (*eunomia*) aufgrund der Verteilung (*dianemesis*) dessen, was uns zukommt, die andere heißt „das Recht" (*dike*), benannt davon, dass man diejenigen, die sich entzweit haben (*dicha*), voneinander trennt, wieder eine andere „der Friede" (*eirene*), benannt davon, dass man durch ein Wort der Vernunft und nicht durch Waffen Entscheidungen herbeiführt, sie nannten nämlich die Vernunft „Friede". Der Krieg (*polemos*) ist nämlich nach „viele verderben" (*pollous ollynai*) so benannt oder davon, dass man sich anstrengt, mit den bloßen Händen (*palamai*) seine Gegner zu überwinden.

30. Dionysos

1. Zu Recht schien in gewisser Hinsicht Dionysos auch der Friede (*eirene*) zu sein, weil er der Aufseher über die kultivierten Bäume und ein freigiebiger Gott ist, und deswegen bringt man ihm Trankopfer dar. Denn im Krieg werden die Länder durch das Umhauen der Bäume verwüstet. Im Frieden aber blüht das Wohlleben, bei dem der Wein das wichtigste ist.
2. Bei Dionysos trifft es sich freilich, dass er ein „Durchstoßener" (*dionyxos*), oder gleichsam ein „Beweiner" (*dianysos*) ist, was sich davon ableitet, dass wir „gern weinen" (*diainein hedeos*); oder heißt gleichsam „Auflöser" (*dialysos*), wovon er ursprünglich auch als Löser (*lysios*) [Löser vom Kummer] und als Befreier (*lysaios*) bezeichnet wurde. Einige aber sagen, der Name komme daher, dass Zeus (*Dia*) erstmals am Berg Nysios den Weinstock in Erscheinung habe treten lassen, und dies sei dann Allgemeingut geworden.
3. Man sagt, dass er durch Feuer zur Welt gekommen sei. Dessen Hitze und das Feurige sowohl der Körper als auch der Seelen hebt der Mythos damit hervor, denn der Wein besitzt ja in der Tat gemäß den Dichtern eine feuergleiche Kraft. Er (*sc.* Dionysos, vgl. Euripides, *bak.* 243) sei eingenäht gewesen in den Schenkel des Zeus und sei dort bis zur Vollendung ausgetragen worden, weil Wein reifen und zur Vollendung kommen muss; nämlich wenn nicht, legt er das natürliche Edle beiseite, das Unvollendete aber wird eingebracht zum Genuss. Dabei geschieht seine (*sc.* des Weines) erste Erzeugung bei der Reife des

καυμάτων ἀκμαζόντων, δευτέρα δ' ἡ κατὰ τὴν πάτησιν, ἐκθλιβομένου τοῖς ποσὶν αὐτοῦ, καὶ τοιοῦτόν τι ἐκ τοῦ μηροῦ συνεκδέχεσθαι δέοντος.
4. Βρόμιος δὲ καὶ Βάκχος καὶ Ἴακχος καὶ εὔιος καὶ βαβάκτης καὶ Ἰόβακχος καλεῖται διὰ τὸ πολλὰς τοιαύτας φωνὰς τοὺς πατοῦντας αὐτὸν πρῶτον, εἶτα τοὺς ἕως μέθης μετὰ ταῦτα χρωμένους ἀφιέναι.
5. Τῆς δ' ἐν τοῖς πότοις παιδιᾶς, εἶτ' ἐκστάσεως σύμβολόν εἰσιν οἱ Σάτυροι τὴν ὀνομασίαν ἐσχηκότες ἀπὸ τοῦ σεσηρέναι καὶ οἱ Σκιρτοὶ ἀπὸ τοῦ σκαίρειν καὶ οἱ Σιληνοὶ ἀπὸ τοῦ σιλαίνειν καὶ οἱ Σευΐδαι ἀπὸ τοῦ σεύειν, ὅ ἐστιν ὁρμᾶν.
6. Διὰ τούτων δ' ἴσως παρίσταται τὸ ὡσανεὶ μετ' ἐκλύσεως καὶ θηλύτητος παράφορον τῶν πινόντων.
7. Τούτου δὲ ἕνεκεν καὶ θηλύμορφος μὲν πλάττεται, κέρατα δὲ ἔχων, ὡσὰν τοὺς μὲν τόνους ἀποβαλλόντων τῶν μεθυσκομένων, βίᾳ δὲ χρωμένων καὶ δυσκάθεκτόν τι καὶ ὁρμητικὸν ἐχόντων.
8. Καὶ τὸ μὲν τῆς ἐσθῆτος ἀνθηρὸν παρίστησι τὴν ποικιλίαν τῆς ὀπώρας, ἡ δ' ἐν τοῖς πλείστοις τῶν πλασμάτων γυμνότης τὸν παρὰ τοὺς πότους γινόμενον ἀπαμφιασμὸν τοῦ τρόπου, καθὸ δοκεῖ καὶ τὸ "οἶνος καὶ ἀλήθεια" εἰρῆσθαι, τάχα διὰ τοῦτο καὶ μαντεῖα ἔσθ' ὅπου τοῦ Διονύσου ἔχοντος.
9. Τῷ δὲ θορυβώδει τῶν μεθυσκομένων οἰκεῖόν τι ἔδοξεν ἔχειν καὶ ὁ τῶν ῥόπτρων ψόφος καὶ τυμπάνων, ἃ παραλαμβάνουσιν εἰς τὰ ὄργια αὐτῶν.
10. Χρῶνται δὲ πολλοὶ καὶ αὐλοῖς παρὰ τὴν συγκομιδὴν τοῦ καρποῦ καὶ ἄλλοις τοιούτοις ὀργάνοις.
11. Ὁ δὲ θύρσος ἐμφαίνει τὸ μὴ ἀρκεῖσθαι τοῖς ἑαυτῶν ποσὶ τοὺς πολὺν οἶνον πίνοντας, τῶν δ' ὑποστηριούντων αὐτοὺς δεῖσθαι.
12. Τινὲς δὲ τῶν θύρσων καὶ ἐπιδορατίδας κρυπτομένας ὑπὸ τοῖς φύλλοις ἔχουσιν ὡσὰν καὶ ὀδυνηφόρου τινὸς ἔσθ' ὅτε κρυπτομένου τῇ παρὰ τὴν πολυποσίαν ἱλαρότητι εἰς ὕβρεις ἐνίων καὶ παρακοπὰς ἐμπιπτόντων, ἀφ' οὗ δὴ μαινόλης τε ὁ Διόνυσος ἐκλήθη καὶ Μαινάδες αἱ περὶ αὐτὸν γυναῖκες.
13. Πλάττεται δὲ καὶ νέος καὶ πρεσβύτης διὰ τὸ πάσῃ ἡλικίᾳ πρόσφορος εἶναι, τῶν μὲν νέων λαβρότερον αὐτῷ χρωμένων, τῶν δὲ πρεσβυτέρων ἥδιον.
14. Οἱ δὲ Σάτυροι παρεισάγονται ταῖς νύμφαις ἐπιμιγνύμενοι καὶ τὰς μὲν πειρῶντες, τὰς δὲ μετὰ παιδιᾶς βιαζόμενοι τῷ τὴν πρὸς τὸ ὕδωρ κρᾶσιν τοῦ οἴνου συνῶφθαι χρησίμην οὖσαν.

30. Dionysos

Frühherbstes, also beim Höhepunkt der Sommerhitze. Die zweite (*sc.* Geburt) geschieht beim Zertreten, wenn er mit den Füßen herausgepresst wird, und dieses ist es, was man unter der mythischen Aussage „aus dem Schenkel" zu verstehen hat.

4. Er heißt Bromios, Bakchos, Iakchos, Euios, Babaktes oder Iobakchos, weil zunächst die, die ihn in der Kelter treten und danach auch die, die ihm bis zur Trunkenheit zusprechen, viele so klingende Laute von sich geben.

5. Symbol für das symposiale Spiel wie auch für die ihm folgende Ekstase sind die Satyrn, deren Name sich von „Grinsen" (*seserenai*) herleitet, wie auch die Skirten, von „hüpfen" (*skairein*), die Silenen von „verhöhnen" (*silainein*), wie auch die Seuiden, von „hetzen" (*seuein*), was soviel wie „antreiben" heißt.

6. Durch diese wird vielleicht der gleichsam mit weibischer Schwäche verbundene hingerissene Zustand der Trinkenden dargestellt.

7. Und deswegen wird er (*sc.* Dionysos) auch in Frauengestalt dargestellt. Er hat andererseits Hörner, weil die Betrunkenen jegliche Hemmungen abwerfen, gewalttätig sind, sowie etwas Ungezügeltes und Aggressives an sich haben.

8. Die Buntheit seiner Gewandung stellt die Vielfarbigkeit des Frühherbstes dar; die Nacktheit allerdings bei den meisten seiner Darstellungen die Entblößung von allen guten Sitten bei den Trinkgelagen – in diesem Zusammenhang sagt man ja anscheinend auch „der Wein und die Wahrheit", und vielleicht hat deswegen auch an manchen Stellen Dionysos Orakelstätten.

9. Etwas Vergleichbares mit dem lärmenden Treiben der Betrunkenen scheint auch der Lärm der Tamburine und Handpauken an sich zu haben, welche sie zu ihren geheimen Gottesdiensten mitnehmen.

10. Viele spielen auch Flöte und andere Instrumente beim Einbringen der Feldfrucht.

11. Der Thyrsosstab zeigt, dass diejenigen, die über die Maßen Wein genossen haben, von ihren eigenen Füßen nicht mehr ausreichend getragen werden und dass sie der Unterstützung bedürfen.

12. Einige Tyrsosstäbe haben oben Lanzenspitzen, von Blättern verborgen, weil manchmal etwas Schmerzbringendes in der Fröhlichkeit im Verlauf der vielen Zechgelage verborgen liegt, und einige fallen in maßlose Zügellosigkeit und Wahn. Daher wird Dionysos auch „Rasender" (*mainoles*) genannt und „Rasende" (*Mainades*) die Weiber, die um ihn herum sind.

13. In der Kunst wird er sowohl als Junger als auch als Alter dargestellt, weil er zu jedem Lebensalter passt, wobei die Jungen ihm gieriger zusprechen, die Alten genussvoller.

14. Die Satyrn werden dargestellt, wie sie sich mit den Nymphen geschlechtlich vermischen: die einen versuchen sie zu verführen, den anderen tun sie im Scherz Gewalt an, weil eben erkannt worden ist, dass die Mischung von Wein und Wasser nützlich ist.

15. Τὰς δὲ παρδάλεις ὑποζευγνύουσι τῷ Διονύσῳ καὶ παρακολουθούσας εἰσάγουσιν ἤτοι διὰ τὸ ποικίλον τῆς χροιᾶς, ὡς καὶ νεβρίδα αὐτός τε περιῆπται καὶ αἱ Βάκχαι, ἢ ὡς καὶ τὰ ἀγριώτατα ἤθη τῆς συμμέτρου οἰνώσεως ἐξημερούσης.
16. Τὸν δὲ τράγον αὐτῷ θύουσι διὰ τὸ λυμαντικὸν δοκεῖν τῶν ἀμπέλων καὶ τῶν συκῶν εἶναι τοῦτο τὸ ζῷον, καθὸ καὶ ἐκδέροντες αὐτὸν εἰς τὸν ἀσκὸν ἐνάλλονται κατὰ τὰς Ἀττικὰς κώμας οἱ γεωργοὶ νεανίσκοι.
17. Τάχα δὲ ἂν χαίροι τοιούτῳ θύματι ὁ Διόνυσος διὰ τὸ ὀχευτικὸν εἶναι τὸν τράγον, ἀφ' οὗ καὶ ὁ ὄνος ἐν ταῖς πομπαῖς αὐτοῦ θαμίζει καὶ οἱ φαλλοὶ αὐτῷ ἀνατίθενται καὶ τὰ φαλλαγώγια ἄγεται· κινητικὸν γὰρ πρὸς συνουσίαν ὁ οἶνος, διὰ τοῦτ' ἐνίων κοινῇ θυόντων Διονύσῳ καὶ Ἀφροδίτῃ.
18. Ὁ δὲ νάρθηξ διὰ τῆς σκολιότητος τῶν κώλων ἐμφαίνει τὸ τῇδε κἀκεῖσε περιφερόμενον τῶν μεθυόντων ἅμα δὲ καὶ ἐλαφροὺς καὶ εὐβαστάκτους αὐτοὺς εἶναι· τινὲς δέ φασιν ὅτι καὶ τὸ ἄναρθρον μὲν τῆς λαλιᾶς αὐτῶν [ὡσανεὶ ἄρθρα ἔχον] παρίστησιν.
19. Ὀρείφοιτοι δ' εἰσὶ καὶ φιλέρημοι αἱ Βάκχαι διὰ τὸ μὴ ἐν ταῖς πόλεσιν, ἀλλ' ἐπὶ τῶν χωρίων γεννᾶσθαι τὸν οἶνον.
20. Διθύραμβος δ' ὁ Διόνυσος ἐκλήθη πότερον ὡς τὸ δίθυρον τοῦ στόματος ἀναφαίνων καὶ ἐκφερομυθεῖν τὰ ἀπόρρητα ποιῶν ἢ ὡς δι' αὐτὸν καὶ ἐπὶ τὰς θύρας ἀναβαινόντων τῶν νέων ἢ ἐμβαινόντων εἰς αὐτάς, ὅ ἐστιν ἐμπιπτόντων καὶ διασαλευόντων τὰ κλεῖθρα.
21. Καθαιρετικὸς δὲ παντὸς οὑτινοσοῦν ὑπάρχων ἔδοξε καὶ πολεμιστὴς εἶναι καὶ πρῶτος καταδεδειχέναι τὸν ἐν ταῖς πολεμικαῖς νίκαις ἀγόμενον θρίαμβον.
22. Ὁ δὲ θρίαμβος ἀπὸ τοῦ θροεῖν καὶ ἰαμβίζειν τὴν κλῆσιν ἔλαχεν, ὅθεν καὶ ἐν τοῖς κατὰ τῶν πολεμίων θριάμβοις πολλοὶ ἀναπαίστοις σκώπτοντες χρῶνται.
23. Καὶ τὴν κίτταν δὲ ὡς λάλον ὄρνεον καθιεροῦσιν αὐτῷ καὶ βασσαρέα καλοῦσιν ἀπὸ τοῦ βάζειν καὶ εἰραφιώτην ἀπὸ τοῦ ἔριν ἀφιέναι.
24. Τῷ κίττῳ δὲ στέφεται διὰ τὴν πρὸς τὴν ἄμπελον ἐμφέρειαν αὐτοῦ καὶ τὴν πρὸς τοὺς βότρυς ὁμοιότητα τῶν κορύμβων[· πέφυκε δὲ καὶ σφάλλειν τὰ δένδρα, ἀνέρπων δι' αὐτῶν καὶ περιπλεκόμενος βιαιότερον τοῖς πρέμνοις].

30. Dionysos

15. Sie (*sc.* die Früheren) machen dem Dionysos Panther untertan und geben an, dass diese ihm nachfolgten, entweder wegen deren schillerndem Fell – wie auch er selbst und ebenso die Bakchen mit Fellen von Kirschkälbern umhüllt sind –, oder weil gerade das wildeste Verhalten vom mäßigen Weingenuss gezähmt wird.
16. Man opfert ihm einen Bock, weil dieses Tier für den Weinstock und den Feigenbaum das schädlichste zu sein scheint; daher schinden ihn auch junge Bauern in den Dörfern Attikas und springen in das abgezogene Fell hinein.
17. Möglicherweise findet Dionysos an derartigen Opfern Gefallen, weil der Bock brünstig ist; deswegen kommt auch der Esel bei den dionysischen Festzügen häufig vor, deswegen werden ihm zu Ehren auch Phalloi aufgestellt und phallische Umzüge zelebriert. Der Wein bewegt nämlich zum Geschlechtsverkehr, und deswegen bringen einige dem Dionysos und der Aphrodite gemeinsame Opfer dar.
18. Die Doldenpflanze (*narthex*) zeigt aufgrund der Krümmung ihres Stängels, dass Betrunkene hierhin und dorthin wanken, zugleich aber seien sie (sc. die Narthexpflanzen) leicht und gut zu tragen. Einige aber sagen, dass sie (sc. die Narthexpflanze) auch die Unartikuliertheit (*to anarthron*) bei deren (sc. der Betrunkenen) Lallen [als ob er eine artikulierte Gliederung hätte!] darstellt.
19. Die Bakchen durchschweifen gern das Gebirge und lieben die Abgeschiedenheit, weil der Wein nicht in den Städten, sondern auf dem Land erzeugt wird.
20. Dionysos wird auch „Dithyrambos" genannt, entweder weil dies den doppeltgeöffneten (*dithuron*) Mund aufzeigt, und weil er (sc. Dionysos) einen dazu bringt, Unaussprechliches auszuplaudern; oder weil seine jungen Anhänger durch ihn (*di auton*) zu den Türen (*epi thyras*) hinaufsteigen (*epibainein*), oder gegen sie treten, das heißt dagegentorkeln und am Türschloss rütteln.
21. Er scheint sich bei allem zerstörerisch zu verhalten und ein Krieger zu sein und als erster den Festzug (*thriambos*), der bei Siegen nach einem Krieg durchgeführt wird, bekannt gemacht zu haben.
22. Der Festzug (*thriambos*) hat seinen Namen erhalten von „verlauten lassen" (*throein*) und „durch Jamben schmähen" (*jambizein*); von daher pflegen auch viele bei den Festzügen gegen ihre Feinde zum Spott anapästische Rhythmen zu skandieren.
23. Sie halten für ihn auch den Eichelhäher heilig, weil er ein häufig schreiender Vogel ist, und nennen ihn „den Fuchshaften" (*bassareios*), weil er geschwätzig ist (*bazein*), und „Eiraphiotes", weil er den Streit abwendet (*erin aphienai*).
24. Er wird mit Efeu bekränzt, wohl wegen seiner Affinität zum Weinstock oder der Ähnlichkeit seiner traubenförmigen Fruchtbüschel mit den Weintrauben [Der Efeu schadet den Bäumen von Natur, indem er an ihnen hochrankt und sie umwindet, und zwar gewaltsamer beim unteren Teil der Stämme].

25. Τὰ δὲ θυμελικὰ ἀκροάματα τὸν Διόνυσον θεραπεύει διὰ τὴν πρὸς τὰς θαλίας οἰκειότητα αὐτῶν, οἷον ᾠδῆς καὶ κιθάρας: "*τὰ γάρ τ' ἀναθήματα δαιτός*".
26. Μυθολογεῖται δ' ὅτι διασπασθεὶς ὑπὸ τῶν Τιτάνων συνετέθη πάλιν ὑπὸ τῆς Ῥέας, αἰνιττομένων τῶν παραδόντων τὸν μῦθον ὅτι οἱ γεωργοί, θρέμματα γῆς ὄντες, συνέχεαν τοὺς βότρυς καὶ τοῦ ἐν αὐτοῖς Διονύσου τὰ μέρη ἐχώρισαν ἀπ' ἀλλήλων, ἃ δὴ πάλιν ἡ εἰς ταὐτὸ σύρρυσις τοῦ γλεύκους συνήγαγε καὶ ἓν σῶμα ἐξ αὐτῶν ἀπετέλεσε.
27. Καὶ ὁ παρὰ τῷ ποιητῇ δὲ μῦθος, ὡς φεύγων ποτὲ τὴν Λυκούργου ἐπιβουλὴν ὁ θεὸς ἔδυ κατὰ θαλάττης, εἶθ' ἡ Θέτις αὐτὸν διέσωσεν, ἐμφανῆ τὴν διάνοιαν ἔχει.
28. Τιθῆναι μὲν γάρ εἰσι τοῦ Διονύσου αἱ ἄμπελοι: ταύτας δ' ὁ Λυκοῦργος τρυγητὴς ὢν ἐσκύλευσε καὶ ἀπεκόσμησεν, εἶθ' ὁ οἶνος θαλάττῃ μιγεὶς ἀσφαλῶς ἀπετέθη.
29. Καὶ περὶ μὲν Διονύσου τοσαῦτα.

31.
1. Ἡρακλῆς δ' ἐστὶν ὁ ἐν τοῖς ὅλοις λόγος καθ' ὃν ἡ φύσις ἰσχυρὰ καὶ κραταιά ἐστιν καὶ ἀπεριγένητος οὖσα, μεταδοτικὸς ἰσχύος καὶ τοῖς κατὰ μέρος καὶ ἀλκῆς ὑπάρχων.
2. Ὠνόμασται δὲ τάχα ἀπὸ τοῦ διατείνειν εἰς τοὺς ἥρωας, ὡς αὐτοῦ ὄντος τοῦ κλεΐζεσθαι τοὺς γενναίους ποιοῦντος: ἥρωας γὰρ ἐκάλουν οἱ παλαιοὶ τοὺς ἁδροὺς τοῖς σώμασι καὶ ταῖς ψυχαῖς καὶ κατὰ τοῦτο τοῦ θείου γένους μετέχειν δοκοῦντας.
3. Οὐ δεῖ δὲ ὑπὸ τῆς νεωτέρας ἱστορίας ἐπιταράττεσθαι: διὰ γὰρ ἀρετὴν ἠξιώθη τῆς αὐτῆς τῷ θεῷ προσηγορίας ὁ Ἀλκμήνης καὶ Ἀμφιτρύωνος υἱός, ὥστε δυσδιάκριτα γεγονέναι τὰ τοῦ θεοῦ ἴδια ἀπὸ τῶν περὶ τοῦ ἥρωος ἱστορουμένων.
4. Τάχα δ' ἂν ἡ λεοντῆ καὶ τὸ ῥόπαλον ἐκ τῆς παλαιᾶς θεολογίας ἐπὶ τοῦτον μετενηνεγμένα εἴη.

25. Alle Theatervorführungen sind wegen ihrer Festesfreude ein Dienst an Dionysos, wie auch der Gesang und das Instrumentenspiel: *„Dies sind die Gaben für das Fest"* (Homer, *Od.* I 52; XXI 130).
26. In den Mythen heißt es, er (*sc.* Dionysos) sei von den Titanen zerrissen, von Rhea aber wieder zusammengesetzt worden. Dadurch deuten diejenigen, die den Mythos überliefern, an, dass die Bauern, die ja Zöglinge der Erde sind, die Trauben zusammengeschüttet haben und die Teile des Dionysos, der in ihnen war, voneinander trennten; aber der Zusammenfluss (*surrusis*) des Mostes brachte sie wieder zusammen und machte aus ihnen wieder einen Körper.
27. Der Mythos beim Poeten (*sc.* Homer), dass der Gott einst auf der Flucht vor der Nachstellung des Lykurg in das Meer eintauchte und dann Thetis ihn rettete, hat einen ganz eindeutigen Sinn.
29. Die Weinstöcke sind doch die Ammen (*tithenai*) des Dionysos; Lykurg, der der Winzer ist, beraubte diese und nahm ihnen die Zierde; hernach wird der Wein mit Meer (*sc.* Wasser) gemischt und sicher verwahrt.
29. Solches ist zu Dionysos zu sagen.

31. Herakles

1. Herakles ist das in allen Dingen waltende Prinzip (*logos*; v. Arnim 1,514 konjiziert *tonos*: „Spannung"), gemäß dem die Natur stark und kraftvoll ist, ebenso unüberwindlich. Daher teilt er Kraft zu und gewährt den Einzelnen auch Stärke.
2. Vielleicht hat er seinen Namen davon, dass er sich auf die Heroen (*heroas*) bezieht, weil er es ist, der edle Menschen berühmt sein lässt. Denn „Heroen" nannten die Früheren Menschen, die in körperlicher und charakterlicher Hinsicht derart ausgereift sind, dass sie deswegen augenscheinlich am göttlichen Geschlecht teilhaben.
3. Man sollte sich nun nicht von neueren Geschichten verwirren lassen. Aufgrund der Tapferkeit (*bzw.* Bestform) wurde nämlich der Sohn der Alkmene und des Amphitryon (*sc.* Herakles) derselben Bezeichnung für wert gehalten wie ein Gott, so dass das, was wirklich dem Gott zu eigen ist, schwer von dem unterscheidbar geworden ist, was über den Heros erzählt wird.
4. Das Löwenfell sowie die Keule mögen wohl in den alten Göttergeschichten auf ihn übertragen worden sein.

5. [Στρατηγὸν γὰρ αὐτὸν ἀγαθὸν γενόμενον καὶ πολλὰ μέρη τῆς γῆς μετὰ δυνάμεως ἐπελθόντα οὐχ οἷόν τε γυμνὸν ἔδοξε περιεληλυθέναι, ξύλῳ μόνον ὡπλισμένον, ἀλλὰ τοῖς ἐπισήμοις τοῦ θεοῦ μετὰ τὸν ἀπαθανατισμὸν ὑπὲρ τῶν εὐεργετουμένων κεκοσμῆσθαι.]
6. Σύμβολον δ' ἂν ἑκάτερον εἴη ῥώμης καὶ γενναιότητος: ὁ μὲν γὰρ λέων τὸ ἀλκιμώτατον τῶν θηρίων ἐστί, τὸ δὲ ῥόπαλον τὸ καρτερώτατον τῶν ὅπλων.
7. Καὶ τοξότης δ' ἂν ὁ θεὸς παρεισάγοιτο κατά τε τὸ πανταχοῦ διικνεῖσθαι καὶ κατὰ τὸ ἐντονόν τι ἔχειν καὶ τὴν τῶν βελῶν φοράν[: στρατηλάτην δ' οὐκ ἄλογον τοιούτοις ὅπλοις πεποιθότα εἰς τὰς παρατάξεις ἀπαντᾶν].
8. Οἰκείως δὲ παρέδοσαν αὐτὸν Κῷοι τῇ Ἥβῃ συνοικοῦντα ὡς ὁλοσχερέστερον αὐτὸν τὴν διάνοιαν ὄντα, ὡς εἴρηται *νέων τι δρᾶν μὲν εὐτονώτεραι χέρες, ψυχαὶ δ' ἀμείνους τῶν γεραιτέρων πολύ.*
9. Ὑπονοῶ δὲ καὶ τὴν παρ' Ὀμφάλῃ λατρείαν ἐκείνῳ πιθανωτέραν εἶναι προσήκειν, ἐμφαινόντων πάλιν διὰ τούτου τῶν παλαιῶν ὅτι καὶ τοὺς ἰσχυροτάτους ὑποτάττειν δεῖ ἑαυτοὺς τῷ λόγῳ καὶ τὰ ὑπὸ τούτου προσταττόμενα ποιεῖν, εἰ καὶ θηλύτερόν τι κατὰ τὴν θεωρίαν καὶ τὴν λογικὴν σκέψιν προσπίπτει τῇ ὀμφῇ, ἣν οὐκ ἀτόπως ἂν δόξαιεν Ὀμφάλην προσηγορευκέναι.
10. Τοὺς δὲ δώδεκα ἄθλους ἐνδέχεται μὲν ἀναγαγεῖν οὐκ ἀλλοτρίως ἐπὶ τὸν θεόν, ὡς καὶ Κλεάνθης ἐποίησεν: οὐ δεῖν δὲ δοκεῖ πανταχοῦ εὑρεσίλογον πρεσβεύειν.

32.
1. Ἑχομένως τοίνυν, ὦ τέκνον, Ἀπόλλων ὁ ἥλιός ἐστιν, Ἄρτεμις δὲ ἡ σελήνη: διὰ τοῦτο γὰρ καὶ τοξότας αὐτοὺς ἀμφοτέρους παρήγαγον, τὴν ὡσανεὶ ἄφεσιν πόρρω τῶν ἀκτίνων αἰνιττόμενοι.
2. Καλοῦνται δὲ ὁ μὲν ἥλιος ἕκατος διὰ τοῦτο, ἡ δὲ ἑκάτη τῷ ἕκαθεν δεῦρο ἀφιέναι καὶ ἀποστέλλειν τὸ φῶς, ὥστε παρακειμένως καὶ ἑκατηβόλους αὐτοὺς προσηγορεύκασιν.

5. [Man glaubte nämlich, es sei unmöglich, dass er, der ein so guter Heerführer geworden viele Teile der Erde mit Gewalt angegriffen hat, nackt und nur mit einem Holzknüppel bewaffnet herumgelaufen sein soll, sondern man glaubte, dass er, nachdem er für seine Wohltaten die Unsterblichkeit errungen hatte, mit den Zeichen der Göttlichkeit geschmückt worden ist.]

6. Jedes der beiden ist wohl Symbol für Körperkraft und edelste Abstammung: So ist doch der Löwe das streitbarste aller Tiere, die Keule aber die gewaltigste unter den Waffen.

7. Der Gott kann auch als Bogenschütze dargestellt werden, weil er überall sein Ziel trifft, und weil auch die Flugbahn von Geschossen etwas Angespanntes hat [es ist keineswegs unsinnig, wenn ein Heerführer im Vertrauen auf derartige Waffen sich zum Kampf stellt].

8. Die Leute von Kos überlieferten zu Recht, er habe mit Hebe Umgang gepflegt, weil er so vollkommener an Verstand sei, wie es doch heißt: *„Junger Leute Hände sind, wenn's etwas zu tun gilt, kräftiger, doch weit besser sind die seelischen Kräfte der Älteren"* (Euripides, Fr. 291).

9. Ich nehme an, dass ihm die Verehrung der Omphale glaubwürdiger zu unterstellen ist, und die Früheren geben darin wiederum zu erkennen, dass sich auch die kräftigsten Männer der Weltvernunft (*to logo*) unterzuordnen und das, was von diesem aufgetragen ist, zu verrichten haben, auch wenn bei der Orakelstimme (*omphe*) – bei der es doch wohl keineswegs deplatziert wirkt, dass sie „Omphale" genannt wird – etwas eher Weibliches bei der Anschauung und bei der logischen Betrachtung anklingt.

10. Es ist auch möglich und nicht schlecht über den Gott gemeint, die zwölf Arbeiten anzuführen, wie es auch Kleanthes getan hat – wie es scheint, muss aber nicht überall der geschickte Erzähler den Vorrang haben.

32. Apollon und Artemis

1. Unmittelbar darauf nun, mein junger Schüler, ist Apoll die Sonne, Artemis der Mond. Deswegen haben sie (sc. die Früheren) beide als Bogenschützen dargestellt und spielen damit auf die – vergleichsweise naheliegende – Aussendung von Strahlen in die Ferne bildlich an.

2. Erstere, die Sonne, heißt deswegen „Fernschießender" (*hekatos*, im Griech. , wie auch „Sonne", Maskulinum), sie aber (sc. der Mond, im Griech. Femininum) „Fernschießende" (*hekate*), weil sie das Licht von fern (*hekathen*) aussendet und hierher schickt, so dass die Früheren sie zusätzlich auch als „von weither Treffende" angesprochen haben.

3. Ἔνιοι δὲ τὸν Ἕκατον καὶ τὴν Ἑκάτην ἄλλως ἐτυμολογοῦσιν, ὡς τῶν τεθειμένων αὐτοῖς τὰ ὀνόματα ταῦτα ἑκὰς αὐτοὺς εἶναι εὐχομένων καὶ τὴν ἐξ αὐτῶν βλάβην μὴ προσπελάζειν αὐτοῖς· δοκοῦσι γὰρ καὶ φθείρειν ἔσθ' ὅτε τὸν ἀέρα καὶ τῶν λοιμικῶν καταστάσεων αἴτιοι γίνεσθαι· διὸ καὶ τοὺς ὀξεῖς θανάτους αὐτοῖς ἀνετίθεσαν οἱ πάλαι, καὶ ὁ ποιητὴς ὡς ἐμφανές τι ἐν τῷ λοιμῷ παρεισάγει τὸν Ἀχιλλέα λέγοντα ὅτι ζητητέος μάντις, *ὅς κ' εἴποι ὅτι τόσσον ἐχώσατο Φοῖβος Ἀπόλλων*.
4. Τούτου δ' ἕνεκεν οἴονται κατ' εὐφημισμὸν τὴν μὲν Ἄρτεμιν ἀπὸ τοῦ ἀρτεμεῖς ποιεῖν, ὅ ἐστιν ὑγιεῖς, ὠνομάσθαι, τὸν δ' Ἀπόλλωνα ὡς ἀπολύονθ' ἡμᾶς τῶν νόσων ἢ ἀπελαύνοντα ἀφ' ἡμῶν αὐτὰς ἢ ἀπολλύντα ταύτης τετευχέναι τῆς προσηγορίας, καθ' ἣν ἔννοιαν καὶ παιήων ἐκλήθη καὶ ἰατρὸς ἔδοξεν εἶναι.
5. Τινὲς δὲ αὐτόθεν Ἀπόλλωνα αὐτὸν ἀπὸ τοῦ ἀπολύναι φασὶν εἰρῆσθαι· καὶ γὰρ τὸν ἀπολλύντα ταύτην τὴν διακόσμησιν τοῦτον εἶναι διὰ τοῦ διατμίζειν ἀδιαλείπτως πάντοθεν αὐτῆς τὸ ὑγρὸν καὶ τῷ αἰθέρι προσκατατάττειν· τάχα δ' ἂν καὶ ἀπὸ τοῦ ἁπλοῦν καὶ λύειν τὸ συνεστὸς τῆς οὐσίας ἢ καὶ τὸ σκότος ὡσὰν ἁπλῶν εἰρημένος εἴη.
6. Οἰκείως δὲ καὶ ἀδελφοὺς αὐτοὺς παρεισήγαγον ἐμφερεῖς ἀλλήλοις ὄντας καὶ ὁμοειδῆ κίνησιν κινουμένους καὶ δύναμιν παραπλησίαν ἐν τοῖς ὅλοις ἔχοντας καὶ τρέφοντας ὁμοίως τὰ ἐπὶ γῆς.
7. Εἶθ' ὁ μὲν Ἀπόλλων ἄρρην ἀνεπλάσθη, θερμότερον ὢν πῦρ καὶ δραστικώτερον, ἡ δ' Ἄρτεμις θήλεια, ἀμβλυτέραν καὶ ἀσθενῆ τὴν δύναμιν ἔχουσα.
8. Βούπαιδος δ' ἡλικίαν ὁ Ἀπόλλων ἔχει, καθ' ἣν καὶ οἱ ἄνθρωποι εὐειδέστατοι ἑαυτῶν φαίνονται· κάλλιστος γὰρ ὀφθῆναι καὶ νεαρώτατός ἐστιν ὁ ἥλιος.
9. Μετὰ δὲ ταῦτα Φοῖβος μὲν λέγεται διὰ τὸ καθαρὸς εἶναι καὶ λαμπρός· ἐπιθέτοις ἄλλοις εἰς αὐτὸν χρῶνται, *χρυσοκόμαν* καὶ *ἀκειρεκόμαν* προσαγορεύοντες, ἐπειδὴ χρυσωπός ἐστι καὶ ἔξω πένθους καθεστὼς διὰ τὴν ἁγνότητα· Δήλιον δὲ αὐτὸν ὠνόμασαν καὶ Φαναῖον ἀπὸ τοῦ δηλοῦσθαι δι' αὐτοῦ τὰ ὄντα καὶ φωτίζεσθαι τὸν κόσμον, ὡς καὶ Ἀναφαίου Ἀπόλλωνος ἱερὸν ἱδρύσαντο, τοῦ ἀναφαίνοντος πάντα· τούτῳ δ' ἠκολούθησε καὶ τὸ τὴν Δῆλον καὶ Ἀνάφην ἱερὰς αὐτοῦ νομισθῆναι.

32. Apollon und Artemis

3. Einige leiten aber den Wortsinn von „Hekatos" und „Hekate" in anderer Weise her: nämlich dass die, die ihnen solche Namen gegeben haben, damit baten, dass sie weit entfernt (*hekas*) blieben und das von ihnen hervorgerufene Verderben nicht nah zu ihnen komme. Sie scheinen nämlich zuweilen die Luft zu verpesten und Pestepidemien zu verursachen. Darum schrieben die Früheren ihnen auch die plötzlichen Todesfälle zu, und der Dichter selbst (*sc.* Homer) lässt doch wohl offensichtlich während des Pesteinbruchs den Achill sagen, dass ein Seher zu befragen sei, „*damit er uns melde, warum sich also erzürnte Phoibos Apollon*" (Homer, *Il.* I 64).

4. Deswegen vermuten sie, dass Artemis in euphemistischer Weise von „gesund (*artemeis*) machen", also heilen, benannt ist; Apollon aber hat seinen Namen erhalten, weil er „uns erlöst" (*apolyonth' hemas*) von den Seuchen, oder weil er diese von uns fortjagt (*apelaunon*), beziehungsweise vernichtet (*apollymi*). Gemäß dieser Vorstellung wird er auch „Retter" (*paieon*) genannt und ist anscheinend ein Arzt.

5. Einige aber sagen von ebendaher, dass Apollon selbst von „verderben" (*apollunai*) benannt werde: es sei nämlich dieser der Zerstörer dieser Weltordnung, weil er unablässig von überall ihre Feuchtigkeit verdampfen lasse und sie dem Äther hinzuordne. Vielleicht wird er aber auch davon benannt, dass er das Zusammengefügte des Seins vereinfacht und löst, oder auch, weil er die Finsternis gleichsam einfach macht.

6. Angemessenerweise haben (*sc.* die Früheren) diese als Geschwister bezeichnet, sind sie doch einander ähnlich, bewegen sie sich doch in einer gleichförmigen Bewegung, haben sie doch in allen Dingen eine ähnliche Macht und lassen sie doch in gleicher Weise das Irdische gedeihen.

7. Weiterhin: Apollon wurde als Mann dargestellt, weil er das heißere und wirksamere Feuer ist, Artemis aber als Frau, weil ihre Macht stumpfer und schwach ist.

8. Apoll hat die Altersstufe eines großen Jungen inne, in dem auch die Menschen die schönste Gestalt von sich selbst aufzuweisen haben – die Sonne ist ja schließlich auch besonders schön und frisch anzusehen.

9. Danach heißt er dann auch „Phoibos", weil er rein ist und leuchtend. Man benutzt auch andere Attribute für ihn: so bezeichnet man ihn als „*Goldhaarigen*" (vgl. Pindar, *Ol.* 6,41; 7,32) und „*mit ungeschorenem Haar*" (Homer, *Il.* XX 39; Pindar, *P.* 3,14), weil er goldäugig ist und aufgrund seiner Reinheit jenseits von jeglicher Sorge steht. Den „delischen" (*Delios*) nannte man ihn und „Lichtbringer" (*Phanaios*), was davon abgeleitet ist, dass durch ihn das Seiende offenbar (*delousthai*) wird und die Weltordnung ans Licht kommt (*photizesthai*), wie man auch einen Tempel des *Anaphaios Apollon* geweiht hat, der alles sichtbar werden lässt (*anaphainon*). Konsequenterweise gelten Delos und Anaphe ihm als heilige Orte.

10. Διὰ δὲ τὸν εἰρημένον σαφηνισμὸν τῶν πραγμάτων καὶ τὴν μαντικὴν αὐτῷ προσῆψαν καὶ εὑρεθέντος τοῦ ἐν Δελφοῖς μαντείου τὸν Ἀπόλλωνα προσωνόμασαν Πύθιον ἀπὸ τοῦ δεῦρο ἐρχομένους τοὺς ἀνθρώπους πυνθάνεσθαι τὰ καθ᾽ ἑαυτούς· ἐλέχθη δὲ καὶ ὁ τόπος ὀμφαλὸς τῆς γῆς οὐχ ὡς μεσαίτατος ὢν αὐτῆς, ἀλλ᾽ ἀπὸ τῆς ἀναδιδομένης ἐν αὐτῷ ὀμφῆς, ἥτις ἐστὶ θεία φωνή.
11. Λοξῶν δὲ καὶ περισκελῶν ὄντων τῶν χρησμῶν, οὓς δίδωσι, λοξίας ὠνόμασται, ἢ ἀπὸ τῆς λοξότητος τῆς πορείας, ἣν ποιεῖται διὰ τοῦ ζῳδιακοῦ κύκλου.
12. Μουσικὸς δὲ καὶ κιθαριστὴς παρεισῆκται τῷ κρούειν ἐναρμονίως πᾶν μέρος τοῦ κόσμου καὶ συνῳδὸν αὐτὸ πᾶσι τοῖς ἄλλοις μέρεσι ποιεῖν, μηδεμιᾶς αὐτῶν ἐκμελείας ἐν τοῖς οὖσι θεωρουμένης, ἀλλὰ καὶ τὴν τῶν χρόνων πρὸς ἀλλήλους συμμετρίαν ἐπ᾽ ἄκρον ὡς ἐν ῥυθμοῖς τηροῦντος αὐτοῦ καὶ τὰς τῶν ζῴων φωνὰς καὶ ὡσαύτως τοὺς τῶν ἄλλων σωμάτων ψόφους, οἳ διὰ τὸ ξηραίνεσθαι χρησίμως ὑπὸ τὸν ἀέρα ἀποδίδονται, δαιμονίως ἡρμόσθαι πρὸς τὰς ἀκοὰς ποιοῦντος.
13. Ἀπὸ ταύτης δὲ τῆς ἀρχῆς καὶ Μουσηγέτης ἐκλήθη καὶ ἐπίσκοπος καὶ αὐτὸς παίζειν μετὰ τῶν Μουσῶν ἐνομίσθη· *ἐκ γάρ τοι Μουσέων καὶ ἑκηβόλου Ἀπόλλωνος ἄνδρες ἀοιδοὶ ἔασιν ἐπὶ χθονὶ καὶ βασιλῆες* – φησὶν ὁ Ἡσίοδος.
14. Διὰ τοῦτο γὰρ καὶ ἱερός ἐστι αὐτῷ ὁ κύκνος τῷ μουσικώτατον καὶ λευκότατον ἅμα εἶναι τῶν ὀρνέων, ὁ δὲ κόραξ ἀλλότριος διά τε τὸ μιαρὸς εἶναι καὶ διὰ τὴν χροιάν.
15. Ἡ δὲ δάφνη καίπερ δαφοινή τις οὖσα στέμμα αὐτοῦ ἐστιν, ἐπειδὴ εὐερνές τε καὶ ἀειθαλὲς φυτόν ἐστι· τυγχάνει δὲ καὶ εὔκαυστος οὖσα καὶ πρὸς τὰς καθάρσεις οἰκεῖόν τι ἔχουσα, ὥστε μὴ ἀλλοτρίως ἀνακεῖσθαι τῷ καθαρωτάτῳ καὶ καυστικωτάτῳ θεῷ.
16. Τάχα δὲ καὶ τὸ ὄνομα αὐτῆς, προστρέχον πως τῷ διαφαίνειν, ἐπιτηδείαν αὐτὴν ἐποίησε πρὸς τὰς μαντείας εἶναι δοκεῖν.
17. Ὁ δὲ τρίπους διὰ τελειότητα τοῦ τῶν τριῶν ἀριθμοῦ δέδοται αὐτῷ· δύναται δὲ καὶ ἀπὸ τῶν τριῶν παραλλήλων κύκλων, ὧν ἕνα μὲν τέμνει κινούμενος τὴν ἐνιαύσιον κίνησιν ὁ ἥλιος, δυοῖν δ᾽ ἐφάπτεται.

32. Apollon und Artemis

10. Weil er, wie erwähnt, die Geschehnisse deutlich werden lässt, heftete man ihm auch noch die Orakelkunst an und nannte, nachdem die Orakelstätte in Delphi gefunden worden war, den Apoll den „pythischen". Dies ist davon abgeleitet, dass die dorthin kommenden Menschen das sie Angehende „erfragen" (*pynthanomai*). Dieser Ort wurde auch „Nabel der Erde" (*omphalos tes ges*) genannt, nicht weil er in deren absolutem Mittelpunkt liegt, sondern wegen der Offenbarung (*omphe*), die an diesem Ort erteilt wird, die eine göttliche Stimme ist.

11. Weil die Antworten des Orakels, die er dort gibt, vieldeutig (*loxos*) und dürr sind, wird er auch „Loxias" genannt. Oder dieser Name kommt von der Schräge (*loxotes*) der Bahn, die er im Sternkreis zieht.

12. Als Musiker, als Harfenspieler wird er dargestellt, weil er jeden Teil der Welt harmonisch anschlägt und dafür sorgt, dass dieser jeweils mit allen anderen Teilen im Einklang steht. Somit ist überhaupt keine Dissonanz derer, (*sc*. der Teile) im Bestehenden vernehmbar, sondern er bewahrt letztendlich auch die Symmetrie der Zeiten zueinander, wie etwa im Rhythmus. Er bewirkt auch, dass die Stimmen der Lebewesen, sowie die Geräusche der anderen Körper, die aufgrund ihres Ausgedörrtseins geeigneterweise in den Luftbereich abgegeben werden, wie durch Götterhand zum Hören gefügt sind.

13. Dies ist dann auch der Grund, warum er „Musenführer" genannt wird und „Aufseher" und dafür, dass man von ihm glaubt, er spiele mit den Musen: „*Stammen doch von den Musen und ihm, dem Schützen Apollon, alle Männer auf Erden, die Sänger und die Könige*", so sagt Hesiod (Hesiod, *theog*. 94–95, allerding dort statt „Könige": Kitharaspieler!).

14. Deswegen ist nämlich auch der Schwan sein heiliges Tier, ist dieser doch zugleich der musischste und reinste unter den Vögeln. Der Rabe ist das Gegenteil von ihm, weil er schmutzig ist und wegen seiner Farbe.

15. Der Lorbeer (*daphne*) bildet trotz seiner blutroten (daphneue) Färbung seinen Kranz, weil er eine schön gewachsene und immergrüne Pflanze ist. Sie lässt sich zufällig auch leicht verbrennen und hat etwas, das sich deswegen gut für das Sühneopfer eignet, so dass der Lorbeer keineswegs unangemessen für einen Gott ist, welcher Inbegriff von Reinheit und Brennen ist.

16. Vielleicht hat sein Name, der ja irgendwie dem „durchscheinen Lassen" (*diaphainein*, ähnlich wie *daphne*, Lorbeer) lautlich nahe kommt, bewirkt, dass er für die Wahrsagerei notwendig zu sein scheint.

17. Der Dreifuß (*tripous*) ist ihm aufgrund der Vollendetheit der Zahl „Drei" zugewiesen; dies kann sich auf die drei parallelen Kreise beziehen, deren einen die Sonne, während sie ihre jährliche Bahn zieht, schneidet, die anderen beiden aber nur berührt.

18. Ἐπεὶ δ' ἐν τοῖς λοιμοῖς ὡς ἐπίπαν δοκεῖ τὰ θρέμματα πημαίνεσθαι πρῶτον καὶ συνεχέστερον ἢ καθ' αὑτὰ φθείρεσθαι λοιμικῶς, κατὰ τοῦτο καὶ τὴν τῶν ποιμνίων ἐπιμέλειαν ἀνέθηκαν αὐτῷ, νόμιον καὶ λύκιον καὶ λυκοκτόνον προσαγορεύοντες.
19. Ἀγυιεὺς δ' ἐκλήθη δεόντως ἱδρυθεὶς ἐν ταῖς ἀγυιαῖς· καταυγάζει γὰρ ταύτας καὶ πληροῖ φωτὸς ἀνατέλλων, ὡς ἐκ τῶν ἐναντίων εἴρηται τὸ *δύσετο τ' ἠέλιος σκιόωντό τε πᾶσαι ἀγυιαί.*
20. Καὶ λεσχηνόριον δ' αὐτὸν προσηγόρευσαν διὰ τὸ τὰς ἡμέρας ταῖς λέσχαις καὶ τῷ ὁμιλεῖν ἀλλήλοις συνέχεσθαι τοὺς ἀνθρώπους, τὰς δὲ νύκτας καθ' ἑαυτοὺς ἀναπαύεσθαι.
21. Παιᾶνα δ' αὐτὸν ἐκάλεσαν εἴτουν κατ' ἀντίφρασιν καὶ ἐξιλαστικῶς, ἵνα μὴ νόσους αὐτοῖς ἐπιπέμπῃ μηδὲ φθείρῃ τὸν ἀναπνεόμενον ὑπ' αὐτῶν ἀέρα, εἴτε καὶ ὡς τῷ ὄντι τοῦ αὐτοῦ ὑγιείας τῷ σωματι αἰτίου γινομένου διὰ τῆς τοῦ περιέχοντος εὐκρασίας.

33.
1. Κατ' ἀκόλουθον πάλιν τὸν Ἀσκληπιὸν υἱὸν αὐτοῦ ἔφασαν γενέσθαι, τὸν δοκοῦντα τοῖς ἀνθρώποις ὑποδεδειχέναι τὴν ἰατρικήν· ἐχρῆν γὰρ καὶ τούτῳ τῷ τόπῳ θεῖόν τι ἐπιστῆσαι.
2. Ὠνομάσθη δὲ ὁ Ἀσκληπιὸς ἀπὸ τοῦ ἠπίως ἰᾶσθαι καὶ ἀναβάλλεσθαι τὴν κατὰ τὸν θάνατον γινομένην ἀπόσκλησιν.
3. Διὰ τοῦτο γὰρ δράκοντα αὐτῷ παριστᾶσιν, ἐμφαίνοντες ὅτι ὅμοιόν τι τούτῳ πάσχουσιν οἱ χρώμενοι τῇ ἰατρικῇ κατὰ τὸ οἱονεὶ ἀνανεάζειν ἐκ τῶν νόσων καὶ ἐκδύεσθαι τὸ γῆρας, ἅμα δ' ἐπεὶ προσοχῆς ὁ δράκων σημεῖον, ἧς πολλῆς δεῖ πρὸς τὰς θεραπείας.
4. Καὶ τὸ βάκτρον δὲ τοιούτου τινὸς ἔοικεν εἶναι σύμβολον· παρίσταται γὰρ δι' αὐτοῦ ὅτι, εἰ μὴ ταύταις ταῖς ἐπινοίαις ἐπεστηριζόμεθα ὅσον ἐπὶ τὸ συνεχῶς εἰς ἀρρωστίαν ἐμπίπτειν, κἂν θᾶττον τοῦ δέοντος σφαλλόμενοι κατεπίπτομεν.

18. Da während einer Seuche im Allgemeinen die Jungen als erstes und auch länger andauernd leiden oder von sich aus von der Pest befallen zugrunde gehen, übertrug man ihm aufgrund dieser Umstände die Schirmherrschaft über die Herdentiere und nannte ihn *„den Hirten"* (vgl. Apollonios Rhod. 4,1218), den *„wölfischen"* (*lykion*) (vgl. Homer, *Il.* XVI 513; Aristophanes, *equ.* 1240), und den *„Wölfetöter"* (vgl. Sophokles, *El.* 6).

19. Er heißt notwendigerweise auch *„Schirmherr der Straßen"* (*agyieus*, vgl. Euripides *Phoen.* 634) und wird darum in den Straßen aufgestellt; er beleuchtet sie nämlich und erfüllt sie mit strahlendem Licht – wie es aus dem Gegenteil heraus die Stelle sagt: *„Sonne versank und Schatten verhüllten sämtliche Straßen"* (Homer, *Od.* II 388).

20. Sie nannten ihn auch *„Vorsteher der geselligen Zusammenkünfte"* (*leschenorios*, vgl. Kleanthes bei Photius, s. v. *leschai*; Plutarch, *E apud Delphi*, 385c), weil sich die Menschen tagsüber in den Plauderecken (*leschai*) in gegenseitiger Unterhaltung ergehen, sich bei Nacht aber je für sich ausruhen.

21. Sie nannten ihn auch *„Heiler"* (*paian*), sei es in versöhnlicher Weise als Gegenteil des eigentlich Gemeinten, dass er ihnen ja keine Krankheiten schicke und auch ihre Atemluft nicht verpeste, oder weil er aufgrund seiner mäßigenden Einwirkung auf die Umgebungsbedingungen wirklich die Ursache für die körperliche Gesundheit ist.

33. Asklepios

1. Demgemäß folgend sagten sie (*sc.* die Früheren) wiederum, dass Asklepios sein (*sc.* des Apollon) Sohn sei, der die Menschen gelehrt und sie in der Heilkunst unterwiesen habe, weil es nötig gewesen sei, in diesem Feld etwas Göttliches zu etablieren.

2. Benannt wurde Asklepios davon, dass er schmerzlindernd (*epios*) heilte und die durch den Tod eintretende Austrocknung (*aposklesis*) aufschob.

3. Deswegen gibt man ihm auch eine Schlange bei und zeigt damit an, dass es allen ähnlich ergeht, die die Heilkunst anwenden, um aus dem Zustand der Krankheit gleichsam erneuert hervorzugehen (*ananeazein*) und das Alter quasi abzustreifen (*sc.* wie sich eine Schlange häutet). Gleichzeitig ist die Schlange auch ein Symbol der Aufmerksamkeit, die ja für die Heilung von großer Wichtigkeit ist.

4. Auch der Stab scheint ein Symbol für dergleichen zu sein. Er ist ihm nämlich beigegeben, weil wir, sofern wir uns nicht auf diese Kenntnisse (*sc.* der Heilkunst) stützen könnten (*sc.* wie auf einen Stab), da wir doch immer wieder einer Krankheit verfallen, wir noch schneller als nötig taumelten und zusammenbrächen.

5. Λέγεται δὲ ὁ Χείρων τετροφέναι τὸν Ἀσκληπιὸν κἂν τοῖς τῆς ἰατρικῆς θεωρήμασιν ἠσκηκέναι, τὴν διὰ τῶν χειρῶν ἐνέργειαν τῆς τέχνης ἐμφαίνειν αὐτῶν βουλομένων.
6. Παραδέδοται δὲ καὶ γυνὴ τοῦ Ἀσκληπιοῦ, Ἠπιόνη, τοῦ ὀνόματος οὐκ ἀργῶς εἰς τὸν μῦθον παρειλημμένου, δηλοῦντος δὲ τὸ πραϋντικὸν τῶν ὀχλήσεων διὰ τῆς ἠπίου φαρμακείας.

34.

1. Ἡ δ' Ἄρτεμις *φωσφόρος* μὲν ἐπωνομάσθη διὰ τὸ καὶ αὐτὴ σέλας βάλλειν καὶ φωτίζειν ποσῶς τὸ περιέχον, ὁπόταν μάλιστα πανσέληνος ᾖ, δίκτυννα δ' ἀπὸ τοῦ βάλλειν τὰς ἀκτῖνας – δίκειν γὰρ τὸ βάλλειν – ἢ ἀπὸ τοῦ διικνεῖσθαι τὴν δύναμιν αὐτῆς εἰς πάντα τὰ ἐπὶ γῆς ὡς διικτύννης αὐτῆς οὔσης.
2. Κυνηγέτιν δ' αὐτὴν καὶ θηροκτόνον καὶ ἐλαφηβόλον καὶ ὀρεσίφοιτον παρεισήγαγον ἤτοι τρέπειν εἰς τὰ ἄγρια βουλόμενοι τὴν ἐξ αὐτῆς βλάβην ἢ ἐπειδὴ μάλιστα νυκτὸς καταφαίνεται, πολλὴ δ' ἐν τῇ νυκτὶ ἡσυχία πανταχοῦ καθάπερ ἐν ταῖς ὕλαις καὶ ταῖς ἐρήμοις ἐστίν, ὥστε ἐν τοιούτοις τισὶ χωρίοις αὐτὴν πλάζεσθαι δοκεῖν, ἔξωθεν ἤδη τούτῳ προσπεπλασμένου τοῦ κυνηγετεῖν αὐτὴν τοξότιν οὖσαν.
3. Συνῳδὸν δὲ τούτῳ καὶ τὸ τοὺς κύνας ἱεροὺς αὐτῆς νομισθῆναι πρός τε τὰς θήρας ἔχοντας ἐπιτηδείως καὶ ἀγρυπνεῖν ἐν ταῖς νυξὶ καὶ ὑλακτεῖν πεφυκότας.
4. Κυνηγίᾳ δ' ἔοικε καὶ τὸ μὴ διαλείπειν αὐτὴν ὁτὲ μὲν διώκουσαν τὸν ἥλιον ὁτὲ δὲ φεύγουσαν, εἶτα ἐν τῷ ζῳδιακῷ μετερχομένην ζῴδια καὶ ταχέως συνιοῦσαν: οἰκεῖον γὰρ κυνηγίᾳ καὶ τὸ τάχος[: προσγειότατόν τε τῶν οὐρανίων οὖσαν αὐτὴν περὶ τὰς κορυφὰς τῶν ὀρῶν ἔφασαν ἀναστρέφεσθαι].
5. Οὐχ ἑτέρα δ' οὖσα αὐτῆς ἡ Ἑκάτη τρίμορφος εἰσῆκται διὰ τὸ τρία σχήματα γενικώτατα ἀποτελεῖν τὴν σελήνην, μηνοειδῆ γινομένην καὶ πανσέληνον καὶ τρίτον τι ἄλλο σχῆμα [πλάττουσιν] ἀναλαμβάνουσαν, καθ' ὃ πεπλήρωται μὲν αὐτῆς ὁ μηνίσκος, οὐ πεπλήρωται δ' ὁ κύκλος.

5. Es heißt, dass Cheiron den Asklepios aufgezogen, und in den Heilkünsten unterwiesen habe, und damit will man zeigen, dass die Wirkung dieser Kunst durch die Hände (*dia ton cheiron*) entsteht.

6. Auch eine Frau des Asklepios, Epione, ist Teil der Überlieferung; ihr Name ist nicht ohne Grund in die betreffenden Mythen eingedrungen und soll die Besänftigung der inneren Unruhe durch mäßigen Gebrauch (*epios*) der Medikamente verdeutlichen.

34. Artemis und der Mond

1. Artemis wurde auch die „Lichttragende" (vgl. Aristophanes, *Lys.* 443) genannt, weil sie selbst Lichtstrahlen aussendet und ihre Umgebung einigermaßen erleuchtet, besonders wenn Vollmond ist. Sie heißt „die Jägerin" (*diktynna*, vgl. etwa Euripides, *Iph.Taur.* 127), weil sie „Strahlen" (*aktines*) aussendet – wobei mit „aussenden" (*ballein*) eben „werfen" (*dikein*) gemeint ist. Oder ihr Name leitet davon her, dass ihre Macht zu allem auf der Erde „hindurchdringt" (diikneisthai), wie wenn sie eine „Durchdringerin" (*diiktynna*) ist.

2. Sie ist eingeführt als „die, die mit Hunden jagt" (kynegetes), „Tiertöterin" (theroktonos, vgl. Euripides, *Iph.Aul.* 1570), „Hirschjägerin" (*elaphebolos*, vgl. Hom. Hymn., *Artem.* 2) und „Berge Durchschweifende" (*oresiphoitos*, vgl. Sostratus, Fr. 73 bei Jacoby, FGH, entweder weil man damit den Schaden, der von ihr verursacht wird, in die Wildnis abwenden will, oder weil sie (*sc.* wohl als Mond) meist des nachts herab scheint, und zur Nachtzeit herrscht ja überall Ruhe, sei es in Wäldern oder Einöden, so dass sie gerade in diesen Gegenden umherzuschweifen scheint – wobei außerdem ihre bildliche Darstellung, dass sie nämlich als Bogenschützin jagt, daran angepasst ist.

3. Dazu passt, dass man Hunde als die ihr heiligen Tiere ansieht, weil sie einerseits für die Jagd bauchbar sind, andererseits aber ihrer Natur nach des Nachts wachen und bellen.

4. Sie ähnelt der Jagd auch darin, dass er (*sc.* der Mond), einerseits auf der Verfolgung der Sonne, andererseits auf der Flucht vor ihr, keineswegs ruht, sondern auch in den Tierkreis eindringt und die Sternbilder flink bekämpft. Eigentümlich für die Jagd ist ja auch die Geschwindigkeit. [Er (*sc.* der Mond) ist, so heißt es, von den Himmlischen derjenige, der der Erde am nächsten ist und sich bei den Berggipfeln aufhält].

5. Hekate, die nichts anderes als der Mond ist, wird dreigestaltig dargestellt, weil ja auch der Mond drei äußerst eigentümliche Formen annehmen kann: er zeigt sich sichelförmig, dann als Vollmond, und dann nimmt er wieder eine dritte, eine andere Form an [so stellen sie es dar]: nach der seine Sichel zwar schon gerundet, der Kreis aber noch nicht vollständig ist.

6. Ἐντεῦθεν ἤδη καὶ τριοδῖτις ἐπεκλήθη καὶ τῶν τριόδων ἐπόπτης ἐνομίσθη διὰ τὸ τριχῶς μεταβάλλειν ὁδεύουσα διὰ τῶν ζῴων.
7. Τοῦ δ' ἡλίου διὰ τῆς ἡμέρας μόνον φαινομένου, αὐτὴν καὶ νυκτὸς καὶ σκότους ὁρωμένην καὶ μεταβάλλουσαν νυχίαν τε καὶ νυκτιπόλον καὶ χθονίαν ἐκάλεσαν καὶ τοῖς καταχθονίοις θεοῖς ἤρξαντο συντιμᾶν, δεῖπνα ἐμφέροντες αὐτῇ.
8. Προσανεπλάσθη δὲ τούτῳ καὶ τὸ μιαίνειν τὴν γῆν ταύτην καὶ μιαίνειν ὥσπερ τοὺς κατοιχομένους καὶ τὸ ταῖς φαρμακίσι συνεργεῖν καὶ ἐπάγεσθαι ταῖς οἰκίαις, εἶτα τελευταῖον τὸ πένθεσι καὶ φόνῳ χαίρειν, ἐξ οὗ τινες προήχθησαν ἐπὶ τὸ καὶ θυσίαις αὐτὴν ἀτόποις καὶ σφαγιασμοῖς ἀνθρώπων ἱλάσκεσθαι θέλειν.
9. Καθιέρωσαν δὲ καὶ τὴν τρίγλαν αὐτῇ διὰ τοὔνομα.
10. Ἐνοδία δέ ἐστιν οὐ δι' ἄλλο τι ἢ διὸ καὶ Ἀπόλλων ἀγυιεύς.
11. Δοκεῖ δὲ τοῖς πλείστοις ἡ αὐτὴ εἶναι καὶ Εἰλείθυια, ἀπαύστως εἰλουμένη καὶ θέουσα περὶ τὴν γῆν, ἣν εὔχονται ἐλθεῖν αὐταῖς ἠπίαν καὶ λυσίζωνον αἱ ὠδίνουσαι, λύουσαν τὸ ἐσφιγμένον τῶν κόλπων πρὸς τὸ ῥᾷον καὶ ἀπονώτερον ἐκπεσεῖν τὸ κυισκόμενον, λεγομένης αὐτῆς καὶ Ἐλευθοῦς.
12. Πλείους δ' Εἰλείθυιαι παραδέδονται καθ' ὃν λόγον πλείους Ἔρωτες· πολύτροποι γὰρ καὶ οἱ τοκετοὶ τῶν γυναικῶν ὡς αἱ τῶν ἐρώντων ἐπιθυμίαι.
13. Φανερῶς δ' ἡ σελήνη τελεσφορεῖσθαι τὰ συλλαμβανόμενα ποιεῖ καὶ ταύτης ἐστὶ τό τε αὔξειν αὐτὰ καὶ τὸ ἀπολύειν τῶν φερουσῶν πεπανθέντα.
14. Οὐ θαυμαστὸν δ' εἰ κατ' ἄλλην μὲν ἔμφασιν παρθένον ὑπενόησαν τὴν Ἄρτεμιν ἄχραντον καὶ ἁγνὴν οὖσαν ὁμοίως τῷ ἡλίῳ, κατ' ἄλλην δὲ ἐπίκουρον τῶν τικτουσῶν, ἐπ' αὐτῇ κειμένου τοῦ εὐτοκεῖσθαι τὰ τικτόμενα, κατὰ τρίτην δὲ φρικῶδές τι καὶ χαλεπὸν ἔχουσαν, οἵαν ἔφαμεν περὶ τῆς Ἑκάτης ὑπόνοιαν εἶναι.

34. Artemis und der Mond

6. Von daher wird sie (*sc.* wohl Hekate) auch „Dreiwegs-Göttin" (*trihoditis*) genannt und für die Patronin der Weggabelungen gehalten, wegen der dreifachen Veränderung (*sc.* des Mondes) bei seinem Weg durch die Tierkreiszeichen.
7. Während nun die Sonne ausschließlich des Tags scheint, so ist er sowohl bei Nacht als auch in der Dämmerung zu sehen und verändert sich. Darum nannte man sie (*sc.* Hekate) „die Nächtliche" und „die Nachtwandlerin" und „die Untere" und begann mit ihr die unterirdischen Gottheiten zu verehren und ihr Kultmähler zu bereiten.
8. Diese Geschichten wurden dann noch dahingehend erweitert, dass sie diese Erde sogar mit Unreinheit überziehe, wie es sonst nur die Verstorbenen tun, mit Zauberern zusammen wirke und den Häusern Schaden zufüge – und schließlich, dass sie an Kummer und Mord ihre Freude habe, weswegen einige sogar zur Unterstellung verleitet wurden, sie wolle sich durch frevelhafte Opfer und durch die Schlachtung von Menschen versöhnen lassen.
9. Man weihte ihr die Seebarbe (*trigla*), wohl aufgrund der Namensform.
10. Sie ist aus keinem anderen Grund „die am Weg liegende" (*enhodia*) als aus dem, warum auch Apollon „Schirmherr der Straßen" (*aguieus*) ist.
11. Es scheint den meisten, dass sie (*sc.* Hekate) auch mit der Geburtsgöttin Eileithyia zu identifizieren sei, weil sie pausenlos kreist (*eiloumene*) und um die Erde herumläuft. Sie flehen die Kreißenden an, als die „Gütige" (*epia*) und die „Gürtel-Lösende" (*lysizonos*) zu ihnen zu kommen und die Bande ihrer schwangeren Leiber zu lösen, auf dass die Leibesfrucht (*to kyiskomenon*) leichter und müheloser herauskommen kann – und so heißt sie auch „die Befreiende" (*Eleutho*).
12. Es ist nun eine Vielzahl von Eileithyien überliefert, und dies aus demselben Grund, weswegen es auch eine Menge von Eroten gibt: Die Geburtsvorgänge der Frauen sind ebenso vielgestaltig wie die Begierden der Liebenden.
13. Der Mond bewirkt offensichtlich, dass das geschlechtlich Empfangene auch zu Ende ausgetragen wird, und es ist sein Werk, eben die Leibesfrucht wachsen zu lassen und sie dann, wenn sie in der austragenden Mutter herangereift ist, von dieser zu lösen.
14. Somit ist es keineswegs verwunderlich, dass die Früheren sich Artemis einerseits nach einer Ausdeutung als Jungfrau vorstellen – sie ist ja unbefleckt und keusch wie die Sonne –, nach einer anderen aber als Beisteherin der Gebärenden, weil die problemlose Geburt des Säuglings ihr obliegt. Nach einer dritten Ausdeutung aber hat sie etwas Schauerliches und Bösartiges an sich, was, wie wir gesagt haben, die Vorstellung bezüglich Hekates sei.

35.
1. Τελευταῖον δὲ τὸν δεχόμενον τὰς ψυχὰς ἀέρα Ἅιδην, ὡς ἔφην, διὰ τὸ ἀειδὲς προσηγόρευσαν. Μὴ φαινομένων δ' ἡμῖν τῶν ὑπὸ γῆν, ἐκεῖσε χωρεῖν τοὺς διαλλάττοντας διεβόησαν. 2. Κλύμενος ὁ Ἅιδης λέγεται τῷ αἴτιος εἶναι τοῦ κλύειν: ἀὴρ γὰρ πεπληγμένος ἡ φωνή. 3. Εὔβουλον δὲ καὶ εὐβουλέα κατὰ ἀποδυσπέτησιν ὠνόμασαν αὐτὸν ὡς καλῶς περὶ τῶν ἀνθρώπων βουλευόμενον διὰ τοῦ παύειν αὐτούς ποτε τῶν πόνων καὶ τῶν φροντίδων. 4. Ἐπονομάζεται δὲ ἐπιθετικῶς καὶ πολυδέκτης καὶ πολυδέγμων καὶ πολύαρχος πολλούς τε δεχόμενος καὶ τῶν λεγομένων πλειόνων ἢ πολλῶν ἄρχων. 5. Πυλάρτην δὲ αὐτὸν ὁ ποιητὴς προσηγόρευσεν ὡς ἀκριβῶς ἡρμοσμένας τὰς πύλας ἔχοντα καὶ μηδένα ἀνιέντα. 6. Ὁ δὲ Χάρων ἴσως μὲν κατ' ἀντίφρασιν ἐκ τῆς χαρᾶς ὠνομάσθη: δύναται δὲ καὶ ἀπὸ τοῦ χωρεῖν ἢ τοῦ χανδάνω τὸ ἔτυμον ἔχειν ἢ ἀπὸ τοῦ κεχηνέναι. 7. Ὁ δὲ Ἀχέρων ἀπὸ τῶν γινομένων ἐπὶ τοῖς τετελευτηκόσιν ἀχῶν παρήχθη καὶ ἡ Ἀχερουσία λίμνη. 8. Φανερὸν δὲ πόθεν καὶ ὁ Κωκυτὸς καὶ ὁ Πυριφλεγέθων τὴν κλῆσιν ἔσχον, πάλαι καιόντων τοὺς νεκροὺς καὶ κωκυτὸν ἐγειρόντων τῶν Ἑλλήνων, διὰ τοῦτο καὶ δαίμονας αὐτοὺς ἀπὸ τοῦ κεκαῦσθαι καλούντων. 9. Ἡ δ' ἄορνος λίμνη φυσικώτερον ἴσως ἀπὸ τοῦ ἀέρος προσηγορεύθη: καίτοι καὶ τὸν σκότον ἔσθ' ὅτε καὶ τὴν ὀμίχλην ἀέρα οἱ παλαιοὶ ἐκάλουν, εἰ μὴ νὴ Δία οὕτως ἀπεχρήσαντο τῇ τοῦ ἀέρος γλαυκότητι ὡς καὶ τῶν λεγομένων φασγανίων οἷς στέφουσι τὸν Πλούτωνα.

35. Hades und pädagogischer Schluss

1. Schließlich nun nannten sie die Luft, die ja die Seelen aufnimmt, wie ich schon erwähnt habe (vgl. Kap. 5) wegen ihrer Unsichtbarkeit Hades (*aeides*). Weil nun das Unterirdische für uns nicht sichtbar ist, so behauptete man lauthals, dass diejenigen dorthin entweichen würden, die (*sc.* das irdische Leben mit dem Tod) eingetauscht haben.
2. „Der Berühmte" (*klymenos*) wird Hades auch genannt, weil er der Grund des „Hörens" (klyein) ist: Der Ton ist nämlich geschlagene Luft.
3. Sie haben ihn aus mutloser Verzweiflung den „guten Ratgeber" (*euboulos*) und „Wohlratenden" (*eubouleus*) genannt, weil er doch recht gut über die Menschen beschließt (*bouleuomenos*), indem er irgendwann ihren Nöten und Sorgen ein Ende setzt.
4. Es werden ihm auch die Attribute „Vielfassender" (*polydektes*, vgl. Hom. Hymn. 2,9), „viel Aufnehmender" (*polydegmon*, vgl. Hom. Hymn. 2,17.31) und „Vielherrschender" (*polyarchos*) beigegeben, weil er eben viele aufnimmt und auch über die so genannte Mehrheit oder Masse herrscht.
5. Der Dichter (*sc.* Homer) bezeichnete ihn als „*Wächter der Tore*" (*pylartes*, vgl. Homer, *Il.* VIII 367 u. ö.), weil er die Tore (*sc.* zur Unterwelt) sorgsam geschlossen hält und niemanden wieder hinauf entweichen lässt.
6. Charon nun wurde vielleicht konträr zum eigentlich Gemeinten (*kat' antiphrasin*) nach der „Freude" (*chara*) benannt, möglicherweise hat er seinen Bedeutungsursprung aber auch von „sich fortbewegen" (*chorein*) oder von „in sich fassen" (*chandano*) oder von „verschlungen haben" (*kechenenai*).
7. Acheron sowie der Acherusische See sind benannt nach den entstandenen Betrübnissen (*achon*), die die Verstorbenen befallen haben.
8. Offensichtlich ist auch, woher der Kokytos und der Pyriphlegethon (*sc.* Nebenströme der Styx in der Unterwelt, vgl. Homer, *Od.* X 513–514) ihre Bezeichnung erhalten haben: In alter Zeit verbrannten die Griechen ihre Toten und stimmten die Totenklage (*kokytos*) an und aus diesem Grund nannten sie die Verstorbenen dann auch „Dämonen", abgeleitet von „verbrannt" (*kekausthai*, Synonym zu *daiein*, „verbrennen").
9. Der vogellose See (*aornos limne*) ist gemäß einer eher physikalischen Deutung von der „Luft" (*tou aeros*) benannt worden; und so benannten bisweilen die Früheren die Finsternis und den Nebel „Luft" (*aer*): wenn sie sich dabei nicht – beim Zeus! – fälschlich auf den Blauschimmer der Luft bezogen haben, der doch den sogenannten Schwertlilien gleich ist, mit denen sie Pluto zu bekränzen pflegen.

10. Στέφουσι δὲ αὐτὸν καὶ ἀδιάντῳ πρὸς ὑπόμνησιν τοῦ αὐαίνεσθαι τοὺς τελευτῶντας καὶ μηκέτι τὸ διερὸν ἴσχειν, στέρεσθαι δὲ τῆς παραιτίας τοῦ διαπνεῖσθαι καὶ θάλλειν ἰκμάδος.
11. Ἐντεῦθεν ὑπονοητέον καὶ τοὺς ἀλίβαντας μεμυθεῦσθαι: ἐν Ἅιδου εἰσὶ διὰ τὴν τῆς λιβάδος ἀμεθεξίαν τῶν νεκρῶν.
12. Οἰκείως δὲ τοῖς κατοιχομένοις καὶ ὁ νάρκισσος ἔχειν ἔδοξε καὶ τῶν Ἐριννύων ἔφασαν αὐτὸν στεφάνωμα εἶναι, προσεδρεύσαντες τῇ παραθέσει τῆς νάρκης καὶ τῷ οἷον διαναρκᾶν τοὺς ἀποθνήσκοντας.

13. Οὕτω δ' ἂν ἤδη καὶ τἆλλα τῶν μυθικῶς παραδεδόσθαι περὶ θεῶν δοκούντων ἀναγαγεῖν ἐπὶ τὰ παραδεδειγμένα στοιχεῖα, ὦ παῖ, δύναιο, πεισθεὶς ὅτι οὐχ οἱ τυχόντες ἐγένοντο οἱ παλαιοί, ἀλλὰ καὶ συνιέναι τὴν τοῦ κόσμου φύσιν ἱκανοὶ καὶ πρὸς τὸ διὰ συμβόλων καὶ αἰνιγμάτων φιλοσοφῆσαι περὶ αὐτῆς εὐεπίφοροι.
14. Διὰ πλειόνων δὲ καὶ ἐξεργαστικώτερον εἴρηται τοῖς πρεσβυτέροις φιλοσόφοις, ἐμοῦ νῦν ἐπιτετμημένως αὐτὰ παραδοῦναί σοι βουληθέντος: χρησίμη γὰρ αὐτῶν καὶ ἡ ἐπὶ τοσοῦτον προχειρότης ἐστί.
15. Περὶ δὲ ἐκείνων καὶ περὶ τῆς θεραπείας τῶν θεῶν καὶ τῶν οἰκείως εἰς τιμὴν αὐτῶν γινομένων καὶ τὰ πάτρια καὶ τὸν ἐντελῆ λήψῃ λόγον οὕτω μόνον ὡς εἰς τὸ εὐσεβεῖν ἀλλὰ μὴ εἰς τὸ δεισιδαιμονεῖν εἰσαγομένων τῶν νέων καὶ θύειν τε καὶ εὔχεσθαι καὶ προσκυνεῖν καὶ ὀμνύειν κατὰ τρόπον καὶ ἐν τοῖς ἐμβάλλουσι καιροῖς καθ' ἣν ἁρμόττει συμμετρίαν διδασκομένων.

35. Hades und pädagogischer Schluss

10. Sie bekränzen ihn auch mit einer Wasserpflanze (*adiantos*, *sc.* Frauenhaar), um daran zu erinnern, dass die Verstorbenen ja ausgetrocknet sind und das Feuchte (*to dieron*) nicht länger in sich haben – dass sie der Mitursache für Atmen und Gedeihen, nämlich der Feuchtigkeit, beraubt werden.
11. Von daher werden sie vermutlich auch in den Mythen „die Lebenssaft-Losen" (*alibantes*) genannt: Im Hades sind sie, weil die Toten keinerlei Teilhabe am Nass (*libas*) haben.
12. Zu Recht scheint auch die Narzisse zu den Toten zu gehören, und sie (*sc.* die Früheren) sagten, die Erinnyen seien damit bekränzt; sie haben nämlich die lautliche Nachbarschaft zur „Betäubung" (*narkes*) und der gleichsam „andauernden Erstarrung" (*dianarkes*) der Verstorbenen beobachtet.

13. In dieser Weise, mein junger Schüler, solltest du nun schon auch das übrige, was über die Götter in mythischer Form überliefert zu sein scheint, nach dem hier dargebotenen Vorbild auf die aufgezeigten Grundelemente beziehen können; sei dabei überzeugt, dass die Füheren nicht die ersten besten waren, sondern dass sie fähig waren, die Natur des Kosmos zu verstehen, allerdings dazu neigten, sich über sie in Symbolen (*symbola*) und Rätseln (*ainigmata*) philosophisch zu äußern.
14. Wenngleich dies von den älteren Philosophen nun schon ausführlicher und treffender gesagt ist, wollte ich dir doch dies nun in gedrängter Form präsentieren, ist doch auch die vorliegende Form in ihrem Umfang hierfür durchaus tauglich.
15. Was nun jene Inhalte und den Dienst an den Göttern anbetrifft und was es alles an angemessenen Handlungen zu ihrer Verehrung gibt, so sollst du sowohl die traditionelle als auch die aufgeklärte Deutung übernehmen, allerdings einzig so, dass junge Menschen zur Gottesfurcht und nicht zum Aberglauben geführt werden, dass sie zum Opfer und zum Gebet, zur Verehrung und zum Schwur hin unterwiesen werden, in der rechten Art und bei allen anfallenden Gelegenheiten in passender Entsprechung.

Verzeichnis mythischer Gestalten

Adrasteia: Göttin der Notwendigkeit (Aischylos, *Prom.* 936), in stoischer Tradition mit den Moiren genannt (Chrysipp bei Plutarch, *Stoic. repugn.* 1056c): **13,6**.

Aglaia: Jüngste der Grazien und mit Hephaistos verheiratet (Hesiod, *theog.* 945): **15,5**.

Aigis: Zeus und Athene trugen die Aigis, die eine Art Metallschild, Ziegenfellschild oder Umhang war. Sie war „rundum zottig" und hatte 100 Goldquasten (Homer, *Il.* II 448). Athene benutzte sie nicht als Schild, sondern als Umhang, sodass sie unverletzbar wurde (Homer, *Il.* XXI 400–401). Außerdem dient sie auch wie das Haupt der Gorgo zur Einflößung von Furcht (Homer, *Il.* V 738–743): **20,9**.

Akmon: Personifizierter Amboß (Hesiod, *theog.* 722–724), Sohn der Gaia, Vater des Ouranos: **1,4**.

Aloeiden: Riesenhafte Söhne der Iphimedeia und des Poseidon, Otos und Ephialtes (Homer, *Od.* XI 305–309): **22,15**.

Aphrodite: Bei Hesiod wurde sie aus den abgetrennten Genitalien des Ouranos geboren (Hesiod, *theog.* 188–206), bei Homer ist sie die Tochter des Zeus und der Dione (Homer, *Il.* V 370–417): **24**.
Sinnbild der Liebe (Homer, *Il.* V 429) und des verführerischen Charmes (Homer, *Il.* XIV 197), auch der Unvernunft (Euripides, *Troad.* 990): **24,4**.

Apollon: Immer jugendlicher Gott der Heilung, Musik und Ephebie. Sohn des Zeus und der Leto (Homer, *Il.* I 9; Hesiod, *theog.* 918–920), zweitgeborener Zwillingsbruder der Artemis (Homer, *Il.* XX 71): **32**.
Gründete das Orakelheiligtum in Delphi, nachdem er in den Bergen die Schlange Python erschossen hatte (Apollodor, *bibl.* 1,22): **32,10**.
Wird als Bogenschütze dargestellt, der den Männer den Tod sendet (Homer, *Od.* VII 64) oder die Pest verschießt (Homer, *Il.* I 44–52): **32,1**.
Kann als Heiler wirken, der die Pest heilen kann und steht sogar in Konkurrenz zum göttlichen Heiler Paieon (Homer, *Il.* V 401), auch Gott der Musik (Homer, *Il.* I 603; XXIV 63): **32,21**.

Ares: Sohn von Zeus und Hera (Hesiod, *theog.* 921–923): **21,2**.
Gott des Krieges (Homer, *Od.* VIII 267–355), menschenverderbend (Homer, *Od.* VIII 115), Gott des ungeordneten Kampfes (Homer, *Il.* V 890–891): **21**.
Kämpfte im trojanischen Krieg als „Thraker" für Troja (Homer, *Il.* IV 439): **21,5**.

Artemis: Tochter der Leto und des Zeus (Hesiod, *theog.* 918–920), Zwillingsschwester Apolls (Homer, *Il.* XX 71), Jungfrau (Homer, *Od.* VI

109) Göttin des Todes (Homer, *Il.* VI 428, XIX 59; XXI 484), der Jagd und der Jagdtiere (Homer, *Il.* V 51; XXI 470.485): **34**.

Asklepios: Sohn des Apollon und der Arsinoe bzw. der Koronis, Schüler des Kentauren Cheiron (Apollodor, *bibl.* 3,118–119); Heilgott, der sogar Tote erwecken kann (Apollodor, *bibl.* 3,120): **33,1.5**.

Athene: Wurde von Zeus aus dessen Kopf heraus geboren (Hesiod, *theog.* 924): **20,2**.

Kriegsgöttin, die schon in voller Bewaffnung dem Haupt des Zeus entsprungen ist (Pindar, *Ol.* 7,36–39): **20,7**.

Ihre Hauptwaffen sind die Aigis und das Gorgoneion (Sophokles, *Ai.* 450): **20,10**.

Stritt mit Poseidon um den Besitz einer Stadt und bekam diese letztendlich durch die Gabe eines Ölbaums (Apollodor, *bibl.* 3,178–179): **20,18**.

Mutter des Schlangenkindes Erichthonios (Apollodor, *bibl.* 3,188–191), daher auch mit der Schlange verbunden: **20,11**.

Atlas: Riese, der Sohn des Titanen Iapetos und der Okeaniden Klymene (Hesiod, *theog.* 507–509), also der Bruder des Prometheus: **26**.

Trägt den Himmel auf dem Kopf und den Händen (Hesiod, *theog.* 519) als Strafe für die Teilnahme am Titanenaufstand: **26,1**.

Vater der Pleiaden (Hesiod, *erg.* 382): **26,2**.

Briareos: Auch Aigaion (Homer, *Il. I* 403–404) und Hekatoncheires genannt, ist ein von Ouranos und Gaia abstammendes Ungeheuer mit 100 Armen und 50 Köpfen (Hesiod, *theog.* 147–153). Zum einen half er Zeus im Kampf gegen die Titanen, zum anderen half er Thetis einen Anschlag auf Zeus zu vereiteln (Homer, *Il.* I 401–406): **17,5**.

Chaos: Der vom Himmel und Erde zu schließende Abgrund, Nyx und Erebos gehen aus ihm hervor (Hesiod, *theog.* 116–125): **17,7**.

Charon: Versetzt die beigesetzten Toten mit einem Nachen mit Ruder und Stange über den Acheron in die Unterwelt (Vergil, *Aen.* VI 299–330): **35,6**.

Demeter: Tochter des Kronos und der Rhea (Hesiod, *theog.* 454), hat zentrale Macht beim Gedeihen und Anbau des Getreides: **28,10**.

Sucht nach ihrer Tochter Persephone (Ovid, *met.* V 441) und verhindert durch ihre Trauer, als sie von der Entführung dieser erfährt, dass das Getreide weiterwächst. Durch die dadurch entstandene Hungersnot war Zeus gezwungen mit Hades zu verhandeln; da Persephone jedoch einen Granatapfel in der Unterwelt gegessen hatte, war sie an diese gebunden. Deshalb verbringt sie einen Teil des Jahres in der Unterwelt und den anderen bei ihrer Mutter: **28,15**.

Dionysos: Sohn des Zeus und der Semele (Homer, *Il.* XIV 325; Hesiod, *theog.* 940–941), einer Sterblichen; Gott des Weines: **30**.

Seine Mutter Semele wurde durch einen Blitz des Zeus getötet, worauf Dionysos zu früh geboren wurde. Daraufhin wurde er noch einmal aus Zeus Schenkel heraus geboren (Apollodor, *bibl.* 3,27–28): **30,3**.

Epimetheus: Sohn der Titanen Japetos und Klymene, Bruder des Prometheus (Hesiod, *theog.* 511), empfängt das Geschenk der Pandora (Hesiod, *erg.* 84–85): **18,7**.

Erato: Muse heiterer Hymnen zu Ehren der Götter (Anth. Graec. 9,504), des Gesanges und Tanzes: **14,12**.

Erinnyen (Eumeniden): Entstanden aus Blutstropfen bei Ouranos' Kastration (Hesiod, *theog.* 185); Haben die Macht Fruchtbarkeit aller Art zu vernichten (Aischylos, *Eum.* 903–15); Einzelnamen: Megaira (Beneiderin), Tisiphone (Mordrächerin) und Allekto (Unversöhnliche); leben in der Unterwelt (Homer, *Il.* IX 571–572), erfüllen Verfluchungen (Homer, *Il.* IX 454–456), führen Wahnsinn oder Verblendung herbei (Homer, *Od.* XV 232–233), bestrafen Vergehen (Homer, *Od.* II 134–136) sowie Missetäter in der Unterwelt (Homer, *Il.* XIX 259): **10,1.4**.

Eros: Gott der Liebe, zusammen mit Chaos, Gaia und Tartaros zu Beginn der Theogonie entstanden (Hesiod, *theog.* 120–121): **17,7**.
Mit Himeros Sohn der Aphrodite (Hesiod, *theog.* 201). Goldhaarig (Anakr. Fr. 14B) und goldgeflügelt (Aristophanes, *Ar.* 1738): **25,1**.

Euphrosyne: Grazie (Hesiod, *theog.* 909): **15,5**.

Eurynome: Tochter des Okeanos und Mutter der Grazien (Hesiod, *theog.* 907): **15,1**.

Euterpe: Muse des tragischen Chores (Anth. Graec. 9,504) und der Flötenmusik: **14,8**.

Gaia: Urmutter der theogonischen Dichtung seit Hesiod (Hesiod, *theog.* 117); gebiert zuerst Ouranos (Himmel) und Pontos (Meer), dann weitere Göttergenerationen wie auch deren Widersacher: **1,1**.

Grazien (Charites): Gruppe von Göttinnen, deren Anzahl uneinheitlich überliefert ist. Sie personifizieren Schönheit, Heiterkeit und Überfluss. Sie wohnen neben den Musen auf dem Olymp. Sie sind Töchter des Zeus und der Eurynome (Tochter des Okeanos): **15,1**.

Hades: Sohn der Rhea und des Kronos (Hesiod, *theog.* 455): **5,1**.
Wird gleichzeitig mit seinen Geschwistern Zeus, Hera und Poseidon geboren (Hesiod, *theog.* 453–463): **5,2**.
Hat den Beinamen Pluton (Sophokles, Fr. 273): **5,4**, „ist „Zeus der Unterwelt" (Homer, *Il.* IX 457), also Herrscher der Unterwelt: **5,3; 35**.

Hekate: Tochter der Titanen Asteria und Perses, somit Cousine von Apollon und Artemis (Hesiod, *theog.* 409–411). Gespenstergöttin und dämonische Vermittlerin zwischen Unten und Oben (Apollonios Rhod. 3,529), dreigestaltig (Ovid, *met.* VII 94): **34,5.8**.

Hephaistos: Gott des Feuers, der Schmiede und der Handwerker: **19**.

Verzeichnis mythischer Gestalten 161

Sohn der Hera mit Zeus als Vater (Homer, *Il.* I 578; Homer, *Od.* VIII 312) oder gänzlich ohne Vater (Hesiod, *theog.* 927): **19,2.**

Verheiratet mit Aphrodite, die ihn jedoch mit seinem Bruder Ares betrügt. Beide werden von Hephaistos ertappt (Homer, *Od.* VIII 266–366): **19,5–6.**

Wurde nach einem ersten Sturz vom Olymp (Homer, *Il.* XVIII 395–405) nochmals von Zeus vom Olymp geworfen, da er sich immer auf Heras Seite stellt, wodurch er Zeus erzürnt (Homer, *Il.* I 590–591): **19,4.**

Ihm fehlt die Vollkommenheit der Götter, denn er hat verkrüppelte Füße (Homer, *Il.* XX 37): **19,3.**

Zeus reagiert auf einen Streit mit Hera mit der Geburt der Athene aus seinem Kopf heraus (Hesiod, *theog.* 886–900) mit der Hilfe von Hephaistos (Apollodor, *bibl.* 1,20): **19,7.**

Hera: Gattin und Schwester des Zeus, Tochter der Rhea und des Kronos (Homer, *Il.* I 546; IV 59; XVI 432): **3,1.3.**

Herakles: Sohn der Alkmene, einer Nebenbuhlerin Heras, und des Zeus. Zeus zeugte Herakles in Gestalt ihres Ehemanns Amphitryon (Homer, *Od.* XI 266–268): **31,3.**

Nachdem Herakles in den Himmel versetzt worden war, heiratete er Zeus' Tochter Hebe (Hesiod, *theog.* 951–953): **31,8.**

Als erste Tat bezwang Herakles den nemeischen Löwen, bei dem er sich ein unverwundbares Löwenfell erkämpfte (Apollodor, *bibl.* 2,73–76): **31,4.**

Führte zwölf Taten auf Heras Befehl im Dienste des Eurystheus von Argos aus (Apollodor, *bibl.* 2,73–126): **31,9.**

Hermes: Fungiert als Herold und Bote des Zeus (Homer, *Il.* XXIV 333; Homer, *Od.* V 29): **16,9.**

Gott der Hermen (steinerne Pfeiler), die Hauseingänge, Grundstücksgrenzen sowie Territorien markierten: **16,18.**

Sohn des Zeus und der Maia: **16,15.**

Raubt seinem Bruder Apollon eine unsterbliche Rinderherde und verwischt listig seine Spuren (Ovid, *met.* II 676–707): **16,23.**

Apollon tauscht seine 7-saitige Leier und den begleitenden Gesang, den Hermes als erster anstimmt, gegen seine Herde (Hom. Hymn. 4,425–437): **16,22.**

Herakles und Hermes galten als Schutzgötter der Palästren und Gymnasien: **16,25.**

Durch seine geflügelten Schuhe hat Hermes die Fähigkeit große Distanzen zu überwinden (Homer, *Il.* XXIV 334–348): **16,10.**

Hält einen autorisierenden Heroldstab (mglw. aus einem Hirtenstecken abgeleitet) in der Hand: **16,8.13.**

Geleitet die Seelen der Verstorbenen in die Unterwelt (als Psychopompos): **16,11.**

Gewährt verschiedenen Heroen Geleitschutz, zum Beispiel bringt er das Dionysos-Knäblein zu den Nymphen oder Pandora zu Epimetheus (Hesiod, *erg.* 84–85): **16,4**.

Hestia: Göttin des Herdes, Tochter des Kronos und der Rhea (Hesiod, *theog.* 454): **28**.

Jungfrau, trotz des Werbens einiger Götter, wie Poseidon und Apollon (Hom. Hymn. 5,22): **28,3**.

Horai: Töchter des Zeus und der Themis (Hesiod, *theog.* 901–903), Eunomia, Dike und Eirene; Götter des Zeitenwechsels; in der Ilias Wächterinnen der Tore des Olymps (Homer, *Il.* V 749–751): **29,1**.

Hyperion: Titan, der mit seiner Schwester Theia die Götter Helios, Selene und Eos zeugt (Hesiod, *theog.* 134.374): **17,18**.

Iapetos: Titan, Sohn der Gaia und des Ouranos, der zusammen mit Kronos von Zeus in den Tartaros geworfen wurde. Mit der Okeaniden Klymene zeugte er Atlas, Menoitios, Prometheus und Epimetheus (Hesiod, *theog.* 507–511): **17,18**.

Kalliope: Muse des „Kriegstaten verherrlichenden Epos" und der gehobenen Dichtung (Ovid, *trist.* 2,568), Schutzherrin der Dichtung: **14,15**.

Kleio: Muse der Sangeskunst, Geschichte und Kithara, Quellnymphe (Plutarch, *Pyth. or.* 402c–d): **14,8**.

Koios: Titan, Sohn des Ouranos und der Gaia. Er zeugte mit Phoibe die zwei Töchter Leto und Asteria (Hesiod, *theog.* 134.404): **17,18**.

Kokytos: „Klagefluss", einer der Unterweltsflüsse, dem Kälte und der Westen zugeordnet werden. Er speist sich aus der Styx und fließt mit dem Pyriphlegeton und dem Acheron zusammen (Homer, *Od.* X 513–514). Dieser Fluss nimmt die Seelen der Mörder auf (Platon, *Phaid.* 113c–114a): **35,8**.

Kronos: Bei Hesiod Sohn des Ouranos und der Gaia, Gemahl der Rhea, Vater des Zeus (Hesiod, *theog.* 137): **6,9**.

Trennt die Ureltern Gaia (Erde) und Ouranos (Himmel) indem er seinen Vater Ouranos mit einer Sichel kastriert (Hesiod, *theog.* 181): **7,1; 6,7**.

Verschluckt seine Kinder nach der Geburt um der Gefahr zu entgehen von ihnen entmachtet zu werden; wird von Zeus, der ihn zwingt seine Geschwister auszuspucken, in einem 10-jährigen Krieg überwunden und anschließend in den Tartaros hinabgeworfen (Homer, *Il.* XIV 200–204; XV 225): **6,8; 7,1**.

Lästrygonen: Volk von menschenfressenden Riesen, die nur Viehzucht betreiben und keinen Ackerbau (Homer, *Od.* X 82–133): **22,15**.

Lykurg: Sohn des Dryas, des Königs der Edoner, Gegenspieler des Dionysos (Apollodor, *bibl.* 3,34–35), trieb die Ammen des Dionysos mit dem „Ochsenschläger" über das „Nyseion-Gebirge", worauf Dionysos so

eingeschüchtert war, dass er zu Thetis ins Meer hinabstieg (Homer, *Il.* VI 128–140): **30,28**.
Melpomene: Muse des Leierspiels (Anth. Graec. 9,504) und der Tragödie: **14,10**.
Mnesmosyne: Göttin der Erinnerung und eine der ältesten Titanninen, Tochter der Gaia und des Ouranos (Hesiod, *theog.* 135), verbrachte neun Nächte mit Zeus und empfing von ihm die Musen (Hesiod, *theog.* 915–920): **14,1; 17,19**.
Moiren: Kinder des Zeus und der Themis (Hesiod, *theog.* 904–906); teilen dem Menschen sein Schicksal zu; Namen: Klotho („Spinnende"), Lachesis („Losung"), Atropos („Unabwendbare"): **13,5**.
Musen: Töchter des Zeus (Homer, *Il.* II 591 u.ö.) und der Mnemosyne (Hesiod, *theog.* 60), Göttinnen der Erinnerung (Vergil, *Aen.* VII 645), singen den Göttern, Katalog bei Hesiod: Kalliope, Kleio, Euterpe, Erato, Urania, Terpsichore, Melpomene, Thaleia, Polymnia) (Hesiod, *theog.* 76–80): **14,1.4.7**.
Apollon ist der Anführer der Musen (Hesiod, *theog.* 94–95), oftmals singen und tanzen sie unter seiner Leitung; Apoll und die Musen sind Stammeltern aller Sänger und Kitharaspieler: **14,16–18**.
Schöngestaltige Jungfrauen und Göttinnen: **14,5**.
Nemesis: Tochter der Nyx (Nacht), Göttin der Vergeltung, Rächerin (Hesiod, *theog.* 223–224): **13,7**.
Nereus: „Meergreis" (Homer, *Il.* XVIII 141), feundlich (Hesiod, *theog.* 233–236), Vater der Nereiden: **23,2**.
Nike: Verkörperung des Sieges, Tochter der Styx und des Pallas, hat Zelos (Eifer), Kratos (Macht) und Bia (Gewalt) als Geschwister (Hesiod, *theog.* 383–385): **9,8**.
Nymphen: Weibliche Naturdämonen in menschlicher Gestalt. Sie erschienen oftmals mit in der Natur wirkenden Göttern: **22,12**.
Nyx: „Nacht", wird als Göttin angesehen. Wie andere Lichterscheinungen gehört sie auch der ersten Göttergeneration an (Hesiod, *theog.* 123–134; Homer, *Il.* XIV 259). Nyx entstand aus Chaos und zeugte mit Erebos (Unterwelt) Aither und Hemera (Tag). Sie ist die Mutter von Geschehnissen wie Hymnos (Schlaf), Oneiroi (Träume), Thanatos (Tod), Philotes (Liebe), ebenso von Übeln wie Moros (Verhängnis), Ker (Verderben), Momos (Schande), Oizys (Jammer), Nemesis (Vergeltung), Apate (Trug), Gera (Alter), Eris (Streit): **14,5; 17,7**.
Okeanos: Ursprung aller Dinge (Homer, *Il.* XIV 201.246.302), aus ihm fließt jedes Meer, jede Quelle und jeder Fluss (Homer, *Il.* XXI 195–199), Sinnbild des allumfließenden Weltstroms: **8,1**.

Omphale: Tochter des Iardanos, Königin von Lydien, kurzzeitig Besitzerin des Herakles, der für sie Sklavendienste entrichtete (Apollodor, *bibl.* 2,131–133): **31,9**.

Ourania: Muse der Naturwissenschaften, Philosophie, Astrologie und Astronomie (Anth. Graec. 9,504): **14,14**.

Ouranos: ältestes Kind der Gaia, umhüllt sie völlig (Hesiod, *theog.* 126–127): **1,1**.

Pan: Hirtengott der Schaf- und Ziegenherden: **27**.

Hat den Kopf und die Füße eines Bocks, jedoch den aufrechten Gang eines Menschen (Hom. Hymn. 19): **27,1.8**.

Singt und tanzt oft mit den Nymphen (Hom. Hymn. 19,14–25): **27,4**.

Spielt eine Flöte, die sogenannte Syrinx, die eine in ein Schilfblatt verwandelte Nymphe ist, welche vor Pan auf der Flucht war, als dieser sie vergewaltigen wollte (Ovid, *met.* I 689–711): **27,6**.

Persephone: Tochter Demeters, von Hades in die Unterwelt entführt, während sie mit Gefährten Blumen pflückte (Ovid, *met.* V 385): **28,14**.

Phoibe: Titanin, Tochter der Gaia und des Ouranos (Hesiod, *theog.* 136), Mutter der Leto und der Asteria (Hesiod, *theog.* 404–409): **17,19**.

Phoibos: Beiname Apolls bei Homer, der dessen Reinheit und Glanz verdeutlichen soll (Plutarch, *E apud Delphi* 393c): **32,9**.

Poseidon: Sohn des Kronos und der Rhea (Hesiod, *theog.* 441): **4,1**.

War der „Gott des Meeres, der Pferde (Homer, *Il.* XXIII 307) und der Erdbeben" („Erderschütterer" Homer, *Il.* XX 57–58): **22; 22,3**.

Vater des Pegasus (Hesiod, *theog.* 281): **22,14**.

Prometheus: Sohn des Titanen Iapetos und der Okeaniden Klymene (Hesiod, *theog.* 507–510): **18,1**.

Raubt Zeus das Feuer, welches dieser den Menschen verweigerte (Hesiod, *theog.* 507–616): **18,3**.

Bringt den Menschen das Feuer auf einem Narthex-Stengel vom Himmel zurück (Hesiod, *erg.* 50–52): **18,4**.

Zur Strafe für diese Tat wurde er von Hephaistos am Kaukasus festgeschmiedet (Hesiod, *theog.* 521–523) und täglich kam ein Adler, der seine Leber verschlang, die sich stets erneuerte (Hesiod, *theog.* 521–525): **18,5**.

Pyriphlegeton: Einer der 4 Unterweltsflüsse; „Feuerstrom", weshalb ihm der Osten und das Feuer zugewiesen werden, aus dem die überirdischen Vulkane entstehen und in dem Vater- und Muttermörder ihre Strafe verbüßen (Platon, *Phaid.* 113b–114a): **35,8**.

Rhea: Tochter des Ouranos und der Gaia, vermählt mit ihrem Bruder Kronos, ist Mutter des Zeus, der Hera, der Demeter, des Hades, des Poseidon und der Hestia (Hesiod, *theog.* 453–463): **17,19**.

Versteckte Zeus in Kreta und gibt Kronos an seiner Stelle einen in Windeln gewickelten Stein (Hesiod, *theog.* 480–486); zieht dann Zeus im Verborgenen auf, damit er seinen Vater wenn er erwachsen ist, stürzen kann: **6,9.**

Satyrn / Silenen: Gestalten in der Gefolgschaft des Dionysos: **30,5.**
Genießen mit den Nymphen in Höhlen Liebesfreuden (Hom. Hymn. 5,263): **30,14.**

Styx: „Wasser des Grauens" (Homer, *Il.* II 755; XIV 271; XV 36–38). Zum einen ist sie ein Fluss in der Unterwelt Platon, *Phaid.* 112e–114c) und neben Gaia und Ouranos wichtigster Schwurzeuge der Götter (Homer, *Il.* II 755), zum anderen aber nach Hesiod auch die älteste der Okeaniden (Hesiod, *theog.* 776): **35,8.**

Tartaros: Gefängnis der Titanen, wo sie nach der Niederlage gegen Zeus eingesperrt wurden (Hesiod, *theog.* 729–730), ist so tief unter dem Hades, wie Erde und Himmel voneinander entfernt sind (Homer, *Il.* VIII 16; Hesiod, *theog.* 720), ist von einer eisernen Mauer mit eisernen Toren umgeben (Homer, *Il.* VIII 15): **17,7.11.**

Terpsichore: Muse, der Lyra, des Tanzes und Flötenspiels (Anth. Graec. 9,504): **14,11.**

Thaleia: Muse der Fruchtbarkeit und Komödie (Anth. Graec. 9,504): **14,9.**

Thaleia: Grazie, ihr Zuständigkeitsbereich ist die Fruchtbarkeit (Hesiod, *theog.* 907–912): **15,5.**

Theia: Tochter des Ouranos und der Gaia, Titanin; mit Hyperion zeugte sie Helios, Eos und Selen, mit Okeanos die Kerkopen (Hesiod, *theog.* 135): **17,19.**

Themis: Göttin des heiligen Rechts, steht für die Ordnung aller Dinge, Tochter von Ouranos und Gaia (Hesiod, *theog.* 135), zeugte mit Zeus die Moiren, die Horai, Eunomia, Dike und Eirene: **17,19.**
Eng mit Zeus verbunden, denn gemeinsam bilden sie die oberste Rechtsinstanz (Homer, *Od.* II 68): **29,1.**

Thetis: Tochter des Nereus und der Doris, eine der Nereiden (Hesiod, *theog.* 240–244), Mutter des Achilleus und wird von Hera erzogen (Homer, *Il.* XXIV 60): **17,3.**

Triptolemos: Sohn der Metaneira, erhält von Demeter als erster das Getreide für die Menschen (Apollodor, *bibl.* 2,32), wird von Demeter in den Mysterien unterrichtet (Hom. Hymn. 2,153–156.473–479): **28,11.**

Triton: Sohn des Poseidon und der Amphitrite (Hesiod, *theog.* 930–933), Meeresgottheit mit menschlichem Oberkörper und einem Fischschwanz: **22,8.**

Tyche: Schicksalsgöttin, bei Archilochos, Fr. 16 zusammen mit den Moiren genannt: **13,7.**

Zeus: Enkel des Ouranos, Sohn des Kronos und der Rhea, Oberster Gott, Ursache des Lebens (Platon, *Kratylos* 396a–b): **2,1**.
Vater der Götter und der Menschen (Homer, *Il.* I 544 u.ö.): **9,1**.
Personifizierung von Herrschaft und Allmacht (Homer, *Il.* XIII 631): **2,1**.
Urheber von Naturerscheinungen, seine Wirkungen sind Blitz (Homer, *Il.* I 580), Donner (Homer, *Il.* VIII 133), Regen und Schnee: **9,2**.
Hatte nicht nur die Göttin Hera zur Gattin, sondern sie hatte zwei Vorgängerinnen (Hesiod, *theog.* 886–906): Metis (Klugheit) und Themis (Ordnung); mit Themis zeugte er unter anderem Dike (Recht): **9,5**.
Neben Blitzbündel, Donnerkeil und Szepter ist der Adler ein Symbol des Zeus (Homer, *Il.* VIII 247; XXIV 310): **9,9**.

Index locorum

Aischylos, *Eum.*
903-15 . . . 162
Aischylos, *Prom.*
936 . . . 160
Anth. Graec.
9,504 . . . 162, 165, 166, 167
Apollodor, *bibl.*
1,20 . . . 163
1,22 . . . 160
2,32 . . . 167
2,73–76 . . . 163
3,118–119 . . . 161
3,120 . . . 161
3,178–179 . . . 161
3,188–191 . . . 161
3,27–28 . . . 162
3,34–35 . . . 164
Apollonios Rhod.
3,529 . . . 162
4,1218 . . . 151
Archilochos
Fr. 16 . . . 167
Aristeasbrief
128–171 . . . 64
Aristophanes, *Ar.*
1738 . . . 162
Aristophanes, *equ.*
1240 . . . 151
Aristophanes, *Lys.*
443 . . . 153
Aristoteles, *cael.*
270b . . . 42
Aristoteles, *meteor.*
339b . . . 42
Aristoteles, *mund.* . . . 38
392a . . . 42
400a . . . 41
Aristoteles, *poet.*
25 . . . 61
1457b . . . 60

Aristoteles, *Supplementa Problematorum*
I 17 . . . 64
Artemidoros, *Oneirokritikon*
I 2 . . . 63
Augustinus, *civ.*
IV 10 . . . 43
VII 6 . . . 43
Cassiodorus, *orth.*
VII 147.24–154.11 . . . 31
Cassius Dio
LXII 29,2f . . . 27
Chrysipp . . . 39, 45, 46, 48, 59, 61, 63, 160
Cicero, *nat. deor.*
I 36-37 . . . 49
I 39–42 . . . 39
I 41 . . . 61
II 5 . . . 50
II 20 . . . 37
II 34–41 . . . 46
II 39–41 . . . 42
II 66 . . . 43
II 71 . . . 62
II 92.117–118 . . . 42
III 63 . . . 63
Demokrit
Fr. B 18 . . . 57
Diogenes Laertios
VII 4 . . . 39
VII 39 . . . 38, 39
VII 125 . . . 39
VII 132–143 . . . 41
VII 134 . . . 39
VII 135–136 . . . 45
VII 142 . . . 47
VII 155–160 . . . 41
Epicharmus
Fr. 270f. . . . 89
Fr. 288 . . . 85

Index locorum

Euripides,		94–95	149, 165
Fr. 291	145	116–125	161
Euripides, *bak.*		117	162
243	137	119	54, 103
Euripides, *Iph.Aul.*		120	103
1570	153	120–121	162
Euripides, *Iph.Taur.*		123-134	165
127	153	126–127	166
Euripides, *Troad.*		127–128	103
989	121	132	103
990	160	134	164
Gal		135	165, 167
4,26	65	136	166
Gellius		147-153	161
IX 10,5	31	181	164
Herakleitos, *probl.*		185	162
6	40	188–206	160
7,15	40	195–198	62
21,3	40	201	162
22,7	40	223–224	165
23	40	233–236	165
23,5	42	240–244	167
38,4	40	281	166
41	46	383–385	165
57	40	409–411	162
Heraklit		441	166
Fr. B 10–12	58	453–463	166
Fr. B 42	58	454	161
Fr. B 56	57	455	162
Herodot		480–486	167
II 112–120	61	507-509	161
Hesiod, *erg.*		507-510	166
50–52	166	507–511	164
52	107	507–616	166
84–85	162, 164	511	162
300	135	519	161
382	161	521–523	166
Hesiod, *theog.*		521–525	166
26–28	57	720	167
60	165	722–724	160
76–80	165	729–730	167
79	87	776	167

781	119	II 755	167
886–900	163	IV 8	113
901–903	164	IV 439	160
904-906	165	V 31	117
907	162	V 51	161
907–912	167	V 370–417	160
909	162	V 401	160
915-920	165	V 429	160
918–920	160	V 738-743	160
921–923	160	V 747	117
924	161	V 749–751	164
927	163	V 890-891	160
930–933	167	VI 128–140	165
940–941	161	VI 301	113
945	160	VI 407	99
951-953	163	VI 428	161
971	135	VII 422	105
Hom. Hymn.		VIII 15	167
2,9	157	VIII 16	167
2,17.31	157	VIII 133	168
2,153–156	167	VIII 367	157
4,425-437	163	IX 183	119
5,22	164	IX 454–456	162
5,263	167	IX 457	162
19	166	IX 502–504	81
Homer, *Il.*		IX 571–572	162
I 9	160	X 460	113
I 34	119	XI 155	83
I 44–52	160	XII 27–28	40, 119
I 64	51, 147	XIII 521	117
I 399–400	40, 101	XIII 631	168
I 401-406	161	XIV 197	160
I 403–404	161	XIV 200-204	164
I 405	101	XIV 214	123
I 544	168	XIV 217	123
I 546	163	XIV 325	161
I 578	163	XV 18–19	52, 54, 99
I 580	168	XV 187-193	46
I 590–591	163	XVI 513	151
I 603	160	XVII 32	107
II 24.61	113	XVIII 141	165
II 448	160	XVIII 382	93

XVIII 395–405	163	Origenes, *Cels.*	
XIX 259	162	I 24	62
XX 37	163	Ovid, *met.*	
XX 39	147	I 689–711	166
XX 40	119	II 676–707	163
XX 57–58	166	V 385	166
XX 71	160	V 441	161
XX 144	119	VII 94	162
XXI 195–199	165	Ovid, *trist.*	
XXI 400–401	160	2,568	164
XXIII 307	166	P.Oxy.	
XXIV 60	167	LII 3649	19, 31, 33
XXIV 323–324	95	Past. Herm., *vis.*	
XXIV 333	163	3	65
XXIV 334-348	163	Persius, *sat.*	
Homer, *Od.*		V	26
I 52	143	V 19–67	23
I 544	77	V 25	23
II 68	167	V 28–29	19
II 134–136	162	V 68–191	24
II 388	151	Persius, *Vita*	
V 47–48	95	56	27
VI 109	161	Philodemos, *De Stoicis*	
VII 64	160	XIII 3	24
VIII 115	160	Pindar, *Ol.*	
VIII 266–366	163	6,41	147
VIII 267–355	160	6,51	121
VIII 312	163	7,36–39	161
IX 136	119	8,31	121
IX 528	119	Pindar, *P.*	
X 82–133	164	3,14	147
X 513–514	157, 164	Platon, *Gorg.*	
X 551	105	493b	40
XI 109	81	Platon, *Ion*	
XI 266–268	163	533d	57
XI 305–309	160	Platon, *Kratylos*	
XV 232–233	162	396a-b	168
XVIII 17	131	406c	63
XIX 406–409	62	Platon, *Phaid.*	
XIX 434	105	112e–114c	167
XXI 22	125	113b–114a	166
		113c–114a	164

Platon, *polit.*	
377a–381d	63
Plinius, *epist.*	
III 5,5	28
III 7	28
Plutarch, *E apud Delphi*	
385c	151
393c	166
Plutarch, *Per.*	
32	58
Plutarch, *Pyth. or.*	
402c–d	164
404 d-e	57
Plutarch, *quaest. conviv.*	
670a	133
Plutarch, *Quomodo adulenscens*	
60d-62b	61
Plutarch, *Stoic. repugn.*	
1035a	39
1056c	160
Porphyrios, *kat.*	
59,10–11	30
Poseidonios	
Fr. 96	44
Ps.-Longinus, *subl.*	
9,7	59
Ps.-Plutarch, *Hom.*	
92–122	40
93–94	41
95	43
96	42
97–98	47
99	49
122	40
Quintilian, *inst.*	
X 1,96	26
Seneca, *benef.*	
I 3,8	25
Seneca, *epist.*	
90,5–7	51
Sextus Empiricus, *adv. math.*	
IX 76	44
Simplikios, *kat.*	
62,27–28	30
214,24–37	31
Sophokles	
Fr. 273	162
Sophokles, *Ai.*	
450	161
Sophokles, *El.*	
6 151	
Sophokles, *Phil.*	
134	113
Sostratus	
Fr. 73	153
Stobaeus	
I 129.3–130.13	45
I 177,21–179,17	44
Strabo	
I 2,3	57
XIV 5,13	22
Suda	
Kornoutos	28
Tacitus, *ann.*	
XV 48–74	28
XV 49	27
XV 71,4	21
XVI 17–20	26
XVI 20	28
Thukydides	
I 1–22	61
Varro	22, 42
Vergil, *Aen.*	
VI 299–330	161
VII 645	165
Xenophanes	
Fr. B 10	57
Xenophon, *symp.*	
4,6–7	61
Zenon	39, 45, 48, 49, 63